영유아 교사의 리더십

Leadership in Early Childhood

Jillian Rodd 지음 김은희 안혜준 박혜정 송승민 황연욱 옮김
한국변형영유아교육학회 연구공동체

창지사

감사의 글

유아교육 분야에서 리더십에 대한 지속적인 관심으로 인해 이 책의 3판을 준비할 수 있었다. 이 책은 유아교육을 직업으로 택한 재능 있고 헌신적인, 많은 여성들과 남성들을 만나 함께 일할 기회를 가졌던 30년간의 경험을 성찰한 결과물로, 구조와 내용은 최근의 연구물과 관련 문헌을 보완하고 학생, 동료, 검토자들의 피드백에 따라 개정되었다. 그렇지만 현직 교사들과 예비 교사들에게 유아교육에서의 리더십의 성격과 리더십이 전문성에 미치는 영향에 대해 더 잘 이해시키려는 근본적인 의도는 변하지 않았다. 이 책의 내용은 리더십의 분야와 유아교육에서의 효과적인 리더십에 있어서 중요하다고 간주되는 관련 기술을 반영한다.

유아교육 분야에 있는 가운데 나는 여러 나라에서 일할 수 있는 좋은 기회를 가지게 되었고 베이비시터, 가정 보육교직원, 신생아실 간호사, 보육교직원, 유치원 교사, 주임교사, 원장, 정부 기관의 행정가, 조언가, 교수, 부모 등의 경험과 전문성을 활용할 수 있었다. 이들이 경험과 지식을 나와 기꺼이 공유하지 않았더라면 이 책을 쓰는 것은 불가능했을 것이다.

리더십에 대한 나의 생각은 1판과 2판을 쓰기 시작하면서, 특히 영국, 호주, 싱가포르, 미국, 캐나다, 한국, 이집트, 나이지리아, 핀란드의 학생들, 동료, 친구들과 함께 토론을 하며 발전되었다. 이들이 제공한 피드백, 아이디어, 영감에 대한 감사를 표하고 싶다.

이 책을 쓰면서 여러 나라에서 유아교육 교직원들의 역할, 지위, 직종을 기술하기 위해 다양하게 사용되는 용어를 설명하는 것이 매우 어려웠다. 예를 들면 영국에서는 'early years' 라는 용어로 시기와 분야를 표현하는 반면, 호주와 미국에서는 'early childhood' 라는 용어를 사용한다. 이와 유사하게 영국에서는 자신의 가정에서 유아를 돌보는 사람을 'childminder' 라고 부르지만 호주에서는 'family day care worker' 라고 부르고, 미국에서는 'home worker' 라고 부른다. 영국에는 유아원 간호사(nursery nurse)와 유아원 교사(nursery teacher)가 있다. 그러나 호주와 미국에서는 childcare workers, kindergarten, pre-school, 유아교사로 구분한다. 유럽의 유아와 가족을 위한 시스템의 실행과 조직은 아시아와 아프리카와 매우 다르다. 나는 용어와 조직의 다양성과 호환성을 고려하여 국제적인 맥락에서 일반적으로 사용되는 용어를 사용했다.

이 책은 2004년에 여러 나라의 유아교육 실행가들과 함께했던 "유아교육 실행가들의 목소리"라는 질적 연구에서 나온 많은 인용을 포함했다. 이들의 통찰력은 영감을 제공해 주었으며 풍부한 경험에서 나온 텍스트를 구성할 수 있게 해 주었다.

Cornwall Early Years Development and Childcare Partnership, Early Years Team과 조언자의 창의성, 지원, 우정에 특별한 감사를 표하고 싶다.

마지막으로 이 책을 쓰는 동안 자신의 모든 에너지를 암의 치료에 집중해야 하는 시기임에도 나에게 아낌없는 지원과 격려를 해 준 남편 Gerry Gray에게 감사하고 싶다.

Gerry에게 나의 애정과 감사를 담아서.

법적의무와 책임의 제한(DISCLAIMER)

서 문

유아교육 실천가들의 리더십에 대한 높은 관심을 가진 사람으로서 이 책의 내용은 개인적으로 와 닿는 부분이 많았다. 우리는 리더십에 대한 관심과 홍보가 증가하는 시대에 살고 있다. 그러나 유아교육 연수 계획안 내에서 리더십의 위치에 관해서는 상충되고 혼란된 의견들이 존재한다. 유아교육 연구, 교수, 정책과 실천이라는 복잡하고 경쟁적인 지뢰밭에서 방향성과 포커스를 찾아 고투를 계속하고 있었을 때 Rodd의 책은 시기적절하게 힘을 부여해 주었다.

UN의 전 사무총장 Kofi Annan의 논평을 살펴보자.

과거에서 배운 교훈 중에서 리더십의 역할이야말로 새로운 세대를 맞이하는 우리에게 가장 중요한 것이다. 리더십은 우리가 유아들과 이들의 가족, 지역사회의 더 나은 삶을 위한다면 반드시 필요한 요소이다(Annan, 2002, p. 6).

이론, 실천, 정책을 고쳐 나가는 데에 있어 시간의 흐름은 더디다. 예전보다 유아와 가족의 요구를 충족시키는 데에 있어 유아교육 실천가로서 느끼는 위기감은 더해지고 있다. 이 책은 독자들에게 현대사회의 리더십에서 요구되는 다양한 리더십의 특성, 기술, 전략에 대해 제공해 주도록 구조화되어 있다. Rodd가 사용한 언어에 가득 차 있는 감정은 유아교육의 리더로서 일상적 실행에서 부딪히는 도전점들을 해결해 가려고 노력을 하는 가운데 변화를 가져올 수 있다는 것이다.

Rodd의 이 3판은 이전 판의 성공과 현장으로부터 목소리를 통합해서 이론과 실제 간의 균형을 확장시켰다. 3판을 개정하고 업데이트하는 과정에서 연수와 실제뿐만 아니라 실제와 연구 사이의 연계 강화를 많이 다루고 강조하게 되었다. 궁극적으로 이러한 새로운 경향이 유아교육에 있어서의 리더십에 대한 현재의 이해를 성찰해 보고 전문적 시도에 미치는 영향을 파악할 필요성을 강조하게 되었다. 이 책의 첫 번째 판에서 파악된 도전점은 여전히 지속되는 주제이다.

Rodd의 선구자적인 발자취를 따라 현재 많은 유아교육 연구자들이 리더십 문제를 탐색하고 있다. 또한 질 높은 서비스를 수행하고 발전시키는 데 있어서 리더십의 중요성을 점점 더 인식하고, 수용하고 있다. Rodd의 연구와 저술이 이러한 문화적 전환과 리더십 실제와 이론의 이해를 재개념화하려는 시도의 증가에 공헌했음은 의심할 여지가 없다. 1990년대의 유아교육 분야에서 고등교육 프로그램의 변화 가운데 학부 교육에 기관관리, 경영, 리더십이 도입되었다. 그러나 이런 노력을 지속할 추진력과 가속도는 다소 부진해졌다. 이 책이 유아교육 분야에서 진지한 논쟁을 가열하는 데 꼭 필요한 힘을 주는 촉진제와 같은 역할을 하게 될 것이다.

Rodd는 리더십이 유아교육 서비스 실행과 관련해 교사들에게 있어서 의무적인 책임이 아님을 안타까워했다. 이전 판에서처럼 Rodd는 유아교육에서 자격이 있는 리더의 중요성을 재확인하고 있다. 장학, 멘토링, 코칭에 대한 새로운 장을 포함시켜서 학술적인 학문과 경험적인 교수 학습 간의 균형을 유지하는 것의 중요성을 나타냈다. 이처럼 성인 학습에 관한 새롭게 확장된 관심과 집중은 유아들의 좋은 교사가 되는 데 집중했던 친숙한 유아 중심의 업무 환경에서 벗어나 중소기업을 경영하고 관리하고 이끄는 유능한 리더가 될 수 있도록 해 준다. 모든 사람이 이런 새로운 경향성에 준비되어 있는 것은 아니지만 유아교육에서 리더십을 탐색하는 데 있어서 참신하면서도, 새로운 길의 탐색이라고 볼 수 있다.

또한 리더십은 지식의 습득과 보급에 대한 책임을 요구한다. 이 책이 초보 교사뿐만 아니라 경험 많은 유아교육 실천가들이 널리 읽고 도움을 받을 것이라는 사실을 믿어 의심치 않는다. 유아교육 분야의 독자를 넘어서 유아교육 정책과 실제 부분에서 리더십과 집중을 제공할 수 있는 지역사회 역량 구축에 관심이 있는 사람들에게도 도움을 줄 수 있을 것이다. 리더십의 필수요소들을 종합적으로 제시하면서 Rodd는 방대한 리더십 선행 문헌의 결과들을 유아교육에서의 리더십에 관심이 있는 사람들은 누구나 이해 가능한 분명한 언어로 자세히 제시했다.

이 책을 읽으면서 유아교육을 실행하고 있는 리더들을 쉽게 가시화할 수 있을 것이다. 이는 Rodd 자신이 유능한 리더이기에 가능한 일이었다. 이 책은 그녀가 유아교육 분야의 전문화를 위한 비전을 명료하게 그린 캔버스와 같다. 학자로서 Rodd의 자질과 글을 통해 독자들에게 영감을 주고 영향을 미치며 동기화시킴으로써 이 분야의 리더십 발전을 육성하는 데 있어서 긍정적인 변화를 이룰 수 있다. 이런 특성이야말로 효율적 리더십의 전형적 특징이다. 이와 같은 이유로 이 책은 유아교육에서 리더십이 성취 가능함을 보여 주는 살아 있는 증거이다. 유아교육과 예비 취업 요구가 있는 연수프로그램을 조정하는 도전점이 계속 존재하는 한 이 책은 Rodd가 리더십 연수와 계발을 활용과 전문적 담론의 중심에 놓이게 할 것이다.

Manjula Waniganayake
호주 Macauarie 대학교 부교수
유아교육 연구소, 호주교육연구기관

역자 서문

유아교육과 보육 분야에서 공론화되고 있는 교사 전문성에 대한 요구는 질적인 유아교육과 보육에 대한 사회적인 요구를 반영한다고 볼 수 있다. 이 책을 쓴 Jillian Rodd는 교사가 전문가로 생존하고 성장하기 위해서는 현장 교사들 사이에서 *발현된* 적극적이며 역동적인 리더십이 필요하다고 주장한다. 초판 및 2판이 컬럼비아 대학 출판사에서 유아교육 시리즈로 발행된 이후 9장을 14장으로 개편하는 큰 폭의 개정을 거쳐 현장의 목소리를 반영하였다.

최근 리더십에 관한 연구 동향을 보면 리더십이 선천적인 개인 특성이라기보다는 전문적 발달 과정에서 노력에 의해서 학습될 수 있다는 의견이 지배적이다. 즉, 평범한 사람이라도 필요한 경우, 삶의 어떤 시점에서도 리더십 잠재 역량을 발휘할 수 있으며 영유아 교사는 의식하지 못하는 가운데 매일 영유아, 부모, 동료 교사들과의 상호 작용 속에서 리더십을 발휘하고 있다는 것이다. 그러나 안타깝게도 교사 전문성 신장에 대한 요구와 유아교육과 보육에 대한 자기 확신의 필요성은 증가되고 있는 반면, 교사가 가지고 있는 리더십 역할과 책임에 대한 정확한 이해가 부족하다.

이 책은 리더십에 대한 이해를 돕고, 서로에게서 배울 수 있는 현장 문화를 조성하기 위해 리더가 역할 모델, 촉진자의 역할을 할 수 있도록 필요하고 다양한 구체적 이슈들을 다루고 있다. 그러나 책에서 다루는 내용은 지식과 정보에 불과하며 책이 독자를 교육시킬 수는 없다. 다음 단계는 독자들이 책에서 얻은 아이디어를 실천으로 옮기고 그 이론을 전문적 실천과 함께 통합하기 시작하는 것이다. 이러한 리더십 기술 개발을 위한 지원은 현장에서의 실천적 연구를 통해 이루어질 수 있다. 리더들은 유아교육과 보육 분야의 급격한 변화에 대응하기 위해 더욱 심도 깊은 전문 교육과 개발에 책임감을 가져야 할 것이다.

이 책은 한국변형영유아교육학회 연구공동체에 속한 다섯 명의 교수가 협력하여 번역하였다. 서론 및 1 · 2장은 안혜준, 3 · 4 · 5장은 박혜정, 6 · 7 · 8장은 송승민, 9 · 10 · 11장은 김은희, 12 · 13 · 14장은 황연욱 교수가 번역하였다.

차 례

감사의 글 ▸▸▸ 3
서문 ▸▸▸ 5
역자 서문 ▸▸▸ 8
개관(Introduction) ▸▸▸ 15

Chapter 1 유아교육 맥락에서 리더십 풀어내기 ········ 23

리더십이란 무엇인가? ▸▸▸ 25
리더십의 차원 ▸▸▸ 27
리더십은 운영과 어떻게 다른가? ▸▸▸ 33
유아교육에서 리더십은 무엇인가? ▸▸▸ 36
리더십에서 비전의 역할은 무엇인가? ▸▸▸ 39
리더십이 상황에 따라 성패가 달라지는 이유는 무엇인가? ▸▸▸ 40
요약 ▸▸▸ 41

Chapter 2 유아교육 현장에서 리더는 누구인가? ········ 42

유아교육에서 젠더와 리더십 ▸▸▸ 43
누가 유아교육 리더를 따르는가? ▸▸▸ 46
유아교육 리더의 본질적인 특징은 무엇인가? ▸▸▸ 48
유아교육 리더의 기능은 무엇인가? ▸▸▸ 50
영유아 전문직의 리더는 누구인가? ▸▸▸ 53
누가 영유아 전문직의 리더가 될 수 있는가? ▸▸▸ 56
리더십과 전문적 직업 개발과의 관계는 무엇인가? ▸▸▸ 59
요약 ▸▸▸ 61

Chapter 3 유아교육 리더의 개인적 자질 ········ 62

유아교육 교직원을 위한 리더십의 유형 분류 체계 ▸▸▸ 63
유아교육 리더의 유형 분류 체계 ▸▸▸ 64
유능한 리더를 위한 핵심 기술 ▸▸▸ 66

유아교육의 교수법적 효율성 ▸▸▸ 66
유아교육 리더의 개인적 장점 ▸▸▸ 68
행정, 운영, 리더십 ▸▸▸ 69
효율적인 리더십과 운영 평가 체계 ▸▸▸ 70
요약 ▸▸▸ 73

Chapter 4 의사소통 기술: 다른 사람의 요구 충족시키기 ……………………74

정서 지능과 리더십 ▸▸▸ 79
효율적인 리더십을 위한 의사소통 기술 ▸▸▸ 80
타인의 요구를 충족시키는 기술 ▸▸▸ 81
요약 ▸▸▸ 88

Chapter 5 의사소통 기술: 자신의 요구 충족시키기……………………………89

적절한 자기주장 ▸▸▸ 91
주장이란 무엇인가? ▸▸▸ 91
'나' 메시지 ▸▸▸ 95
갈등 해결 ▸▸▸ 96
위임하기 ▸▸▸ 97
시간 관리 ▸▸▸ 101
스트레스 관리 ▸▸▸ 105
전자 통신 ▸▸▸ 111
요약 ▸▸▸ 114

Chapter 6 해결책과 차이 극복을 위해 협력하기 ……………………………115

유아교육 현장에서 갈등의 원인 ▸▸▸ 118
갈등 중재의 전형적 방법 ▸▸▸ 131
갈등 해결을 위한 건설적 접근법 ▸▸▸ 134
중재: 갈등을 협력으로 바꾸기 ▸▸▸ 138
요약 ▸▸▸ 139

Chapter 7 의사 결정하기 ······140

의사 결정의 유형 ▸▸▸ 143
의사 결정 방법 ▸▸▸ 146
집단 사고: 동조를 통한 합의 ▸▸▸ 150
개인적 의사 결정의 한계 ▸▸▸ 151
전문가 윤리와 의사 결정 ▸▸▸ 152
의사 결정의 가이드라인 ▸▸▸ 153
문제 해결 ▸▸▸ 155
요약 ▸▸▸ 155

Chapter 8 팀 구축과 이끌기 ······156

질 높은 교육을 위한 협력 ▸▸▸ 157
유아교육에서 팀이란? ▸▸▸ 160
다양한 전공 팀으로 일하기 ▸▸▸ 162
팀 개발의 단계 ▸▸▸ 163
팀 리더십 ▸▸▸ 171
팀 구축의 기초 ▸▸▸ 173
요약 ▸▸▸ 175

Chapter 9 전문적 발달 지원하기: 장학, 멘토링, 코칭 ······176

장학 ▸▸▸ 177
성인 학습자 지원하기 ▸▸▸ 180
멘토로서 리더의 역할 ▸▸▸ 182
코치로서 리더의 역할 ▸▸▸ 185
유아교육에서의 리더십을 가질 수 있는 원감의 특별한 기회 ▸▸▸ 187
요약 ▸▸▸ 191

Chapter 10 변화를 주도하고 수행하기 ······192

조직에서 변화의 유형 ▸▸▸ 196
변화와 개인 ▸▸▸ 198
변화에 대한 저항의 원천 ▸▸▸ 200

변화에 대한 저항 다루기 ▸▸▸ 201
변화에 대처하는 교직원 돕기 ▸▸▸ 205
변화를 위한 리더십 발달시키기▸▸▸ 207
성공적 변화 프로그램의 특징 ▸▸▸ 208
요약 ▸▸▸ 209

Chapter 11 리더십과 연구의 연결 ······210

연구는 무엇이며 유아교사 및 보육교사가 연구로부터 얻을 수 있는 것은 무엇인가? ▸▸▸ 213
연구가 유아교육 교직원들에게 활용되지 못하는 이유는 무엇인가? ▸▸▸ 218
연구 문화 격려하기 ▸▸▸ 222
의사 결정과 문제 해결을 위한 지침으로서의 실행 연구 ▸▸▸ 225
요약 ▸▸▸ 229

Chapter 12 부모 및 대중과의 공감대 형성하기······230

유아교육 팀에서 부모와 파트너로 일하기 ▸▸▸ 232
유아교육기관에서 부모 참여란? ▸▸▸ 234
부모와의 파트너십 형성의 장애물 ▸▸▸ 240
공적 영역에서의 리더십 ▸▸▸ 242
전문 기관에의 참여 ▸▸▸ 245
연구와 글쓰기 ▸▸▸ 246
다른 분야의 전문가와의 네트워킹 ▸▸▸ 248
정치적 참여 및 미디어의 활용 ▸▸▸ 249
요약 ▸▸▸ 252

Chapter 13 리더십의 윤리 ······253

유아의 권리 보호와 증진 ▸▸▸ 256
질적, 경제적으로 실현 가능한 서비스 제공 ▸▸▸ 257
전문가적 윤리 원칙을 준수하는 유아교육기관 운영 ▸▸▸ 259
윤리적 딜레마 해결을 위한 윤리 규정 적용 ▸▸▸ 262
요약 ▸▸▸ 266

Chapter 14 리더십 역량을 구축하고 유지하기 ······267

연수 프로그램 ▸▸▸ 269
리더십 역량 구축 ▸▸▸ 272
요약 ▸▸▸ 273

참고문헌 ▸▸▸ 274

개관(Introduction)

> 유아교육에서 리더십은 논쟁의 대상이 되어 왔다. 강력한 리더십의 필요성은 정부 수준 및 지역사회 내에서 부각되었다. -유아학교 원장

본 장의 탐구점

- 유아교육 분야에서 리더십의 역할
- 변화하는 유아교육 서비스의 맥락
- 유아교육 교직원이 리더십 역할을 친밀하게 인식할 필요성

21세기에 들어서 세계의 유아교육 교직원들이 역동적이고 미래지향적인 리더십을 가져야 함에 대한 인식은 이 분야에 있어서 중요한 이슈로 부상하고 있다. 유아와 가정에 보다 더 질 높은 서비스를 제공하고 다른 분야의 전문가와 동등하면서도 차별적인 독특한 전문성을 가진 전문가로 인정받기 위해서 많은 유아교육 교직원들은 리더십을 중요한 요소로 간주하는 것이다.

> 유아교육 분야는 미래의 도전점을 충족시켜 스스로 자리매김하기 위해 미래지향적이고 유능한 리더가 필요하다.
>
> 유아교육과 강사

Pugh(2001:1)는 유아교육 전문가에 의한 리더십의 본질적인 측면을 정의할 수 있는 유아교육 실제의 여러 특징을 밝힌 바 있다. Pugh가 밝힌 특징을 리더십에 적용해

보면 유아교육에서 리더십은 다음의 사항에 대한 것이다.

유아들에게 제공되는 경험과 환경, 성인들 간의 관계와 성인들과 유아들과의 관계, 유아와 성인과의 권리를 충족시키고 보호하기, 유아들의 교육과 보육과 관한 요구를 충족시키기 위해 현존하는 인위적인 경계를 넘어서서 협력적으로 일하기.

> 유아들은 좋은 리더를 필요로 한다.
>
> 교육 조언가

일반적으로 유아기는 탄생에서 대략 만 6세에 이르는 발달적 시기를 말한다. 많은 국가에서 유아들의 보육과 교육은 두 개의 독립적 시스템에 따라 운영된다. 유아교육 분야에 종사하는 전문가들은 하나 또는 양쪽 시스템의 현장에 고용된다. 보육교직원은 대개 생후 6주부터 초등학교 입학 전까지 유아들을 위한 가정 보육 혹은 시설 보육을 제공하는 현장에서 일하게 된다. 또한 보육교직원들은 '방과후 프로그램'에서는 12세까지의 어린이를 돌보게 된다. 훈련된 교사(trained teacher)인 유아교육 교직원은 어린이집에 종사할 수 있으나 유아원(pre-school), 유치원(kindergarten), 탁아학교(nursery school), 초등학교의 영아반(infant grades in primary schools)과 같은 유치원 현장에서 만 3세에서 만 6세 유아들의 교사로 일할 수 있도록 자격증을 갖추고 있다.

> 유아교육 현장은 여러 교직원, 부모, 유아들과 같이 다양한 많은 사람들에 대한 여러 가지 책임을 져야 하기 때문에 리더십이 중요하다.
>
> 유치원 교직원

교육과 보육을 통합의 필요성이 계속 제시되고 있으나 이 두 시스템은 아직 충분한 통합을 이루지 못하고 있다. 그러나 유아교육의 전문성이 높아지면서 교육과 보육 분야 사이의 인위적 경계를 없애려는 노력을 계속하고 있다.

> 졸업생들이 리더십 역할과 책임을 맡고, 이를 감당하도록 기대되기 때문에 리더십 책임감은 높아지고 있다.
>
> 유아교육 선임강사

지난 100여 년 동안 유아와 가정을 위한 서비스를 제공하는 기관에서 중요한 변화가 있었다. 그러나 영유아 전문직(early childhood profession)에 종사하는 이들은 고령화 사회, 가정과 고용 유형에서의 변화, 그리고 안타깝게도 빈곤 가정 유아의 증가와 같은 급속적인 인구통계학적, 사회적 변화에 민감하게 반응해야만 했다(Pugh, 2001).

지속적인 주도권을 가진 현재의 정치적 의사 일정은 많은 현장과 이들이 제공하는 서비스에 영향을 미치고 있다.

유아학교 주임교사

많은 국가에서 유아교육은 정부의 중요한 정치적 의제이며 유아교육 교직원들은 새로운 주도권에 반응해야만 한다. 예를 들면 영국에서는 유아와 가정의 교육과 보육 통합에 대한 요구를 보다 효율적으로 충족시키기 위한 방안으로 유아교육 교직원들에게 익숙하지 않은 방식으로 기관 간의 연계 및 다학문적 협력에 초점을 두고 있다. 또한 유아교육 교직원들은 특수한 요구를 가진 유아들을 주류화 현장으로 통합하고 있다. 많은 나라의 유아교육 교직원들은 레지오 에밀리아 유치원 조직의 관점을 탐색하여 현장에 적절히 적용하고 실행하는 데 관심을 기울인다. 레지오 에밀리아의 시립 영유아기관(municipal infant-toddler centers)과 유치원은 직원, 부모, 지역사회 일원들의 참여가 두드러지며 이는 조직과 물리적 환경과 관련된 실천을 통해 이루어진 것이다. 유아들의 발달적 잠재성은 체계적이며 프로젝트에 기초한 상징적 표상에 초점을 두어 신중하게 개발되며(Edwards, Gandini & Forman, 1994), 일상의 실제는 관계 및 대화 교환, 상호성에 기초한 의사소통에 중점을 두는 것이 특징이다(Giudici, Rinaldi & Krechevsjy, 2001). 이러한 변화는 여러 직업으로 구성된 팀이라는 전문적 도전점을 이끌고 충족시키는 대인관계 능력을 가진 강한 리더를 요구한다.

이와 같이 변화하는 맥락은 유아와 부모에게 융통성 있는 서비스 확대에 대한 요청과 유아교육 교직원들의 역할에 변화를 가져왔다(Pugh, 2001). 유아교육자의 중요한 여러 역할 중 하나가 바로 세심하면서도 기술적인 리더십을 발휘하는 능력이다(Caldwell, Ebbeck & Waniganayake, 2003: 재인용). 질적인 유아교육을 정의함에 있어서 Barbour(1992)는 유아교육 교직원들이 "우리가 이렇게 해도 될까요?" 라는 질문을 넘어서서 "우리가 어떻게 하면은 될까요?"라는 질문들을 추구해야 한다고 주장한다. 이 책은 유아교육 교직원들이 어떻게 유아와 가정을 위한 질 높은 서비스를 보장하기 위한 수단으로서의 리더십을 발휘할 것인가 하는 근본적이면서도 절박한 문제를 다룬다. 유아교육 서비스 수행의 운영과 리더십 스타일이 정책과 실제에 영향을 미치며 혁신적인 프로그램의 개발 및 실행을 결정한다는 연구 결과가 지속적으로 보고되고 있다(Ebbeck & Waniganayake, 2003; Sylva & Siraj-Blatchford, 2003).

변화가 유아교육 분야의 특징처럼 지속적으로 인식되는 반면 효율적 변화에 필수적인 리더십의 개념은 지난 30여 년간 유아교육 이론가와 연구자들 사이에서 간헐적인 관심을 받아 왔을 뿐이다. 유아교육 분야에서 '리더십'의 의미에 대한 근본적인 질문은 유아교육 교직원들에게 의미 있고 믿을 수 있는 방식으로 답변되어야 할 것이다.

우리는 유아교육에서 우리의 리더에게 무엇을 기대하고 있는지에 대해 서로 대화를 나눌 필요가 있다.

유아교육 선임강사

리더십은 수많은 분야와 직종에서 일컬어지는 용어이지만 유아교육과 관련해서는 드물게 언급된다. 미디어는 계속적으로 정치적 리더십의 부족과 필요성에 대해 상기시킨다. 기업과 제조업에서 리더십의 필요성도 지속적으로 강조되고 있다. 세계 여러 나라의 정치가, 시사평론가들은 보다 나은 교육적 리더십을 요구한다. 그럼에도 불구하고 유아교육 분야의 빠른 변화와 연관된 문제점들을 짚어볼 때 유아교육 교직원들은 변화에 적절하면서도 점진적이며 체계적인 실행을 촉진시킬 수 있는 우리 분야에서 리더십의 부재에 대한 언급을 거의 하지 않는다. Caldwell(Ebbeck & Waniganayake, 2003)은 유아교육 교직원들이 새로운 생각이나 변화에 대해 강한 저항을 한다고 지적한다. 따라서 질 높은 교육을 위한 운영과 경영의 역할을 이해하는 효과적이고 사회정치적으로 적극적인 리더의 필요성은 더욱 절박한 실정이다.

아주 소수의 유아교사들만이 그들의 지위에 대한 리더십 / 옹호를 형성하고 있기 때문에 더 광범위한 사회로 의사소통할 수 있는 강력한 단결된 목소리를 낼 수 없다.

유아학교 원장

Muijis 등(2005)은 유아교육에서 리더십에 관련한 최근 연구를 검토하면서 이 분야에 대한 연구가 부족함을 지적했다. 유아교육에서 리더십의 가능성에도 불구하고 지금까지 연구 결과와 전문적인 출판물은 현장에서 일하는 사람들의 관심과 상상력을 간파하지 못했을 뿐만 아니라 변화하는 세상에서의 일반적인 리더십과 특별히 유아교육 분야에서 리더십의 성격에 관해 진화하는 사고에 대한 관심을 이끌어 내지 못하고 있다. 그 이유는 부분적으로는 유아교육에서 리더십의 의미와 실제적인 관련성의 의미에 대한 외견상의 모호함과 공허함 때문일 수도 있다. Bowman과 Kagan(1997)은 현장에서 공통적으로 수용되는 리더십에 대한 정의가 없으며 리더십의 속성, 기회, 장애에 대한 체계적인 논쟁도 존재하지 않음을 지적했다. Ebbeck과 Wani-ganayake(2003)는 이 견해를 지지하면서 대중적으로 인정받는 리더가 소수이며 유아교육의 리더에 대한 일반적인 기대가 없다고 주장했다.

Clark과 Clark(1996)은 리더십의 중요한 요소가 선택이라고 논한다. 이들은 한 개인이 얼마나 철저하게 리더십에 관해 훈련받거나 심오하게 리더십의 지위에 파고들었는가 하는 것보다 그 역할의 수용에 있어서 의식적인 선택을 했느냐가 더욱 본질적이라고 믿는다. 불행히도 많은 유아교육 교직원들이 여러 이유로 이 리더십 역할을 선택해서 받아들이지 않았음을 보여 주는 증거가 있다. 여기에 포함되는 이유는 낮은 급여와 사회적 지위, 열악한 근무조건, 고용의 권리에 대한 이해 부족, 직업 자체에 수반되는 스트레스와 과중한 신체적 부담 등이다(Rosier & Lloyd-mith, 1996; Sumison, 2002). 유아교육에서 리더십은 지난 30여 년간 간헐적으로 탐구되었던 현상이지만 많은 유아교육 교직원들에게는 수수께끼같이 남아 있다.

유아교육에서 리더십에 대한 수많은 연구 결과는 대부분의 교직원들이 성인들과 함께 일하는 운영적이며 장학의 측면을 포함한 이들의 업무에 대한 리더십의 요구에 불편함을 느끼고, 차라리 무반응으로 일관하기로 함을 보여 준다(Ebbeck & Wani-ganayake, 2003). Caldwell(2003:iv)은 '유아교육과 보육 분야의 전문가들은 자신을 이런 역할에 비추어 보는데 염증을 느껴 왔다' 고 말한다.

여러 나라의 유아교육 교직원들은 여전히 유아들과의 상호 작용과 직접적인 돌봄에 초점을 두는 하나의 전문적 역할만을 편협하게 개념화하고 있는 것처럼 보인다(Hujala & Puroila, 1998). 비록 많은 교직원들이 그들의 직업이 '전문가적' 이 되어야 한다고 생각하며 어떤 사람들은 '현장의 이미지를 개선' 하고자 하지만 여전히 많은 사람들은 경영 프로그램, 마케팅, 정책 개선, 로비, 연설, 모금, 연구와 같이 이런 목표를 달성할 수 있는 활동에 대해서는 불편함을 드러낸다. 여러 나라의 유아교육 교직원들은 리더십의 수단적, 전문가적, 기업가적인 영역을 지지하는 Vander Ven(1991)의 리더십 특성을 구체적으로 정확히 인지하고 있지 못하며, Almy(1975)가 30여 년 전에 강조했던 특성을 여전히 지닌 것처럼 보인다. 예를 들면, 많은 학생들과 일부 유아교육 교직원들은 아직도 좋은 교직원들을 인내와 따뜻함, 양육적이며 높은 에너지 수준을 보이는 사람으로 정의한다. 그러나 리더십 역할에 대한 적극적이고 정확한 인식이 없고, 전문적 역할과 이와 관련된 기술에 대한 광범위한 개념화가 없다면 유능한 운영자, 장학사, 훈련자, 교육자, 연구자, 그리고 옹호자에 대한 증가하는 요구를 충족시킬 수 없을 것이다.

리더십의 실천에 대한 반성

나는 언제나 좋은 유아교육의 실제에 대한 원칙을 열심히 지키려고 애써 왔다. 두 명의 주임교사(head teachers)가 이런 나의 관점에 동의해 주었고 내 학급에 대한 자율권을 허용해 준 것을 보면 운이 좋았다. 나는 서서히 새로운 역할에 대해 배우게 되었고 더 큰 책임을 맡게 되었다. 지금은 이 지역의 유아들과 가정을 지원하는 여덟 명의 유아교사로 구성된 팀을 이끌고 있다.

유아교육 팀 리더

전문성 신장에 대한 요구와 직업에 관련된 자기 확신에 대한 필요성은 증가되고 있는 반면 유아교육 교직원들은 여전히 리더십의 역할과 책임의 폭과 깊이에 대해 명료한 이해를 해야 할 필요가 있다(Rodd, 1996, 1997). 2003년 한 학회 발표에서 Moyles는 유아교육 교직원의 역할뿐만이 아니라 유아교육 실제의 깊이나 복합성에 대한 이해가 제대로 이루어지지 않고 있다고 주장했다. 그녀는 전통적으로 받아들여졌던 실제를 철저히 파고들어 따져 보고 질문을 던짐으로써 실제와 이해를 발전시킬 수 있다고 말했다. 유아교육 교직원들이 리더십 역할에 대해 더 잘 이해하고 그 역할들을 수행함에 있어서 자신감을 갖게 하려면 지원적이고 비위협적이며 개인적 판단을 유보하는, 보다 광범한 전문적인 담론의 장이 있어야만 한다.

유아들과 그들의 가정을 위한 사회 문화적으로 반응적인 서비스를 제공하려면 세계 유아교육 교직원들에게 리더십 기술 개발은 매우 중요한 도전점으로 남아 있다. 과거처럼 초등교육, 사회사업이나 간호학에서 리더십 모델과 솔선성을 빌려 와서 유아교육 서비스 맥락과 요구에 적용시키는 것이 더는 수용되지도 않고 실행 가능하지도 않다. 우리 분야 밖의 리더십 멘토를 채택해서 전문적인 지위를 추구하는 것 역시 적절치 못하다. 만약 유아교육 분야에서 유사하거나 관련성 있는 직종에 해당하는 전문적 지위를 확보하려면 반드시 **우리 분야 안에서** 리더로 부상할 사람들을 육성하고 교육시켜야 한다. 유아교육 분야의 역량 강화는 함께해서 편안하고 프로그램 수준에서 리더십 역할을 선정하는 사람, 정부와 정책 수준의 리더십으로 전진할 사람에서 시작되어야만 한다. 이런 역량 강화의 기초는 '풀뿌리'에서 올라온 전문가적 역할의 재개념화에 놓여 있다고 볼 수 있다.

여러 나라에서 교육 과정과 자격증을 재구성하는 것은 교육과 보육의 인위적인 이분법을 깨뜨리려는 노력의 일원이다(Abbott & Hevey, in Pugh, 2001). 그러나 교육현장의 리더를 나타내기 위해 사용되는 용어와 보육 현장의 리더를 표방하기 위해 쓰는 용어가 교육과 보육의 비생산적인 구분을 여전히 지속시키게 만든다. 부모가 선택하는 유아교육이나 보육의 형식에 관계없이 유아들의 요구는 동일하다. 4세아가 어린이집에 다니든, 가정 어린이집에 있든, 혹은 유치원 현장에 다니든 상관없이 이 아이는 똑같이 질 높은 경험을 할 권리가 있다. 명칭에 대한 문제를 극복하고자 하는 노력으로 이 책에서는 유아교육 서비스 혹은 현장의 운영에 책임을 지는 사람을 칭할 때 리더, '유아교육 전문가(early childhood professional)' 혹은 '유아교육 교직원(early childhood practitioner)'이라는 용어를 사용할 것이다. 지역에 따라서 가정 보육 조직의 조정자(coordinator)는 100여 명의 가정 어린이집 원장에 대한 책임을 질 수도 있다. 어떤 생각을 제시함에 있어서 기관 중심 혹은 가정 중심의 보육을 기술하는 용어가 까다로운 일이 되기도 한다. 따라서 '현장(setting)'이라는 용어가 가정 중심 및 가정 중심의 교육과 보육 프로그램을 포함하는 용어로 사용될 것이다. 유아보육 서비스 안에서 유아교육 프로그램을 통합하려는 최근의 동향과 더불어서 유아교사들이 그 어떤 변화를 교육에서의 상당한 전문성을 확장하고 변형시키는 기회로 인식하고 다음 세대에 부상할 현장의 리더십 지위를 확보하고자 동기화되길 바란다. 이는 유아, 부모, 교직원에게 도움을 줄 것이다.

Chapter 1

유아교육 맥락에서 리더십 풀어내기

리더십은 관여의 과정으로 가장 잘 정의될 수 있을 것이다. 리더는 동료 전문가들을 관여시켜서 유아들과 가족의 요구를 가장 잘 충족시킨다. 유아교육 분야에는 리더들이 협의에 의한 접근법을 택할 것이라는 기대가 있다. -강사 및 연구자

본 장의 탐구점

- 유아교육 분야에서 리더십의 정의
- 리더십에 대한 일반적 개념
- 리더십의 차원
- 리더십과 운영의 차이점
- 영유아 전문직과 리더십과의 연관성
- 리더십에서 비전의 역할
- 유아교육 교직원이 리더십 역할을 보다 주의 깊게 인식할 필요성
- 리더십이 상황에 따라 성패가 달라지는 이유

직전교육과 현직교육 프로그램에서 최소한 어느 정도는 다루어지고 있는 주제이기는 하지만, 여러 나라의 유아교육 교직원들은 자신들의 전문가적인 역할 중 일부로 리더십의 개념을 인식하는 데 있어서 주저하고 있다(Caldwell, 2003; Solly, 2003). 실제로 Katzenmayer와 Moller(2001)는 리더십 개발의 필요성을 '잠자는 거인 깨우기' 라고 표현하기도 했다.

유아교육 교직원들이 스스로를 리더로 바라보기를 꺼리는 것은 매우 흥미로운 현상이다. 그 이유는 역사적, 전통적으로만 아니라 현재에도 교사, 보육교사와 운영자

들은 높은 수준의 자율성과 정책 수립과 실행에 있어서 자립성을 보이도록 교육받았기 때문이다. 이와 같은 독립적인 의사 결정과 문제 해결 기술을 위한 전문가적 요구는 대부분의 유아교육 교직원들이 근무하는 유아교육과 어린이집의 물리적 고립성과 이런 환경에서 유아들을 위한 프로그램을 운영하는 인력이 소수임에 기인한다. 즉각적인 지지와 지원이 부족한 현실에서 유아교육 교직원들은 다른 근무환경에서 '리더십 기술'이라고 부르는, 자신의 상황적 요구를 충족시킬 자율적 스타일과 기술을 발전시켜 왔다. 하지만 유아교육의 실제에서 리더십의 적절한 모델 부족은 여전히 공론화되어야 할 부분이다(Geoghegan et al., 2003).

유아교육 교직원들에게 리더십은 프로그램의 질을 높이는 측면에서 정의되어 왔고 앞으로도 그렇게 정의될 것이다(Alvarado et al., 1999). 그러나 개인별 수준과 상황적 수준에서 존재하는 개인적인 리더십 잠재력이라는 개념 인식은 보다 일반 조직적 혹은 전문적 리더십에 대한 열망으로 해석하지 못하여 유아교육 분야의 전문성을 높이고 지역사회에서의 위상과 신뢰도를 높이지 못하고 있다.

> 리더는 유아교육 리더들의 멘토를 받고, 전문가적 활동을 통해 공적인 얼굴을 가진 이들을 말한다. 리더가 반드시 원장이나 코디네이터, 매니저를 의미하는 것은 아니다.
>
> 유아교육과 부교수

일반적인 리더십에 관한 문헌고찰을 통해 리더십에 대한 전통적인 주제나 생각들이 유아교육 분야에 적용가능하지 않다는 것은 분명히 알 수 있다. Kagan(1994)은 리더십의 이해에 있어 개인적 성격과 특성, 행동과 전략, 업무의 성격와 문화 등 전통적 접근을 밝힌 바 있다. 이 세 접근법은 관습적으로 여성이 선호하는 다중적이며 공유된 형태의 리더십, 친밀감과 조직적 전략과 과정에서의 개별화에 대한 요구, 모두를 위한 협력과 집단적 성공의 풍토가 출현되는 유아교육 현장의 중요한 특성을 무시한다.

Whalley(1999)는 유아교육 현장의 리더들은 촉진자적인 역할을 하며 권위보다는 영향력에 더 관심을 기울인다고 했다. 이와 같은 요소들은 유아교육에 특히 적절하며 때로는 독특한 종류의 리더십을 창출해 낸다.

리더십이란 무엇인가?

교육 분야와 다른 분야에서 리더십과 관련된 광대한 문헌을 살펴보면 여러 개념과 아이디어가 실제 유아교육의 리더십에 적용가능함이 분명하다. 일반적으로 리더십은 비전과 영향에 관한 것이다. 리더십은 한 사람이 어떤 기준과 기대를 설정해 놓고 다른 사람들이 바람직한 방향으로 행동하도록 영향을 미치는 과정으로 기술될 수 있다. Taylor(2005)는 리더의 말, 행동, 결정, 상호 작용과 스타일이 함께 일하는 사람들의 신념, 가치, 감정, 행동에 영향을 미치며 이들이 팀의 구성원으로 어떻게 반응하는가를 결정하는 데 있어서도 매우 중요하다고 주장한다. 리더는 목표를 달성하기 위해서 다른 사람들의 행동에 영향을 미치는 사람으로 동료들의 행동을 변화시키기 위해서 이들을 격려하고 새로운 접근을 시도하고 새로운 사고방식을 설정한다.

리더십은 여러 방식과 형태로 드러날 수 있다. Davies(2005)는 학교 상황에서 리더십에 대한 저자 11명의 서로 다른 관점을 제시한 바 있다. 이 관점의 대부분은 유아교육의 맥락에 적합한 리더십 모델 형성에 유용한데, 전략적 리더십, 변형적 리더십, 윤리적 리더십, 학습 중심의 리더십, 구성주의적 리더십, 정서적 리더십, 분포된 리더십, 지속가능한 리더십이 포함된다.

리더십에 관한 연구는 리더십 그 자체에 실제로 수반되는 바에 대한 것보다는 리더들이 하는 일이나 이들이 소유한 속성에 대한 지나친 집중으로 인해 비판을 받아왔다(Mitchell, 1990). 특성과 행동 및 상황적인 측면에 관심을 기울이는 주요 리더십 이론들은 이런 접근 방식의 예가 된다. 그러나 이런 리더십 모델이 일부 중요 요소를 해체화하는 데 유용하기는 하지만 복합적이며 상호관계에 기초한 리더십의 복잡한 과정에 통찰을 제공하지는 못한다(Morgan, 1997). 스타일 이론은 여러 다른 상황에 처한 리더들이 성공적으로 목표를 달성하기 위해서 취하는 역할을 명료화하려고 시도했다. Geoghegan 등(2003)의 연구 결과는 유아교육 교직원들이 일상의 활동을 수행하기 위해 하나의 리더십이 아닌 여러 형태의 리더십에 의존함을 보여 준다. 이들은 여러 리더십 스타일 간의 상호 작용과 관계를 탐색할 필요성을 밝힘으로써 리더십의 다면적 속성을 인정한다.

리더들은 다소 정의하기 어려운 속성과 기술을 소유하고 있는 것처럼 보이는데, 이 속성과 기술에는 리더가 원하는 일을 다른 사람이 하게 만드는 능력이 포함되기도 한다. Sarros와 Butchatsky(1996)는 리더십이 한 조직이나 사람들에게 긍정적인 결과를 성취하려는 목적으로 타인에게 영향을 미치려는 목적성을 띤 행동이라고 주장한다. 리더들은 업무, 과제, 질, 생산성에 대한 관심과 사람, 관계, 만족도, 사기에 대한 관심 사이에서 균형을 잡을 수 있다. 이들은 혁신, 변화지향성과 현재 상태의 안정성과 지속성에 대한 관심을 함께 고려한다. 리더십은 정적인 속성의 묶음이 아니라 역동적인 활동이다. 역동적인 리더는 다른 사람들의 신뢰감, 안전감을 높이고 존중하는 개인적 특징을 지녔을 뿐만 아니라 조직을 미래로 이끌도록 돕는 활동에 참여한다. 이런 활동에는 목표, 역할, 책임을 정하고 명료화하는 일, 정보를 수집하고 계획하는 일, 의사 결정하기, 집단에 속한 사람들의 책임완수와 공헌을 인정하고, 격려하고, 의사소통하는 일이 포함된다.

좋은 리더십이 무엇인가는 여러 가지로 정의될 수 있다. 해체적 리더십의 관점에서 이 책은 유아교육 교직원들의 리더십 스타일보다는 유아교육 현장의 리더십 스타일에 초점을 두고 있다. 리더십은 유능한 리더가 집단이나 조직의 일원들을 위해서 긍정적이고 도덕적 결과를 달성하기 위한 전략을 선택하는 공유된 과정으로 이해된다.

효율적 리더십의 열쇠는 다른 사람과 다음과 같은 방식으로 상호 작용하는 능력에 있다.

- 고무적이며 신뢰를 주는 가치, 비전, 미션을 제공한다.
- 공개된 커뮤니케이션을 장려한다.
- 조직 문화를 만들어 간다.
- 현실적인 목적과 성취 가능한 목표를 정한다.
- 개개인의 발전을 촉진시키고 장려한다.

리더십에 대한 이런 접근은 리더십을 지위로 제한시키는 것이 아니라 교육의 질을 높이고, 현장을 발전시키려는 목적성 있는 활동을 지향하는 유아교육 교직원들의 리더십 기회를 확대시킨다.

리더의 역할에 대해서는 지도자의 자리와 같이 대개 정의된 역할이 있다. 그러나 다른 전문가들과 서비스 간의 효율적인 협력을 이루고, 서비스를 높일 수 있는 리더십의 다른 요소를 지닌 리더의 역할도 있다.

유아학교 주임교사

리더십은 한 시간, 하루, 혹은 1년에 걸쳐 맡겨질 수 있다.

보조 교사

리더십은 비전, 에너지, 책임감, 타인과의 긍정적인 관계를 가진 사람들에 의해 유아교육 맥락에서 드러날 수 있다. 냉담하고 비활동적이며 사람들과의 접촉이 없는 사람은 함께 일하는 사람들의 눈에는 리더로 비춰지지 않는다. 유능한 리더들은 집단 내의 구성원들의 개인적 성향이나 기여도가 중요하기는 하지만 그 영향면에서 예측불가능하다는 것도 이해한다. 또한 시스템이 중요하지만 정적일 수 있으며 변화하는 상황에 따라 복잡하고 어려울 수 있음을 이해한다. 유능한 리더는 전문가적인 판단을 내려야 할 때, 언제 지원을 해야 하고 또 언제 자극을 주어야 하는지, 언제 다른 사람들에게 앞장을 설 수 있는 기회를 주어야 하는지를 안다(Law & Glover, 2000). 유능한 리더들은 자신들이 배운 바를 다른 사람과 공유하고 반영적으로 행동함으로써 개인과 조직이 앞으로 나아갈 수 있게 조력한다.

모든 유아교육 교직원은 자신의 업무에서 능력 증진을 보여 주거나 동료들에게 중요한 친구가 되거나 유아, 부모, 동료와 같은 타인의 발달을 지원하거나 전문직의 홍보대사나 옹호자로 행함으로써 전문가적 리더가 되어 간다. 실제로 Sullivan(2003)은 모든 유아교육 교직원들이 매일 리더십 과정을 공유하고 있다고 주장한다. 유아교육에서의 전문성을 높이기 위해서는 유아와 가족을 위한 질 높은 서비스를 만들어 내고 서비스를 진행하는 도전을 하는 유아교육 교직원들이 스스로를 '리더적 전문가'(leading professional)로 정의해야 한다.

리더십의 차원

Morgan(1997a)은 유아교육 교직원들을 지원하는 리더십 훈련의 혁신적인 접근 프로젝트에서 '리더십' 이라는 용어를 유아교육 맥락에 적용했을 때 연관되는 몇 가지 차원을 밝혔다. 그녀는 통용되는 리더십의 정의가 유아교육 분야에서는 특정한 이슈를 제기할 수 있다고 지적했다. 예를 들어 리더십을 매니저, 코디네이터, 혹은 원장과 같이 지위로 정의할 때 리더십에 대한 기대, 책임감, 접근성이 교사나 보육교사와 같은 다른 교직원에게는 배제될 수 있다는 것이다. 리더십을 역량, 능력, 또는 리더가 되는 전략으로 정의할 때 모든 유아교육 교직원들은 관심 있는 영역 내에서 이런 기술을 개발시킬 수도 있다. 그러나 많은 연구들은(Ebbeck & Waniganayake, 2003; Moyles & Yates, 2004; Rodd, 1996) 전문가들이 유아교육에서의 리더십과 연관성 있는 전략, 능력과 역량이 무엇인지에 대한 동의가 아직 이루어지지 않았다고 밝히고 있다.

리더의 삶을 하루 동안 고찰해 보기

규모가 큰 어린이집의 원장인 나는 업무가 매우 복잡하다. 지난 목요일을 예로 들어 보겠다. 나의 하루는 아침 8시에 시작되었다. 이날 오후 티타임에 있을 직원 송별회를 위해 슈퍼에서 케이크를 샀다. 지난주에 직원들에게 송별 카드를 돌렸는데 아직 내 손에 돌아오지 않는 게 이상하다. 8시 30분에 나는 책상에 앉았고 한 직원이 아파서 출근을 못하겠다는 전화를 했기에 직원 비율을 맞춰야 했다. 부모들과 아이들이 8시부터 도착했고 한 어머니는 가정에서 자녀의 행동에 대한 상담을 하고 싶어서 나를 기다리고 있다. 그 어머니와 대화를 나누고 있는데 전화가 울렸다. 다행히 다른 직원이 그 전화를 받았다. 우편물이 도착했고 나는 오늘 처리해야 할 우편물, 조금 여유가 있는 우편물, 직원방에 두어야 할 우편물로 분류를 했다. 이제 시간은 9시 30분이 되었고 그날 아침에 내가 들어가야 할 수업이 없기에 교실 몇 군데를 들러 아이들과 이야기를 나누고 직원들의 사기를 북돋아 주었다. 이렇게 교실을 둘러보면서 나는 교수학습, 개인적인 요구에 대해 파악하게 된다. 11시쯤 나는 책상으로 돌아와서 이메일을 체크하고 답장을 보냈다. '오늘은 겨우 34통이네!' 정오가 되어 어머니들이 다시 도착했고 나는 작성해야 할 보고서가 있지만 어머니들에게 얼굴을 비추어야 할 것 같은 생각이 들어 현관에 나가서 이들과 대화를 나누었다.

이제 직원들의 점심시간이 되었고 한 직원이 면담을 요청해 왔는데 업무 관련 사항 같았다. '다른 직원이나 학부모의 불만사항을 전달하려고 하나? 연수요청일까? 혹은 근무 시간을 바꾸어 달라는 일일까?' 그 교사는 연수를 요청했고 수업을 들을 수 있도록 예산을 신청했다. 남아 있는 예산을 확인해 보고 지원을 해 주겠다고 하자 그 교사는 고마워하는 눈치였다. 다음 주에는 결과를 알려 주어 그 교사가 등록을 할 수 있음을 잊지 말아야지. 나는 책상 앞에서 정부 출판물을 읽으면서 샌드위치를 먹었다. 미루어 둔 우편물에 답장을 했다.

오후 티타임, 이사를 가는 직원에게 송별회를 하는 시간이다. 아이들을 모아 오늘 교실에 들어갈 필요가 없는 직원들은 함께 모여 편안한 대화를 나눌 수 있도록 했다. 이들이 하고 싶어 하는 말을 들어주고 사교성 있게 대하는 것은 매우 중요한 일이다. 이 기회를 통해 직원들에게 업무 관련 이야기를 하면 어떨까 하는 생각이 떠올랐다. 유아교육에서 열정과 창의성이라는 요소에 대해 생각해 왔기에 이에 대해 소개하고 직원회의에서 이 주제로 더 말하고 싶은 사람이 있는지 질문해 보았다. 자신의 교육 실제에 대해 만족스러워하고 있는 몇몇 직원들을 독려하고 싶었지만 다음에 개별적으로 이야기하는 것이 더 나은 일 같았다.

남아 있던 유아들이 떠났다. 나는 우리 원에 새로운 아이디어를 도입하고 싶어하는 교사들을 만났다. 우리는 추가적인 업무를 맡는 것에 대해 주저할 수도 있는 일부 직원에게 어떻게 제안할 것인가에 대해 이야기 나누었다. 교사들 중 한 명이 프레젠테이션을 맡겠다고 나섰다.

4시 30분이다. 우리 지역의 다른 원장들과의 모임에 나가야 한다. 15분 정도 운전을 해야 한다. 내일 금요일은 매우 바쁜 날이기 때문에 모든 것이 다 잘 준비되었는지 남아 있는 직원들과 확인한 후 원을 떠났다. 원장 모임은 6시에 끝났고 집으로 향했다. 내 가방 속에는 예산안이 들어 있다. 내일 지방의회 재정 담당자와의 만남이 있기에 오늘 밤에 예산안을 살펴보아야만 한다. 9시에 그 일을 시작했다. 오늘은 전형적인 나의 하루를 보여 준다.

리더십을 개인들이 긴밀히 연결되어 있는 집단에 의한 노력의 산물로 정의했을 때 공유된 혹은 협력적인 리더십의 문은 열리게 되어 있다. 이 공유된 리더십은 유아교육 분야의 끊임없이 변화되는 요구에 부응하는 데 있어서 다양성을 강점으로 인식하는 유아교육 교직원들에게 매력적으로 다가온다. 또한 공유된 리더십은 많은 유아교육 교직원들이 경험하는 권위에 대한 어려움을 이해한다(Ebbeck & Waniganayake, 2003). 어떤 이들은 권위를 다른 사람을 누르는 힘, 즉 지배력으로 오인하기도 해서 권위적 지위로 비추어지는 것에 대한 반감을 표하기도 한다. 유아교육 현장에서 효력을 발휘하는 진정한 권위는 전문가로 인식되는 사람, 높은 수준의 전문성, 판단력, 공정함, 지혜가 있는 사람에게 주어진다. 영향력이나 장점으로 정의되기도 하는 권력은 타인들과 협력적으로 일하는 데에서 나오는 것이다.

리더의 삶을 하루 동안 고찰해 보기

나는 경력 8년차 유아교사이다. 3세아와 4세아를 가르치는 것이 나의 주된 업무이다. 최근 나는 생후 3년의 중요성에 대한 연수에 참석했다. 영아의 가장 중요한 첫 번째 교사인 부모의 중요성이 반복하여 강조되었다. 내가 이 분야에 특별한 관심을 갖고 있었음을 갑자기 깨달은 순간, 우리 지역 영아들의 부모들을 돕기 위한 기회를 제공해 줄 수 있다는 생각을 하게 되었다. 이렇게 되면 잠재적인 학부모가 될 부모들이 기관에 등록하기 이전에 우리가 하는 일에 대해 알게 된다는 점에서 우리 기관도 혜택을 받을 수 있다. 또한 예비 학부모들이 기관에 대해 알면서 기관 선택을 더 신중하게 잘할 수 있을 것이다.

매니저와 만난 나는 내 생각을 전했다. 그러자 그녀 역시 관심을 보였다. 그녀는 다음 직원회의에서 이 안건에 대해 이야기 나누고 다른 직원들이 관심을 갖는지 알아볼 것과 내가 리드를 할 것을 제안했고 나도 이에 동의했다. 직원회의에서 단 한 명만이 관심을 표현했고 이 아이디어를 실행하겠다고 나섰다. 이제 두 명의 교사와 필요할 때 도와줄 수 있는 매니저가 있어 숫자는 중요하지 않았다.

나와 다른 한 명의 교사는 몇 번의 계획수립을 위한 만남을 가졌고, 때로는 저녁에도 남아서 일을 해 계획을 매니저에게 넘겼다. 그녀는 우리의 계획이 지역사회와의 연계를 위한 방안이라고 생각했고 추가적인 노력 없이 부모와 유아, 기관 모두에게 혜택을 주기에 예산확보를 위한 기금을 구해보겠다고 했다.

3개월 동안 우리는 3세 이하의 자녀를 둔 부모들을 위한 6번의 모임을 가졌다. 6개의 주제가 있었지만 부모들이 다루고 싶어하는 주제도 모두 포함시켰다. 이 프로그램은 대단한 성공을 이루었고 우리는 지금까지 이 프로그램을 2번 실시했다.

우리 기관 소식지와 지역신문에 이 프로그램에 대한 기사가 실렸으며 지역 유아교육 포럼에서 프로그램에 대해 발표하기도 했다. 처음에는 이런 프로그램에 대해 공개하는 것조차 두려웠으나 다른 직원과 협력하는 경험은 굉장한 것이었다. 나 혼자였더라면 용기를 내지 못했겠지만 협력적인 작업은 내게 프로그램의 성공에 관한 확신을 갖게 했다. 우리의 성공이 다른 직원들에게 영감과 확신을 갖게 되길 바란다.

리더십이 가이던스와 방향 제시로 정의될 때 이런 가이던스와 방향을 지시하는 사람의 존재와 특별한 지위나 사무실을 가진 사람의 존재와 이에 따른 리더십에 대한 기대를 갖게 한다. 리더십을 연상시키는 지위에 있지 않은 사람을 배제하는 것이 이 정의의 가장 큰 제한점이라고 할 수 있다. 그러나 많은 유아교육 교직원들은 리더십을 가이던스의 개념으로 보기도 하는데, 그 이유는 가이던스에는 수용하기 어려운 권력, 명령, 권위의 개념과 연상되는 것을 내포하지 않기 때문이다. 유아교육 분야의 리더십은 작업을 완수하는 데 포커스를 두는 한 사람의 노력이 아니라 서로에게 영향을 주고 영감을 주며 협력하는 사람들이 가져온 산물처럼 보인다(Jorde-Bloom, 1997; Morgan, 1997b). 따라서 모든 유아교육 분야의 구성원들이 리더십에 관해 갖고 있는 여러 관점을 공유하고 토론할 기회와 리더십의 역할과 책임에 대한 기회를 갖도록 해야 한다.

그러나 불행히도 유아교육과 보육 분야의 리더를 구분하기 위해 사용하는 용어는 유아교육 보육 분야 또는 지역사회가 유아교육 분야에서의 다양한 리더십의 역할이 지닌 복합성을 이해하도록 돕지 못하고 있다(Caldwell, 2003; Moyles, 2003). 성인 직원과 소비자를 포함한 소규모의 사업장을 효율적이고 책임감 있게 운영하기 위해 다른 사람에게 영향을 미치는 '리더'의 개념은 전문가적인 역할에는 아직 흡수되지 못하고 있다. 유아교육 교직원들이 가진 직원, 부모, 다른 전문가의 관계 속에서의 리더십에 대한 확신과 이해, 인식은 아직 분명하지 않고 잘 개발되어 있지 못하다. 이와 같은 전문성 개발에서의 제한점은 다른 전문직과 비교했을 때 유아교육 교직원들의 낮은 지위와 신뢰도, 직무 준비 과정에서 직면하는 리더십의 어려움을 일부 설명한다. 여성들이 지배적으로 다수를 차지하는 직업에 대한 일반인들의 정형화된 고정관념 역시 진정한 전문직으로서의 유아교육을 평가절하하고 있다.

또한 많은 유아교육 교직원들이 전문성 계발과 직업을 폭 좁게 정의하기에, 정치 경제적 과정을 통해 영향을 미칠 수 있으며 유아교육 교직원들을 이끄는 전문성이 있는 옹호자들이 존재하지 않다. 유아교육 분야에서 일하는 사람들의 대부분은 그들의 관심과 능력을 성인들과 함께하는 리더십 역할과 책임, 전문적이며 사업과 연관된, 보다 간접적인 돌봄과 교육적 활동보다는 자신들의 업무를 영유아들을 직접적으로 돌보는 기본적 수준에 만족하고 있는 것처럼 보인다.

리더의 하루를 반영해 보기

보육교사인 나는 한 번도 나 자신을 리더라고 생각해 본 적이 없었다. 매니저가 리더라고 늘 생각해 왔다. 유아교육 현장에서 효과적인 리더십에 관한 연수에 참여해 볼 것을 제안한 매니저의 말에 나는 이 주제가 별로 나와 관련될 것 같지 않았지만 매니저가 도움이 될 것이라고 해서 결국 참가하게 되었다. 이 연수를 통해 별로 얻을 것이 없다고 생각했다. 그 이유는 내가 유아들과 함께 일하고 보고서를 쓰거나 예산을 작성하는 등의 행정적 차원의 일은 거의 하고 있지 않기 때문이었다. 그러나 이 수업을 듣고 난 이후 유아교육에서 리더십이 무엇이며 운영과 리더십의 차이점이 무엇인지에 대해 차별적인 이해를 하게 되었다. 내가 리더와 매니저가 될 수도 있으며 이미 리더와 매니저였다는 사실을 알게 되었다. 내 직업에 대해, 내가 리더의 역할을 하고 있던 점에 대해서도 생각해 보게 되었다.

내가 하는 일 중 리더십과 운영을 보여 주는 것은, 부모님들에게 환경을 보여 주고 유아들에게 제공하는 교수접근법에 대한 이야기 나누고, 유아들의 작품을 입구에 전시하는 것 등이다. 나는 Practical School이나 Early Educator와 같은 전문잡지를 읽고 다양한 아이디어를 얻기를 좋아한다. 또한 2세반 교사 두 명의 주간계획안을 확인한다. 연수에 열심히 참여하는 것도 나의 리더십을 드러내는데, 이는 내가 실천적 능력을 증진시키고 보육의 질을 높이고자 함을 보여 주기 때문이다.

이 연수에 참여하기 이전에는 이런 일들을 해내고 있음에도 불구하고 내가 매니저이고 리더라는 사실을 인식하지 못했다. 이제 나는 어린이집을 운영하는 데에 관해 훨씬 더 많이 배울 수 있음을 이해하며 다른 업무에도 보다 더 많은 책임감을 느끼게 되었다고 리더로서 준비된 모습을 갖게 되었다.

전문가적 유아교육 교직원들의 생존과 성장은 바로 유아교육 교직원들 안에서 발생한 역동적이고 가시화된 리더십에 달려 있다는 것이 점점 더 분명하게 드러나고 있다. 리더십에 수반되는 것은 무엇인지, 특히 리더십에는 여러 가지 접근방법과 리더십의 수행에는 여러 단계가 있다는 점에 대한 유아교육 분야 구성원들의 이해가 높아지고 있다(Alvaradoet al., 1999; Taba, 1999).

유아교육 분야가 전문화되면서 여세를 확장하게 되었고 사람들은 이 분야의 정책 개발과 중요한 의사 결정에 있어서 매우 정교한 리더십 기술이 위에서부터 개발될 필요가 없다는 것을 이해하게 되었다. 보다 중요한 것은 리더십이 무엇인지 풀어 내며 유아교육 직업 분야의 역할과 책임을 파악해 리더십이 풀뿌리 수준에서부터 시행될 수 있도록 하는 것이다. 이는 교사가 업무의 복잡성을 이해하고 주어진 업무 환경 내에서 리더십의 기회를 갖도록 촉진할 것이다. 개개인의 교사가 자신이 속한 직장에서 리더십 능력에 대해 확신을 갖게 되면서 이 중 일부는 전문가 조직에서 활발히 공헌을 하거나 실행 연구를 수행하거나, 유아교육 분야를 위한 글쓰기 또는 정치적인 활동을 하는 등 보다 넓은 분야로 자신의 리더십 능력을 확대시킬 수도 있을 것이다.

리더십은 운영과 어떻게 다른가?

유아교육 분야의 리더십을 이해하는 데에서 오는 어려움의 일부는 운영의 개념과 리더십을 혼동하는 데 기인한다. Law와 Glover(2000:13)는 '리더십과 운영 간의 차이에 대한 논쟁이 존재했지만 두 용어는 교체해서 사용되고 있는 경향이 있다. 정의에 대한 일치는 쉽게 도달되지 못하고 있다' 고 지적했다. Hayden(1996)은 유아교육 서비스의 운영에 대한 적절한 설명을 제시했다. 그러나 그녀 역시 리더십과 운영을 명료하게 연결시키지는 못했다. 유아교육 교직원 업무(National Association for the Education of Young Children, 1993)의 중요 요소에 대한 정의나 유럽의 유아교육 분야의 최신 프로파일(Oberhuemer, 2000)에서도 리더십을 운영과 차별화되는 특수한 기술에 대한 특정한 역할과 책임면에서 구별하지 못하고 있다.

표 1.1 매니저와 리더가 하는 일의 비교

매니저	리더
• 계획하기- 목표를 설정하고, 예측하고, 문제를 분석하고, 결정하고 정책을 만들기 • 조직하기- 목표 달성을 위해 요구되는 활동을 정하고, 업무를 분류하고, 나누어 배정하기(예: 누가 어떤 일을 할 것인가 결정하기) • 조정하기- 직원들이 조직의 목표를 위해 공헌할 수 있도록 개별적 또는 집단적으로 고무시키기 • 통제하기- 계획에 비추어 수행 정도를 확인하기, 사람의 잠재적 능력을 극대화시켜 합의된 결과를 수행하도록 하기(예: 타인에 의해, 타인을 통한 업무 완수)	• 방향 제시하기- 앞으로 나아갈 방안을 모색하고 명료한 방향을 전달하며 새로운 목표, 서비스와 구조를 찾아내기 • 영감을 제공하기- 아이디어를 갖고 있으며, 다른 사람들을 동기화시킬 수 있는 생각을 분명히 표현하기 • 팀워크 만들기- 시간을 투자해 협력적 관계를 형성하고 이를 격려해 가장 효과적인 운영형태로 팀을 구성하기 • 예시를 제공하기- 리더가 하는 일을 어떻게 해야 하는지 모델링하기 • 수용받기- 리더를 따르는 사람들이 리더에 대해 감사할 수 있는 방식으로 행동하기

출처: Law & Glover, 2000:16, 17, 20, 21

리더십과 운영이 내재적으로 연관되어 있음을 이해하는 것은 중요하다. 유아교육의 유능한 리더는 자신의 리더십 역할이 현재에 중점을 두며, 지속성과 안정성의 문제에 지배되는 일상적 운영 이상임을 인식할 필요가 있다. Waniganayake 등(2000)은 운영과 리더십이 유아교육 현장에서의 원장, 매니저의 업무의 다른 차원이라고 주장한다.

리더십은 철학, 가치, 신념에 기초를 둔 비전으로부터 나와 정책, 매일의 원 운영과 개혁을 이끌게 된다. 리더십은 반성에서 나오는 전략 계획을 통해 드러난다. 운영은 페다고지에 적극적인 참여, 긍정적 관계, 효율적인 의사소통과 전문성 신장에 대한 높은 기대에 의해 차별화된다(Solly, 2003). Solly(2003)는 운영은 업무를 수행하고, 지속하며, 유지시키려는 쪽에 보다 더 가깝다고 제안했다.

현장에서의 운영과 리더십에 대한 반성

운영과 관련된 나의 업무를 생각해 보면 교실과 화장실이 깨끗이 청소되었는지 확인하고, 영유아들이 도착하기 전에 교실이 잘 배치되어 있는지, 바깥놀이 영역에 위험한 물건은 없는지 살펴보고 가정통신문은 나갈 준비가 되어 있는지 점검하고, 근무명단표가 제 시간에 완성되어 교사들이 편안한 마음으로 유아들과의 하루를 즐길 준비가 되도록 하는 등의 일상적인 문제들이다.

리더십 책임과 관련해서 나의 업무는 정부로부터의 최신 지침이나 다른 문서를 읽고 회의시간에 새로운 안건으로 삼는 일, 신입 교직원에게 경력 있는 교직원을 멘토로 짝지어 주기, 교육과정과 교직원 수행평가를 다른 방식으로는 할 수 없는지 생각해 보기, 모든 교직원의 전문성 향상을 위한 계획 수립하기, 특정한 정책을 개발하기 위해 협동하거나 업무를 분담하기, 내가 가진 경험과 전문성을 교직원과 공유하고 변화를 위한 최선의 방법을 생각하기 등으로 집중된다.

유아학교 주임교사

한편 리더십은 필요하다면 정책입안가에게 도전하고, 이들과 협력할 만큼 용감한 사람들이 영감을 제공하고, 정치적으로 예민한 공적 관계를 형성하고, 연구를 수행하고 이를 보급함으로써 질, 행동, 가치를 향상하는 것을 말한다. Solly(2002)는 운영에만 집중하다가 현상을 유지만 하고 진보하지 못함을 경고한다. 그녀에게 리더십은 질을 향상시키 위해 위험을 무릅쓰는 것이다. 이와 유사하게 Moyles(2003)는 유아교육 교직원들은 끊임없이 전통적으로 수용되어 왔던 관습적 실제를 자세히 조사하고 도전점을 찾아야 한다고 주장한다. 이런 관점은 리더십이 배움에 관한 것이며 모든 효율적인 학습자임을 말해 주고 있다.

다른 학자들은 리더십과 운영의 차이를 설명하고, 리더십은 다음 사항들과 보다 더 관련 있다고 지적한다.

- 일상적 문제 해결이라기보다는 전략적 발전(Kotterm, 1989)
- 신뢰의 문화를 형성하기, 배움을 격려하고 자극하고 가능성을 열어 두기, 조직의 목표와 비전을 분명하게 의사소통하기(Bennis & Nanus, 1985)
- 계획하고 실행하고 다른 사람들과 효율적으로 일하는 것을 넘어선 미션, 방향성, 영감(Fullan, 1991)

이와 같은 특성은 성공적인 리더가 효율적인 매니저 이상을 의미함을 지적한다. 성공적 리더는 하루에 해야 할 업무의 구체적이고 자세한 사항에 폭 좁게 얽매이기보다는 자신의 시간을 가치, 철학, 정책, 변화를 위해 수용적일 필요성을 중심으로 보다 폭넓게 프로그램 운영을 계획하고, 성찰하는 데 쓴다. 또한 운영적 차원의 세세한 사항은 다른 사람들이 운영할 수 있도록 책임을 분산시킴으로써 교직원 자원을 활용할 수 있다. 효율적 운영자는 리더십의 미래지향적 측면과 프로그램 운영측면을 통합해 혁신과 변화가 다음의 사항을 통해 이루어지도록 한다.

- **집단의 목표 설정**—교직원 참여의 폭이 넓을수록 목표를 이루려는 교직원의 책임 의식도 커짐.
- **합의 도출**—생산적인 근무 환경은 집단이 결정된 사항을 수행하는 데 책임을 지고 이 결정을 고수할 때 이루어짐.
- **개인별 발전**—직원과 부모가 성장하고 발전될 수 있도록 조력.
- **프로그램 발전**—현재 프로그램을 수립, 평가, 보완을 통해 진취성 발휘하기.

유능한 리더가 되기 위해서는 효율적 운영자가 되어야 하지만 운영 기술이 리더십 기술과 동등한 것은 아니다. 높은 운영 기술을 가진 사람은 프로그램의 구조화를 갖추어 중요한 리더십 기능에 충분한 시간을 할애할 가능성이 높기는 하다. 운영 기술이 부족한 사람은 리더십 이슈에 집중하는 데 필요한 시간을 충분히 확보해 내기 어렵다. 어떤 경우라도 운영 기술은 효율적 리더십에 있어서 필요하지만 충분요소가 되지는 못한다. 운영과 리더십의 지식, 능력, 기술은 다르지만 중복적이기도 하다(Law & Glover, 2000). 흥미롭게도 Armstrong(1994)은 리더십을 운영을 촉진하는 응집력이라고 보았는데, 그 이유는 '아주 단순한 운영 업무도 복잡하고 여러 요소의 조합이 요구되기 때문이다.' (Law & Glover, 2000: 13). Armstrong은 '모든 운영자는 자신을 따르도록 감화되거나 설득된 사람들의 지원을 받아야 된다는 점에서 그 정의상 리더이다.' 라고 주장하며 운영과 리더십을 동일한 선상에 놓고 본다(Law & Glover, 2000: 13). 이 관점은 효율적인 팀워크는 효율적인 리더십의 기초이며 유아교육 교직원들이 선호하는 공유된 리더십 모델을 지지한다.

유아교육에서 리더십은 무엇인가?

전 세계적으로 유아교육기관의 운영에 대한 과목은 유아교육 교직원의 연수에 있어서 필수과목이지만, 리더십은 그렇지 못하다. 리더십 훈련 기회의 부족은 경험 있는 역할 모델에의 접근을 제한하며(Humphries & Senden, 2000; Ebbeck & Waniganayake, 2003) 많은 여성들은 권위와 힘을 수반한 책임, 역할과 대조를 이룬다. 세계적으로 유아교육 분야에 있어서 전문성, 신뢰도 수준은 향상되고 있지만 현장 실천가들이 리더십을, 이 분야를 발전시키기 위한 수단으로 바라보고 이해하고 있는 것 같지는 않다. 일부 유아교육 전문가들은 리더십을 새로운 방향에서 생각하고 있다. 예를 들면 Kagan(1994)의 공유된 리더십 개념과 Jorde-Bloom(1995)의 참여적 운영, Nupponen(2000)의 변형적 리더십에 대한 논의, 그리고 Waniganayake(2000)의 분배적 리더십(Ebbeck & Waniganayake, 2003)의 모델이 있다. 그러나 여성에 의한, 여성을 위한 리더십의 개념과 필요성을 이해하는 것은 유아교육과 보육 분야에서 일하는 많은 이들에게 여전히 과제로 남아 있다.

유아교육 분야에서 효율적인 리더십은 공동체를 만들고 양질의 서비스를 제공하기 위해 일하는 것이다. 여기에는 다음의 내용이 포함된다.

- 생각과 아이디어를 공유함으로써 다른 사람들에게 영감 주기
- 모범이 되는 역할 모델이 되기
- 방향을 제시하고, 앞으로 나아갈 길을 찾고 분명한 방향을 설명함으로써 창의적인 유아교육 서비스에 기여할 수 있도록 교직원과 부모의 행동에 영향을 주기
- 팀워크를 형성하고 협조와 포용으로 서비스를 효율적으로 운영하기
- 개인적 성장과 임파워먼트, 전문성 계발과 발전을 향상시킬 수 있는 방식으로 직원을 관리하고 부모들을 안내하기
- 조직 효율성과 전문적 효율성을 높이기 위한 변화를 계획하고 실행하기

이런 특성들은 이 책을 위해 수행된 질적 연구에 참여한 여러 유아교육 교직원들이 내린 리더십의 정의에서도 분명히 드러난다.

자신과 타인을 위한, 미래에 대한 기대의 비전을 가진 사람, 다른 사람에게 리더십이 무엇인지 설명할 수 있으며 함께 구성한 계획을 추진하는 데 필요한 전문성을 돋보이게 할 수 있는 사람을 의미한다.

선임강사

전 세계의 모든 유아를 위한 양질의 교육과 보육을 제공하기 위해 헌신할 수 있는 사람들, 그 사람들의 집단을 말한다. 이 사람들과 집단은 타인과 기꺼이 의사소통할 수 있는 열정으로 가득 차 있다. 이들은 열성적이고 성공할 가능성이 낮을 때조차도 변화를 향해 노력하고 소리 내어 말할 수 있다고 느낀다.

유아학교 원장

다른 사람의 개인적 발전을 지지하고 자극할 수 있는 새로운 실천을 시작하고 선동하는 사람, 직원들의 헌신을 이끌어 내고 그들을 지지할 수 있는 사람을 말한다.

유아교육 연수자

기관을 위한 공동의 목표를 위해 조직의 정신과 원칙을 정하고 성취 가능한 목표, 모든 사람의 기여와 원활한 의사소통 라인을 형성함으로써 함께 일하는 팀을 의미한다.

유아교육 팀 리더

팀의 구성원들을 이끌고, 지원하고, 존중한다.

장학사

모든 사람들이 따를 수 있는 좋은 예시를 보여 준다.

유치원 직원

한 조직의 리더가 조직업무 수행에 있어서 필요한 네 가지 기본적 단계는 다음과 같다.

- **개인의 목표와 조직의 목표 정의**—개인과 조직의 목표를 정의함으로써 서비스의 목적, 미래의 방향성에 대한 개요, 절차에 대한 설명, 필요자원과 각 구성원의 동의된 책임과 역할 파악이 명료해진다.
- **개인별 기준과 기대치 설정**—분산된 업무는 각 구성원의 기능 면에서 정리되고 수행의 기준과 기대를 포함한다.
- **지원과 피드백 제공**—개인 구성원들의 수행이 극대화될 수 있도록 하기 위해 건설적인 피드백을 제공하여 이들의 전문성이 성장되도록 한다.
- **결과 모니터링과 평가**—조직이 명시된 시간계획 내에서, 전문적 기준과 연관시켜 설정한 목표를 달성했는지 정기적으로 검토하는 과정은 매우 중요하다.

유아교육 분야의 리더는 모든 유아교육 프로그램의 관심사인 영유아의 복지, 성인의 사기, 목표 달성을 위해 최선을 다할 전문가적인 책임을 지니고 있다. 또한 이들은 Sergiovanni(1999)가 성공적인 리더십에 있어 중요하다고 정의한 다음의 세 가지 이슈를 아우르는 방식으로 일해야 한다.

- **역량 강화**(Empowerment)—리더는 권위와 의무를 공유함으로써 집단 내 책임과 신뢰를 증진시킨다.
- **권한부여**(Enablement)—리더는 개인과 집단의 성장과 발전에 장애가 되는 요소를 제거하고, 기회와 수단을 제공한다.
- **향상**(Enhancement)—증가된 책무감과 특별한 수행을 이루기 위해 리더와 그를

따르는 사람의 역할이 연결되어 있다.

이와 같은 요소들은 유아와 부모, 직원을 위한 근무환경 조성, 질 높은 프로그램의 상징인 심리적 분위기 조성에 있어 리더가 중요함을 보여 준다.

리더십에서 비전의 역할은 무엇인가?

리더가 시간, 재능, 업무를 조정하는 책임이 있지만, 리더의 책임 중 우선권을 두어야 하는 일은 타인들이 매일의 일상 속에서 기꺼이 수용할 수 있는 방식으로 비전, 가치, 미션, 전략적 방향을 정하고 이를 명료하게 전달하는 것이다. 비전은 리더가 자신을 따르는 사람들의 상상을 사로잡고 이들로부터의 자발적인 지지를 얻는 수단이다. 비전은 리더가 자세히 설명한 철학이며 유아교육 교직원들은 이를 받아들여서 앞으로 나아갈 방향을 안내받고, 혁신적인 결정에 대한 의미를 부여하고, 새로운 프로그램과 실제를 추구하며, 서비스의 효율성을 향상시키거나 확장을 추구하도록 한다. 또한 비전은 팀의 업무가 계속 유지되도록 하고 교사들의 사기와 자아존중감을 높이고, 변화의 시기에 스트레스를 완화시켜 주는 역할을 한다.

Sergiovanni(1999)는 비전을 조직적인 철학으로 발전시키는 과정을 칭할 때 사고의 조직을 이끄는 아이디어와 이상의 위계를 개발했다. 리더는 다른 사람들이 전문성 개발의 각기 다른 단계에서 서로 다른 가치 우선권을 가지고 있음을 인식할 필요가 있다. 따라서 모든 직원은 가치, 아이디어, 이상에 대한 토론에 참여하여 최종적 철학에 관한 진술문(philosophy statement)에 기여할 수 있어야 한다. 이런 방식으로 집단이 함께 참여한 과정의 결과일 때 철학을 인식하고 소유할 가능성이 높아진다.

그런 다음 리더가 정책과 실천에 대한 의사 결정을 위해 참조할 철학은 다음의 정보가 포함되어야 한다.

- 비전(리더의 희망과 꿈)
- 약정(리더, 직원, 부모가 공유한 가치와 기대)
- 미션(리더, 직원, 부모가 된 목적을 공유한 느낌)
- 목적(비전을 이루기 위해 활용할 전략)

◦ 목표(목적을 이루기 위해 적절한 기술과 과업)

비전은 명료하고 단순해야 하며, 전문직 가치에 기초해서 우선을 두는 사항을 명시해야 하며 참여에 대한 기대를 나타내야 한다.

리더가 비전을 개발하고 의사소통함에 있어 폭넓은 경험이 도움이 될 수 있다. 어떤 유아교육 교직원도 진정한 리더로서의 수용받을 수 있겠지만 선견지명적이고 영감을 주는 리더십은 경험과 연관되어 있다. Boardman(2003)은 유아교육 리더가 지식과 관계와 관련한 어려움, 시간과 연관된 조직적 딜레마와 다양하고 복잡하면서도 중요한 교육의 변화에 기인한 도전을 받고 있다고 했다. 따라서 폭넓은 경험과 깊은 지식을 가진 유아교육 교직원은 직원들의 지지를 끌어낼 수 있는 비전을 만들어 내는, 보다 더 큰 자원을 가진 것으로 볼 수 있다.

리더십이 상황에 따라 성패가 달라지는 이유는 무엇인가?

때로 리더는 어떤 상황에서는 성공적인 경험을 하지만 다른 경우에는 실패를 겪기도 한다. 여기에는 여러 가지 이유가 있다. 우선 집단의 문화와 리더가 일치하지 않거나 맞지 않기 때문일 수 있다. 예를 들면 집단의 심리적 분위기가 사람 중심이며 그들의 개인적인 요구 중심인 반면, 리더의 스타일은 보다 업무 중심, 조직의 요구 중심일 수 있다는 것이다. 또 다른 이유는 리더와 한 집단의 중요 일원들 사이에 불화가 있을 수 있다. 예를 들면 리더와 대리인, 또는 경영이사회장이 서로 다른 가치를 지닌 결과, 목표 충돌을 겪을 수 있다. 세 번째는 구체적으로 업무와 관련된 요구가 있는 경우이다. 이런 경우에 업무의 성격과 리더십 스타일 간에 불일치가 있을 수 있다. 예를 들면, 교육비 지원금이나 예산서 제출같이 특정한 형식에 맞춰서 정해진 시간 내에 제출해야 하는 과제의 경우에는 업무 중심, 구체적 목표 중심의 리더십이 요구된다. 프로그램 계획 같은 업무의 경우에는 다양한 방식으로 완성이 될 수 있기 때문에 직원들의 전문적 자유재량에 따를 수 있다.

유아교육 현장에서 효과적인 리더십을 제공하기 위해 리더는 미래에 대한 분명한 비전과 그 비전에 도달하기 위한 일반적인 행동 계획을 명료히 설명할 수 있어야 한다. 업무 완수와 사람들의 요구 충족 사이의 균형을 잡는 능력이 필요하다. 업무 완수에는 목표, 목적, 역할, 책임을 분명히 하여 비전을 제시하기, 교직원과 부모로부터 적절한 정보를 수집하기, 목표를 달성하기 위해 집단을 이끄는 철학을 세우기 위해 아이디어를 요약하고, 통합하고, 개발하기, 지속적 평가를 통하여 목표를 향한 집단의 발전을 모니터링하기가 필요하다. 사람들의 요구를 충족시키기 위해서는 이들이 집단의 목적을 이해하도록 조력하기 위해 목적을 명료화하기, 사람들이 집단 상호작용에서 자신들에게 요구되는 것이 무엇인지 이해할 수 있도록 가이드라인을 제공하기, 소속감과 수용을 느낄 수 있도록 해서 집단에 최대한의 자원을 제공할 수 있도록 하기, 의사소통의 통로를 유지하기, 격려와 인식을 통해 집단의 일원들이 존중받고 있다는 느낌을 받을 수 있는 따뜻하고 친절한 분위기 조성이 필요하다. 현장의 모든 성인들의 동기화, 헌신, 공헌은 리더가 위에서 언급된 이슈들을 이해할 수 있을 때에 드러날 수 있다.

요약

유아교육 현장의 독특함은 리더십을 구체적으로 광범위하고 분명하게 정의하기 어렵게 만든다. 그러나 유아교육 공동체의 사람들과 팀워크 사이의 관계 개발을 지지하는 것이 유아교육 현장에서 효과적인 리더십을 이끌어 내는 가장 중요한 요소가 될 것이다(Morgan, 1997a). 신뢰, 공유, 협력, 임파워먼트와 같은 개념도 성공적인 리더십에 있어 중요하다. 리더십의 다양하고 다기능적인 속성은 유아교육 현장에서 리더십의 필요성이 특정한 상황에서 요구되는 특징을 어느 정도 융통성 있게 반영하는 연속체로 적절히 바라보아야 함을 강조한다.

chapter 2

유아교육 현장에서 리더는 누구인가?

유아교육에 대해 열정적으로 느끼고, 자신의 믿음과 좋은 교육의 실제를 공유하기 원하는 사람이 리더가 될 것이다. -유아교육 팀 리더

본 장의 탐구점

- 유아교육에서 젠더와 리더십
- 누가 유아교육 리더를 따르는가
- 유아교육 리더의 본질적 특징
- 유아교육 리더의 기능
- 유아교육의 리더는 누구인가
- 누가 유아교육의 리더가 될 수 있나
- 리더십과 전문적 직업 개발의 관계

리더십의 이론적 측면과 실제적 적용에 관한 문헌은 산재해 있다. 그러나 유아교육 맥락만을 고려해 구체적으로 쓰인 문헌은 극소수이다(Geoghegan et al., 2003). 유아교육의 리더들은 별개의 서로 다른 장소에서 원을 운영하며 뚜렷한 특성을 지닌 사람들의 집단을 리드하게 된다. 유치원, 어린이집, 연수기관, 정부 기관 등 유아교육의 현장은 대부분 여성들로 구성된, 사회 문화적으로 다양한 여러 직종의 사람들로 이루어져 있다. 또한 많은 유아교육 현장은 때로 나이가 어린 사람, 자격증이 없는 무경력자, 다양한 보조 전문가(paraprofessionals) 등을 고용하기도 한다. 리더십에 대한 일반적인 문헌은 성역할 정형화를 보여 주는데, 이들 대부분이 남성들이 높은 비율

을 차지하고 있는 집단에서 남성들의 리더십에 대한 연구들이기 때문이다(Hall, 1996). 따라서 이와 같이 일반적인 리더십 관련 문헌이 유아교육 분야의 요구와 구체적인 특성을 인식하고, 반응해야 할 필요성이 있는 유아교육 리더에게는 부적절할 수도 있다.

유아교육에서 젠더와 리더십

몇십 년 전만 해도 리더십에서 젠더의 속성에 대한 연구는 거의 없었다. 최근에 리더십 지위에서 여성의 표현, 리더십과 젠더의 교차점에 대해 연구되기 시작했다. 전통적인 리더십 모델은 통제, 힘, 지배와 같은 속성으로 그 특징이 묘사되는 남성 중심적인 것으로 간주되었다. 여성적 모델은 관계, 동의, 협력과 융통성에 중점을 두어 남성적 모델과는 차별화될 것이다. 30여 년 전에 이루어진 한 연구(Henning & Jardim, 1976)에 따르면 여성들은 팀 리더십의 중요한 세 가지 요소인 위험 감수, 인내, 융통성에서 낮은 점수를 보였고, 경영자 지위에서 남성들과 다르게 행동함을 암시했다. 유아교육 분야에서 수행된 다른 연구(Kinney, 1992)에서는 여성도 역량 강화, 개혁화, 교수하기, 역할 모델로 행동하기, 개방적 태도로 질문하기와 같은 부분에서 남성들과 같은 수준의 기능을 해내지만 이런 기능을 권위를 내세우지 않고, 순조롭게 일이 진행되도록 조장하는 스타일로 해낸다고 주장했다. 바꿔 말하자면 남성의 리더십 스타일은 보다 힘과 권위와 연관되어 드러난다면 여성들은 집단이 성공적으로 기능을 계속해 나갈 수 있는 방식으로 리드해 간다는 것이다.

Grant(1997: 2)는 최근의 연구에서 운영의 미래는 전통적으로 남성적 속성인 경쟁, 공격성, 위계, 논리보다 선호되는 여성적 속성인 협력, 의사소통, 외교, 통찰을 통한 '여성' 이라고 주장했다. 리더십 지위를 갈망하는 여성들에게 있어서 "유리 천장"은 여전히 장애가 되고 있음을 보여 주는 증거들이 존재하지만(Cox, 1996; Hall, 1996; Law Glover, 2000) 여성은 정치, 경제, 교육 등 특정한 분야에 있어서 리더가 되는 데에 관심을 두고 있는 것으로 보인다. 특히 교육 분야에 있어서 최근 고위직 여성이 상당히 증가하고 있는 추세이다. 그럼에도 불구하고 여성은 남성과 비교해 여전히 평가절하되고 있다(Law & Glover, 2000). 여성이 리더십에 대한 관심을 보이지 않고, 적성도 맞지 않기 때문에 리더십은 남성의 영역이라는 주장과 다양한 업무 환경에서 이성이 리더로서의 적절한 역할을 차지하지 못하는 이유가 위계적 조직 구조와 사회 정의 측면에서 근본적인 성차별 때문이라는 주장에 대한 논쟁은 계속되고 있다.

여성 리더에 대한 대부분의 연구들은 초등 및 중등 교육 분야, 사회복지 분야, 남성과 여성으로 이루어진 경영 분야에서 수행되었다. 주요 연구 주제는 여성 리더가 전통적인 남성 정형화 리더십 모델에 따라 행동했는지, 아니면 여성 특유의 여성적 리더십을 수행했는지 여부였다.

아직 여성이 대다수이며 여성 리더십이 가능한 유아교육 분야에서 리더십에 대한 연구가 많이 수행되지 않았다. Henderson-Kelly와 Pamphilon(2000)은 리더십 스타일에 대해 말할 수 있는 여성의 능력이 전통적으로 조직된 현장에서 발현한, 리더십과 운영에 대해 팽배한 의식으로 인해 방해받는다고 주장했다. 이들은 여성들이 돌봄, 연결, 대화의 원칙에 기초한 리더십의 관점, 모델, 언어를 개발하고 있다고 말한다. 또한 현재의 리더십 이론, 연구, 실제가 거의 대부분 여성으로 구성된 집단을 리드하는 유아교육 분야의 리더들에게 적용 불가능함을 주장한다.

젠더와 리더십에 관한 선행 연구들을 살펴보면 흥미로운 점들이 발견된다. 어떤 연구에서는 여성들이 특정한 리더십 레퍼토리를 가지고 있으며 개발해 나간다고 하고 다른 연구에서는 리더십에서 성차는 발견되지 않았다고 보고한다. 그러나 많은 연구에서 여성들이 남성들과는 다른 리더십 스타일을 취한다고 밝히고 있다. 성에 따른 리더십의 차이가 검증된 것은 아니며, 일화적 증거이긴 하지만 리더십을 선망하는 남자들은 유아교육 분야에서 협조적이며, 동의적이고, 사람 중심의 비위계적 리더십으로 특징지어지는 리더십의 여성화된 접근에 끌린다고 한다.

대부분이 여성으로 구성된 유아교육 리더들은 협력적 체제 내에서 강력한 리더십으로 부상하고 있다(Hall, 1996; Henderson-Kelly & Pamphilon, 2000; Solly, 2003). 리더십은 리더가 타인에게 힘을 행사하기보다는 다른 사람과 협력하는 상호적 관계의 분위기 속에서 발현된다. 리더는 한 팀의 일원으로 일한다. 업무와 관련해서는 참여와 공유된 의사결정이 강조(Ebbeck & Waniganayake, 2003)되고 리더십은 통합적이며, 포섭적, 역량 강화를 하는 과정이다. 유능한 리더는 역량 강화, 개혁화, 교수하기, 역할 모델로 행동하기, 개방성과 질문을 자극하기에 관심을 보인다. 리더십이 발현되는 부분은 다음과 같다.

- **비전 행동**—비전을 세우고 변화를 가져오기 위한 적절한 수준의 모험
- **가치 행동**—개방성과 신뢰를 쌓는 행동
- **사람 행동**—개인차에 대한 존중과 돌봄을 제공하는 행동
- **영향 행동**—협력적으로 행동

유능한 리더들은 다른 사람들과 상호 작용에 있어서 의사소통과 대인관계 기술을 효과적으로 활용한다. 이들은 통제적이 아닌, 협력적이며 특별한 관계를 제휴하는 접근을 택한다. 이들이 리더로 받아들여지는 것은 이들의 융통성 때문이지, 자기만족 때문이 아니다. 이 접근은 학습 조직으로서 유아교육 현장의 발전에 보다 도움을 준다. 그러나 여성의 리더십 지위에 대한 일반인들의 부족한 인식 및 다른 장애요소로 인해 많은 유아교육 교직원들은 여전히 리더십 역할을 맡는 것을 어려워한다. 우선 리더가 되는 것에 대해 관심이 있는 사람들에게 있어 역할 모델과 멘토가 매우 부족하다. 리더가 되고자 하는 사람, 이미 리더인 사람은 리더십 역할과 지위를 성공적으로 해낼 수 있음을 자기 자신과 더 넓은 지역사회에 증명해 보이기 위해 훨씬 더 열심히 일해야 한다.

리더십을 꿈꾸는 사람들은 자신의 능력에 대한 비이성적인 불안감으로 고통을 받거나 완벽주의에서 나온 지나친 요구를 스스로에게 하지 않는 것이 중요하다. 긍정적인 자아존중감이 리더십에 있어 매우 중요하다. 대부분의 현존하는 리더들은 리더가 되도록 배웠고, 직무를 수행하는 중에도 계속해서 배우고 있음을 기꺼이 인정한다. 이것은 유아교육 조직이 리더십을 꿈꾸는 사람이나 이미 리더십 책임을 지고 있는 사람에게 공히 멘토링과 코칭 기회를 제공할 필요가 있음을 의미한다(Ebbeck & Waniganayake, 2003). 멘토링은 신졸 교사가 스스로를 이 분야의 리더로 인식할 수 있도록 육성하는 방법 중 하나이다.

결론적으로 성정형화에 기초한 리더십의 속성을 이해하거나 누가 리더가 되는가에 관심을 기울이는 것은 부적절하다. 그 이유는 남자, 여자 모두 공히 집단의 일원들, 목적, 맥락의 속성에 적절한 리더십 접근이 가능하기 때문이다. 유능한 리더는 사람들, 업무, 맥락에 맞는 접근법을 선택할 수 있는 사람이다. 리더가 되고자 하는 사람이라면 효율적 리더십과 사람과 조직에 대해 배움에 있어서 보다 도움을 주는 태

도, 속성, 행동을 면밀히 점검할 필요가 있다. 유능한 리더는 리더십을 지지하는 가치와 속성이 남성적 또는 여성적으로 정형화된 것일지라도 배격하지 않고 이 가치와 속성을 뒷받침할 수 있는 문화를 만들 것이다. 이런 방식으로 유아교육 현장에 맞는 리더십 패러다임의 이해와 실천을 최적화할 수 있는 연수의 선택 기회를 제공할 수 있을 것이며 성정형화된 리더십 접근법을 피할 수 있을 것이다. 여기에는 설득력 있는 의사소통 기술과 다양한 사람들과의 적절한 상호 작용에 있어서의 자신감 있는 대처 방법의 개발도 포함된다.

누가 유아교육 리더를 따르는가?

리더십은 타인을 따르도록 동기화하는 것이다(Law & Glover, 2000). 즉, 유능한 리더는 다른 사람들이 목적을 깨닫도록 동기화하고, 영감을 주고, 설득한다. 사람들을 따르도록 영감을 주기 위해서는 나를 따르는 사람들이 누구인지에 대한 이해, 이들이 필요한 것은 무엇이며, 집단에 제공할 수 있는 자원은 무엇인지에 대한 이해가 선행되어야 한다.

유아교육 분야의 리더가 속한 집단, 특히 기관의 속성은 복잡하다. 유아를 별개로 하더라도 유아교육기관은 연령, 경력, 자격이 다양한 사람들로 구성되어 있으며 구성원들은 다양한 사회적, 문화적, 종교적 배경과 서로 다른 목적을 지녔다. 파트 타임으로 공부를 병행하는, 젊은 나이에 경력이 짧은 교사도 있고 자신의 삶에 대한 관점을 지닌, 경력 많은 고령의 교사도 있을 수 있다. 유자격 교사는 젊은 나이일 수도 있고 고령자일 수도 있지만 이들의 자격 유형과 수준, 경험과 전문성에는 차이가 존재할 수 있다. 이들의 전공은 상이할 수 있으며 유아교사와는 다른 가설, 기대, 목표를 지닌 부모들이 존재한다. 유아교육기관에는 유아교사와 함께 정기적으로 실습을 하는 학생들도 존재한다.

따라서 유아교육 리더는 이처럼 복합적인 집단에 가장 적절한 리더십 스타일, 개인적 전문가적 속성, 집단의 역동성에서 나타나는 다양한 상황에 적절히 대처하는 전략에 관해 성찰할 필요가 있다. 이런 전문성을 계발하는 데에는 그룹의 특징뿐만 아니라 유아교육 맥락의 다른 특징들의 고려를 포함하는 전문 연수가 필요하다. 또한 집단의 다른 특징들은 모든 유아교육 교직원들의 리더십 역량을 개발할 필요성을 지적하고 있다.

유아교육 교직원들이 부모, 유아와 다른 직원들과 직접적으로 접촉하며 일하는 이 분야의 상당한 사회적 복합성은 대인 관계를 증진시킬 수 있는 세련되고 복합적인 의사소통 기술과 건설적인 사회적 상호 작용을 요구한다. 팀을 구성하는 기술, 갈등 해결 기술은 필수적이며 유아, 부모, 교직원과 협력에서 필요한 구체적 기대와 요구에 대한 이해도 필요하다.

유아교사들은 가장 어리고 소중한 영유아들과 함께하는 일을 하기 때문에 이들의 하루하루 삶에 대한 막중한 책임을 지고 있다. 이와 동시에 어떻게 이 책임을 충실히 수행하는가에 대한 상당한 자율권을 행사할 수도 있다. 리더십이 질 높은 교육 실제와 유아의 경험의 질을 지지하기 때문에 리더는 어떻게 집단과 상황에 가장 적합한 방식으로 리더십이라는 도전과 기회를 충족시킬 것인지에 이해할 필요가 있다. 리더는 광범위한 조직 기술, 경영 기술뿐만 아니라 높은 수준의 기술적 전문성도 갖출 필요가 있다.

유아교육의 업무 맥락은 친구나 동료로부터 물리적 소외로 특징짓는다. 예를 들면 15명의 유아 집단에 두 명의 교사가 존재하는 것은 유아, 가정, 프로그램 경영에 대한 전문적인 평가가 대부분 신속하고 독립적으로 결단력 있게 이루어져야 한다는 것을 의미한다.

또한 교사들은 매일 일어나는 교육 실제에 존재하는 윤리적 · 도덕적 딜레마를 겪게 된다. 전미 유아교육 협회와 호주 유아교육협회와 같은 전국적 유아교육 전문가 집단에서 제시하는 윤리 규약은 유아교사들이 매일 업무에서 직면할 수 있는 어려운 결정에 대한 가이드라인과 방향을 제시해 줄 수 있다.

유아교육 교직원들은 일반적으로 광범위한 범주에 있는 유아, 가정과 접촉하게 된다. 클라이언트 집단의 다양성은 공식적으로 드러난 리더뿐만 아닌 모든 유아교육 교직원들이 영유아발달과 학습, 정부의 개혁안 등에 대한 최신 연구에 대해 숙지해야 하며 서비스 제공을 개선할 수 있는 건전한 전문적 판단을 내리기 위한 지식과 기술을 지속적으로 향상시켜야 함을 의미한다. 연구의 역할을 이해하는 것은 공식적인 리더뿐만 아니라 유아교사들의 혁신적인 의사 결정에 있어 필수적이다. 적절한 지식과 기술은 유아교사가 변화를 가져오고 현재 가정과 지역사회의 요구에 반응할 수 있는 서비스를 제공할 수 있도록 한다.

유아교사가 리더가 될 수 있는 기회를 갖게 되는 개인적, 전문가적 발달의 단계는 다양하다. Karz(1995a)와 Vander Ven(1988)은 나이가 젊거나 경험이 많지 않은 생존 단계의 신참자도 리더십의 지위를 취할 수 있다고 했다. 이 접근은 많은 유아교사들이 자신의 일상적 업무 수행에서도, 보다 공식적인 리더십 책임을 취하는 단계에서도 부분적으로 리더십의 책임을 경험하고 공유할 수 있음을 의미한다.

유아교육 리더의 본질적인 특징은 무엇인가?

누가 유능한 리더가 될 것인가에 대해 확인하는 특징 접근의 타당도에 대해서는 여러 문헌에서 논쟁이 되었지만 많은 연구자들은 교육에서 리더에 대해 특정한 속성을 지님을 주장한다. 이런 속성은 유아교육의 리더에게만 특별히 적절한 삶과 학습에 대한 태도를 설명한다. Southworth(2000)는 리더십을 학습과 연관되어 있다고 했고, Solly(2003)의 연구 결과는 유아교사들은 유능한 리더의 개인적 강점으로 평생 학습을 지적함을 보여 준다.

평생 학습과 학습자와 관련된 특성은 다음과 같다.

- 호기심(배움에 대한 관심)
- 정직(공적 감사에 개방된 원칙과 행동, 그리고 진실을 말하려는 자발성)
- 예의(타인을 존중과 존엄성 있게 대하기)
- 용기(기꺼이 도전하고 실수에서도 배울 수 있다는 태도)
- 따뜻한 마음(신뢰, 공감, 높은 기대감, 희망, 영감의 분위기를 만들어 내고 개인적, 집단의 발전의 기회를 제공하기)

Claxton(2002)은 다른 사람에게 격려, 평가, 권능을 제공하는 책임이 있는 리더에게 반드시 필요한 것은 평생 교육의 성향을 계발하는 것이라고 보았다. 유능한 리더들은 유능한 학습자가 되어야 다른 사람들이 더 효과적으로 배울 수 있도록 조력할 수 있기에 리더는 Claxton(2002: 17)이 '배우는 힘의 4가지 R' 이라고 칭한 요소들을 발달시켜 스스로의 배우는 힘을 강화시킬 필요가 있다.

- **회복력**(resilience)—배울 준비가 되어 있고, 기꺼이 배우며 지속적으로 배우기
- **변통력**(resourcefulness)—다양한 방식으로 배울 준비가 되어 있고 기꺼이 배울 수 있는 능력
- **성찰성**(reflectiveness)—보다 전략적으로 배울 준비가 되어 있고 기꺼이 배울 수 있는 능력
- **상호성**(reciprocity)—혼자, 그리고 타인과 더불어 기꺼이 배울 준비가 되어 있는 능력

Bennis(1989: 37)는 '리더는 리더의 역할을 하면서 배우며 장애물에 직면해서 리더의 역할을 수행할 때 가장 잘 배울 수 있다' 고 주장했다.

오늘날 리더들은 협동의 문화 속에서, 탐구에 기초한 융통성 있는 전략이 요구되는 도전적인 사회 정치적 맥락에서 움직이고 있다(Greany & Rodd, 2003).

Solly(2003)는 리더십이 학습과 연결 짓는다면 유아교육 교직원들은 서로에게서 배울 수 있다고 했는데 이는 리더가 역할 모델, 학습자, 촉진자로 행동하기를 통해 협력 학습을 섬세하게 촉진했기 때문이다.

이런 리더십 특성들은 이 책을 위해 수행되었던 질적 연구에서 다양한 범주에 있는 유아교육 전문가들이 밝힌 리더십의 특성에서 분명히 드러난다.

> 리더는 배움에 대한 열정, 주변 사람에 대한 영감, 겸손함, 돌봄을 보여 주며, 공동체의 자아존중감을 형성한다.
>
> 유아교육 조언자

> 리더는 열정, 열의, 따뜻한 마음을 가지고 있다. 이들은 때로는 필요하다면 소매를 걷어붙이고 마루를 닦을 수도 있고, 교실에 들어가 수업을 할 수 있고, 부모 면담과 교직원 면담을 하고, 정책에 대한 조언을 하는 등 여러 가지 역할을 할 준비가 되어 있는 융통성이 있다. 그리고 이 모든 일에 있어서 유머 감각을 잊지 않는다.
>
> 유아학교 원장

> 리더는 헌신적이며 열정적인 노력가이다. 아이디어와 의견을 갖고 있으며 이를 공유하는 것이 도움을 준다고 믿는다.
>
> 보조 교사

리더는 변화를 가져오려 노력하며 행동으로 옮길 수 있으며 행동할 준비가 되어 있다.

유치원 주임교사

리더는 존경하게 만드는 인성을 가지고 있고 리더의 자리에서 존중을 받는다.

유치원 직원

리더는 더 많이 알려고 하는 욕구, 자신의 지식을 유아교육 분야와 공적 영역에 있는 타인에게 널리 전하려는 욕구가 있다.

유아교육과 부교수

리더는 정중하고, 공평하며, 자극을 주고, 아는 것이 많으며, 앞선 사고를 하고, 결정을 내리며, 문제를 해결하고, 이해심이 있으며, 책임감 있고, 믿을 수 있다.

어린이집 직원

위에 열거된 특성과 성향은 타인과 긍정적인 관계를 형성함에 있어 기초가 되고, 리더십에 영향을 미침에 있어 필수적이다. 또한 이런 성향과 특성은 집단의 다른 사람들에게 인기를 얻기 위해라기보다는 효율적 리더십에 있어서 더 중요한 것이다. 불행히도 경험이 없는 리더들은, 리더는 다른 사람들의 인기를 얻고 항상 옳아야 하며, 모든 것을 알아야 하고, 통제할 수 있고, 공격받지 않고, 이성적이어야 한다고 생각하기도 한다. 그러나 이런 생각은 잘못된 것이고, 비생산적이어서 리더로 하여금 자신이 업무에 있어서 불충분하다고 느끼도록 만들 수 있다. 위에서 언급된 특성과 성향은 존중받고 궁극적으로는 사람들의 지지를 받아내는, 자신감 있고 신뢰할 수 있으며, 용기 있는 리더를 만들어 낼 수 있다. 유아교육 분야에서 일하려고 하는 사람들에게 있어 이런 특성과 성향은 중요하지만, 특히 유아교육 분야의 특징인 다양한 부모와 교직원 집단의 효율적 리더십에 중추적 기능을 한다.

유아교육 리더의 기능은 무엇인가?

유능한 리더는 두 가지 요소에 집중한다. 업무 수행과 업무 관계가 그것이다. 이 두 요소는 사기를 진작시키면서 효율적인 발전을 이루기 위해 동시에 작용하게 된다.

유아교육의 경우 질 높은 서비스의 제공이라는 본연의 목표를 향해 나아가도록 하는 것이 리더의 책임이다. 이 요소는 업무 수행이라 불리며 여기에는 생산성, 업무 완수, 조직의 목적과 목표를 추구하는 과정에서 업무 또는 수행의 질과 연관된 모든 것이 포함된다.

이와 동시에 리더는 업무 관계를 희생하면서 업무 수행 추구가 이루어져서는 안 된다는 것을 확실히 할 필요가 있다. 달리 말하자면 직장에서의 삶의 질이 희생되어서는 안 된다는 것이다. 또한 직장 내 다른 사람의 복지를 배려하고 건설적인 대인관계를 형성하고 유지함으로써 집단의 사기를 올리는 것이 리더의 또 다른 책임이다.

Neugebauer(1985)는 유아교육 현장에서 발견되는 4가지 리더십 유형을 차별화하여 설명했다. 이런 유형에 관련된 특성은 Jorde-Bloom, Sheerer, Britz(1991)에서도 설명된 바 있다. 리더십 스타일은 업무나 결과 성취에 강조점을 두는 정도와 관계나 사기 증진에 강조점을 두는 정도 면에서 다르다. Neugebauer의 리더십 스타일은 다음과 같이 요약된다.

- **공사감독**(task master)—업무나 결과를 많이 강조하지만 관계나 사기는 크게 강조하지 않음.
- **동지**(comrade)—관계와 사기에 많은 강조점을 두고 업무나 결과는 크게 강조하지 않음.
- **동기부여자**(motivator)—업무와 관계에 공히 강한 강조를 함.
- **비리더**(unleader)—업무나 관계 모두 강조하지 않음.

Neugebauer는 리더십의 상황적 맥락이 유아교육 현장의 리더십 스타일보다는 훨씬 덜 중요하다고 했다. 그는 유아교육과 보육 현장에서의 리더십 스타일이 교수 스타일, 대인관계의 풍조, 의사 결정에 교직원 참여와 관련성이 있음을 지적하는 경영 분야의 논문을 인용했다. 따라서 유아교육 현장에서 성공적인 리더십이 되는 데에는 동기부여자 유형이 열쇠가 된다.

동기부여자는 다음의 특성을 포함한다.

- 따뜻함과 융통성
- 민감성, 창의성, 격려
- 교직원들의 능력에 대한 믿음, 열심히 일할 것이라는 책임감에 대한 확신
- 지지적이고 비판단적인 접근
- 개방적이며 양방향적인 의사소통 채널
- 목표 설정, 다른 중요한 업무에서 교직원의 참여 이끌어 내기
- 확신에 찬 의사 결정과 문제 해결
- 빈번한 피드백
- 교직원의 수행에 대한 자기평가 격려
- 위험 감수

이런 특성들의 조합은 유아교육 리더들이 교직원의 개인적 및 직업적 요구에 대한 관심을 보일 수 있게 할 뿐만 아니라 교직원의 능력과 책임에 대한 확신을 드러낼 수 있게 한다. 이러한 방식으로 업무(질 높은 프로그램 제공)와 관계(사이좋은 근무 환경과 높은 사기), 양자를 성취할 수 있다.

Neugebauer는 나머지 세 리더십 스타일에서 권위적인 공사감독 스타일만이 유아교육 현장에서의 리더십과 관련성이 있다고 보았다. 그러나 이 권위적인 공사감독 리더십 스타일이 목적 달성과 적절한 프로그램 실행은 보장할 수 있을지는 모르지만 여러 가지 단점이 있다. 교직원은 리더의 지시를 공공연하게 또는 은밀하게 거부할 수 있다. 의사 결정에 있어서 교직원이 공헌할 수 있는 능력을 충분히 존중하지 않는다면 결과적으로 리더에 대한 좌절감과 적의로 이어져서 궁극적으로 교직원이 열심히 일하려는 의지를 감소시킬 수 있다.

리더십의 차원을 분명히 하기 위해서 리더십 스타일을 범주화하는 것이 유용할 수 있기는 하지만 어떤 특정한 맥락에서 '최선'의 리더십 스타일을 평가하는 것이 도움이 되는 것은 아니다. Neugebauer는 상황적 리더십이 유아교육 현장에는 적절하지 않다고 주장했지만, 리더십 스타일은 정지상태로 고정된 것이 아니며 특정한 하나의 리더십 스타일이 다른 것보다 훨씬 효율적으로 작용하는 상황이 많이 존재한다. 유능한 리더는 '언제 재빨리 행동을 취해야 할지와 언제 생각하면서 천천히 행동해야

하는지를 아는 사람' 일지 모른다(Claxton, 2002: 55에서 인용).

예를 들면, 만성적 변화의 시기를 겪고 있는 현장은 직원의 사기가 낮을 것이다. 민감한 리더라면 관계를 강조하면서 집단의 사기와 교직원의 자아존중감을 살리기에 주력할 것이다. 즉, 업무에 과도하게 강조점을 두기보다는 '동지 스타일' 의 리더십을 적용할 것이다. 스트레스와 '소진(burnout)' 을 경험하고 있는 현장의 리더는 현장에 적극적으로 참여하지 않으려 하고 비리더(unleader)가 되어 버릴 수도 있다. 리더로부터의 방향 제시가 없는 상태에서 교직원들은 자신들이 원하는 바대로 행동할 것이다. 이런 상황에 온 새로운 리더는 목표를 정하고 서비스의 질이 향상되도록 하기 위해 공사감독 스타일을 취할 필요가 있다. 교직원들이 모두 경험이 많고 스스로 동기화되어 있고 문제가 생기는 대로 해결하려 하며 하나의 팀으로 협력해 온 현장의 경우에는 심지어 비리더 스타일이 가장 효과적일 수도 있다. 교직원들의 생산성이 높고 업무 관계가 좋다면 리더는 자신의 개입을 축소시키고 어느 정도의 시기 동안은 교직원들끼리 업무를 처리하도록 기다릴 필요도 있다.

리더가 스스로 사용하고 있다고 믿는 리더십 스타일이 아니라 집단의 사람들에게 어떻게 인식되고 경험되는가가 여러 면에서 더 중요하다. 만약 리더가 동기부여자의 역할을 한다고 주장하지만 교직원들이 공사감독형 스타일의 리더십을 경험한다면 그 리더는 실제로는 권위적인 공사 감독 스타일인 것이다. 스타일의 차이는 크지 않을 수도 있고, 이 차이는 리더가 교직원들과 어떻게 의사소통하고 어떻게 관계를 맺느냐의 결과일 수 있다. 따라서 리더는 교직원, 부모와의 사회적 상호 작용을 개선할 책임이 있다. 업무를 달성하는 동시에 관계를 증진시키는 유아교육 리더에게 가장 효과적이라고 간주되는 의사소통 기술은 4장과 5장에서 다루고 있다.

영유아 전문직의 리더는 누구인가?

유아교육은 이 분야에 입문한 시기부터 교직원들이 리더십 지위에 접근 가능하다는 면에서 독특한 분야이다.

> 이 분야에 관심을 갖고 있다면 누구나 리더가 될 수 있다.
>
> 어린이집 직원

누가 리더가 될 수 있는가는 매우 다양하다. 장학사 또는 정책을 수립하는 사람뿐만 아니라 유아교육의 실제를 개선시키려는 책임 의식을 갖는 사람은 누구나 리더가 될 수 있다고 생각한다.

장학사

리더가 되는 길은 계획되어 있지 않다.

유아교육 조언자

리더십은 높은 지위에만 존재하는 것이 아니다.

어린이집 직원

유아교육 교직원 중 리더가 된 사람들은 그들의 일상적 업무 세부사항에서도 의미와 중요성을 찾아내는 사람이다.

원장, 매니저, 코디네이터라고 불리는 유자격 유아교사들은 비록 이들이 교사 교육을 받았을 때에는 성인들과 협력해서 일하는 데 필요한 지식과 기술에 대한 강조를 두지 않았지만, 전통적으로 다양한 범주의 유아교육 현장의 공식적 리더로 지명되었다. 영유아를 위한 교육과정을 제공하고 부모 지원을 하고 재정적인 운영과 회계장부 관리를 하고 법적인 요구 사항을 맞추면서 장학도 해야 하고 다른 전문가, 보조 교사들과 조화를 이루며 평가를 하는 모든 것이 이들의 책임이다.

그러나 Jorde-Bloom(2003)의 연구 결과에서 드러나듯이 교직경험이 중요하긴 하지만 공식적 리더십, 운영, 경영의 역할을 적절히 준비하도록 하지 못하고 있다. 어떤 나라에서는 유아교육 관련 자격증을 갖추지 못했거나 최소한의 자격만을 갖춘 사람들이 사립 기관의 소유자가 될 수 있다. 이와 관련해 한 전문가는 다음과 같이 말했다.

"유아교육에서 리더십은 일반적으로 약하다. 리더는 나이가 어리고 상당히 전통적인 비전에 묶여 있다. 우리는 성숙한 리더를 더 필요로 한다."

영유아와 그들의 가정을 위해 다양한 서비스가 점점 더 요구되고 다학문적이며 여러 기관이 협력을 이루는 시점에서 공식적 리더십의 역할은 주임교사, 원장, 매니저, 교사, 어린이집 교직원, 놀이담당자 등 점점 더 다양한 사람들이 맡게 될 것이다.

이들 리더들은 대개 자율적이지만, 기관의 질 높은 정책과 실제에 대해 경영위원회, 이사회, 지역 정부 기관, 궁극적으로는 유아교육을 관할하는 정부의 부처와 같은 다양한 기관에 책임을 지고 있다. 각 유아교육기관은 독특하기 때문에 누가 리더가 될 것인가 하는 문제는 리더가 위치한 조직의 유형에 달려 있다(Ebbeck & Waniganayake, 2003). 그러나 분명히 정의된 목적, 절차, 역할, 책임이 있고 명료화된 의사소통과 의사 결정이 존재하는 곳에서는 리더십이 여러 교직원에게 분산될 수 있다. Solly(2003)는 다양한 영유아 교직원들이 리더십 책임을 나누는 영국에 있는 많은 early excellence center를 소개했다. 사실 교직원들에게 리더십의 책임을 적절히 분배하고 공유하는 것으로 인식될 때 리더로서 공식적으로 수용된다.

구조적이며 체계적인 이슈에 의하기보다는 도덕적 · 이성적인 리더와 사회정서적 배려에 의해 지도하는 협력적 혹은 협의제 리더십 접근도 유아교육의 리더에 대한 욕구를 충족시켜 주는 것 같다(Solly, 2003). Waniganayake 등(2000)은 의사 결정력이 공식적이고 위계적 리더에 의해 유지되었을 때 유아교육 교직원들이 리더가 되는 기회가 제한된다고 밝혔다. Rosemary 등(1998)은 보다 많은 교직원들이 리더가 될 수 있도록 돕는 방법은 이들이 리드할 기회를 보다 많이 나누어 주고 업무를 공유하는 것이라고 했다. 이런 연습의 기회를 통해 교직원들은 공식적 리더로 지명되었을 때 보다 순탄한 전이를 할 수 있다.

하지만 유아교육 현장에서 리더십을 발휘할 수 있는 자리에 지명되거나 승진하는 것은 여전히 개인이 한 직장에서 얼마나 오래 있었는가, 혹은 탁월한 교육 실제 등과 같은 개인적 특성이나 스타일에 근거한 것처럼 보인다(Jorde-Bloom & Sheerer, 1992). 이런 방식의 지명이 성인 몇 명 함께 일하는 소규모의 직장에서는 가능할 수 있으나 보다 큰 규모의 교육기관과 어린이집, 놀이시설 같은 경우에는 좀 더 전문적으로 다듬어진 지식과 기술을 필요로 한다. 특정한 서비스를 이용하는 영유아의 연령과 숫자에 따라 고용된 교직원의 숫자는 14명 이상이 되기도 한다. 가정과 연계를 위한 리더십 제공은 차치하고서라도 이렇게 크고 동질적이지 않은 교직원 집단의 관리에는 보다 기술적인 접근이 필요하다. 유아교육 현장에서 부적절한 리더가 지명되거나 승진되는 데에서 오는 의사소통, 의사 결정, 일상의 혼란과 분란을 피하는 것은 필수적이다.

오늘날 직원을 위한 적절한 운영과 리더십 연수에서 오는 생산성 증진과 관계의 개선은 모든 직종에서 인식하고 있다. 유아교육 분야도 공동체에서의 신뢰와 높아진 전문성이 기관 수준에서의 훈련된 리더십과 관련성이 있음을 인식하고 있다(Jorde-Bloom, 1997; 2003). 그러나 여전히 공식적 연수나 리더십에 있어서의 특화된 전문성이 아닌 유아와 어떻게 상호 작용하는지, 또는 이 분야에서 얼마나 오래 일했는지와 같은 개인적 속성에 의해 리더십의 지위를 부여하는 경향이 있다(Jorde-Bloom, 2003). Jorde-Bloom(2003)은 모든 현장에 있어서 리더십 계승에 관한 체계적이고 종합적인 계획이 갖춰져 있어야 한다고 주장한다. 전문적 리더십을 통한 질 높은 서비스를 지속적으로 제공했을 때 유아교사들이 지역사회를 넘어서 더 큰 사회에 공헌할 수 있는 리더십 역량을 인정받게 될 것이다.

누가 영유아 전문직의 리더가 될 수 있는가?

유아교육자들이 직면한 어려움 중의 하나는 어떤 사람들이 개인적 · 직업적 발전의 기회를 통해 미래의 리더로 부상할 수 있는지 파악하는 일이다. 이 분야는 남성에 비해 많은 수의 여성에 의해 지배되고 있고 그들의 삶의 각기 다른 단계에서 가정과 직업에 다른 강조를 두고 있기 때문에 리더십의 가능성을 드러내는 사람을 찾아내는 일도 어렵고, 장기적인 직업에 대한 포부의 정도를 가늠하는 일도 어렵다.

> 대부분의 유아교사는 여성이다. 이들은 역사적으로 수많은 이유로 자신이 있는 현장을 넘어선 리더십 역할을 맡을 수 있다는 그림을 그려 오지 못했다.
>
> 유아교육 팀 리더

유아교육 분야에 입문한 여성이 가정을 꾸리고 돌보는 데 필요한 시간으로 인해 커리어에 공백이 생기는 것은 이 분야에서 전문인력을 보유하고 개발함에 있어 구조적인 장애가 있음을 의미한다. 많은 여성들이 가정에 대한 책임으로 인해 유아교육 현장을 떠났다가 복귀할 때 적응을 돕는 융통성 있는 연수 프로그램과 같은 구조화된 조력이 필요하다.

이 분야에 있는 많은 사람들에게 리더십 역량과 전문성에 기초가 되는 지식, 기술,

경험을 쌓는데 상당한 시간이 필요한 것은 분명한 시간이다.

리더가 되려면 자격증, 기술, 경험에 아이디어와 진보적인 사고에 관한 전문성이 필요하다.

어린이집 직원

리더가 되기 위해서는 교사로서의 경험, 자격증만이 아니라 존경받을 수 있는 인성과 증명된 경력이 있어야 한다.

어린이집 매니저

누가 리더가 되느냐의 문제에 있어서 경험은 매우 중요하다. 신뢰성을 지키기 위해서 리더가 마땅히 치러야 할 부분이 있다고 기대한다.

유아교육과 강사

유아교육 분야에 입문한 모든 사람은 비록 중단이 될 수는 있어도, 전문적 성장에 대한 개인적 잠재성과 열정은 직업을 통해 배양될 수 있다는 믿음을 가져야 한다.

처음에는 리더십의 지위를 맡는 것에 대해 주저할 수도 있지만 그 역할에 빠지게 되면 역할이 자신을 어떻게 바라보느냐의 일부가 된다는 면에서 리더십은 개인 자신으로부터 나온다고 볼 수 있다.

유아교육과 강사

성인으로서 사는 일상적인 삶의 경험은 리더십의 전제조건인 의사소통 기술과 대인관계 기술을 다듬을 기회를 주고, 삶에 대한 이해와 관점의 폭을 넓힐 수 있게 한다. 이것은 리더십 수행에 있어서 특정한 연수의 기초를 제공하도록 조력할 수 있다.

보다 높은 자리에 있는 사람들은 누가 좋은 리더가 될 것인가에 대한 '감'이 있고, 이들에게보다 많은 책임을 부여함으로써 리더십을 키워줄 수 있다.

유아교육과 강사

리더십 연수의 효과에 관한 한 연구에서 Bella와 Jorde-Bloom(2003)은 역할 인식, 직업 수행, 자기 효능감, 변화를 추구하는 능력의 증진 측면에서 유아교육 분야의 리더십 훈련의 중요성을 강조한 바 있다.

리더십의 기원에 대해서는 논쟁이 계속되고 있다. 즉, 학습과 훈련을 통해 성공적인 리더가 될 수 있을 것인가 또는 리더십에 수반되는 특성들이 대부분 선천적인 것인가 하는 문제이다. 이에 대한 학계의 의견은 3가지로 드러난다. 첫째, 특성 접근(trait approach)에서 다루는 이슈는 리더와 추종자를 구분하는 정해진 특성을 리더가 갖고 있는가, 리더로 태어나는 것인가, 혹은 리더로 만들어지는 것인가? 등이다. 두 번째는 행동적 접근(behavioral approach)의 옹호이다. 이 행동접근에서는 리더가 특정한 행동을 하는 것인지 아니면 다른 사람들에게 영향을 주는 특정한 스타일을 지니고 있는지에 관심을 둔다. 세 번째는 상황적 접근(situational approach)으로 어떤 리더십 스타일을 사용할지를 결정함에 있어 영향을 준다고 간주되는 업무의 구조와 상황을 말한다.

선천적 개인 특성이 리더십과 관련된 부분도 있겠지만 구체적인 리더십 기술은 학습될 수 있다는 의견이 지배적이다. 또한 리더십 잠재 역량은 한 개인의 삶 속 어느 시점에서라도 드러날 수 있다. 따라서 모든 사람들이 다른 상황, 다른 시점에서 리더로서의 능력을 수행할 수 있다는 것이다. 한 개인이 특정한 집단 또는 특정한 업무에 있어서 리더가 될 수 있다. 리더가 되는 데 필요한 특징, 기술은 대개 리더로서의 기능을 하게 되는 상황의 요구에 따라 결정된다. 이 상황의 요구에는 업무의 구조와 집단에 속한 사람들의 특성과 같은 부분도 포함된다. 리더십의 상황적 속성은 효율적 리더십과 연관되는 정해진 개인적 속성이나 스타일의 리스트가 없다는 것을 의미한다. 그러나 업무와 사람들의 특성을 포함한 상황의 요구도를 철저하게 이해했을 때 유능한 리더가 조직의 목표를 달성하는 데 있어 필수적인 특성과 기술의 목록을 개발할 수 있을 것이다. 집단 일원들의 요구, 능력, 관심에 대한 인식했을 때 리더는 집단이 수용할 수 있는 리더십 스타일을 선택할 수 있게 될 것이다. 상황적 리더십은 리더가 상황과 적절한 속성을 연결시키기 위해 업무와 집단의 사람들의 요구를 이해를 필요로 한다.

Waniganayake 등(2000)은 지식이 조직적 학습의 중요 포커스가 되는 분배 리더십 모델(model of distributive leadership)을 제안했다. 지식은 유아교육 실천가들이 리더가 될 수 있는 역량의 기초를 제공해 준다는 것이다. 여기에서 말하는 지식은 교육적 부분과 실제적 이해 모두를 말하며, 이 지식은 유아교육 조직 내에 확산될 수 있으며 현장에 존재하는 다양한 전문화와 조화를 이룬다. 여러 학자들이 리더십 전문화의 여러 측면에 대한 대해 제언한 바 있다. 예를 들면 Bowman과 Kagan(1997)은 유아교육 현장에서 전문화된 리더십 기회가 교육, 행정, 옹호, 지역사회, 개념, 직업개발이 각각 리더십으로 존재할 필요성을 제언했다. Schwahn, Spady, William(1998)은 교육적 리더는 믿을 만한, 비전을 제시하는, 문화적, 질적 부분에서 구체적인 전문성을 계발할 수 있다고 했다.

이런 관점은 리더십이 공유된 지식과 학습의 포용적 문화에서 작용하는 효율적 팀이 수행하는 다면적이며 협동적인 노력이라는 견해를 지지한다.

리더십과 전문적 직업 개발과의 관계는 무엇인가?

유아교육 교직원들의 전문적 직업개발의 단계를 분석해 보면 경력에 따라 얻게 되는 경험의 유형과 유아교육 교직원들이 발달적으로 준비되고 능력을 갖추기 전에 리더십의 지위에 올랐을 때 효율적 리더십을 방해하는 제한점에 대한 통찰을 얻게 된다. Bella와 Jorde-Bloom(2003)의 연구에서는 유아교육 원장 표본의 75%가 스스로를 공식적인 리더십 역할을 맡을 준비가 되어 있지 않거나, 아주 조금 준비되었다고 보고했다. 그러나 질 높은 서비스를 확실하게 하려면 강력한 리더십이 필수적이다. 따라서 커리어의 어느 단계에서든 리더십 직분에 발을 내밀 수 있는 직업에서는 직업개발의 다른 단계에 관련된 적합한 전문적 지원이 필수적이다.

Katz(1995a)는 유아교사의 발달단계를 4가지로 설명했다.

- **생존 단계**—교사의 주관심이 말 그대로 생존해 나가고 하루를 안전히 보내는 단계
- **강화 단계**—첫 번째 단계에서 얻은 경험을 기반으로 설립할 준비가 되는 단계
- **갱신 단계**—교사는 유아들과 직접적으로 하는 업무에 매우 익숙해져 있고, 자신감을 갖게 되고, 새로운 도전점과 전문성을 확장시킬 방법을 추구하기 시작하는 단계
- **성숙 단계**—교사의 활동과 관심이 전문적인 통찰, 관점, 리얼리즘의 의미있는 추구로 향하는 단계

Vander Ven(1988)의 초기 모델에서는 교사의 역할의 복합성과 역할과 관련된 책임의 유형에 대한 인지적 이해 수준에 초점을 맞춘 유아교사의 개인적 전문성 발달을 5가지 단계로 나누었다.

- **초보자 단계**—아마추어 수준에서 대개 직접적인 돌봄 기능을 담당하는 교사
- **초기 단계**—상급자의 밀접한 장학하에 직접적 돌봄과 교육 역할을 담당하는 교사
- **정보를 갖춘 단계**—공식적인 연수를 마치고 유아교육 분야에 강한 직업적 책무감을 가진 교사
- **복합성 단계**—전문성의 직접 수행 혹은 리더십 기능 수행 사이의 직업적 선택의 기로에 선 경력 있는 교사
- **영향력 단계**—다양한 역할과 기능의 오랜 수행 결과 복합적이며 높은 수준의 전문적 리더십 역할을 수행하는 교사

이후 Vander Ven(1991)은 기존 5단계 모델을 다음의 3단계 모델로 수정해서 제시했다.

- **직접적 돌봄**—초보: 대부분 아마추어적이며 감정적인, 전문적으로 미성숙한 성향의 나이 어리고 경력이 짧은 교사
- **직접적 돌봄**—진보: 보다 논리적이고 이성적인 행동을 보일 수 있으며, 선택을 할 수 있고 행동에 대한 선택을 할 수 있고, 행동의 결과에 대한 설명과 예측이 가능하며 선택을 할 수 있는 교사. 이들은 Katz의 생존 단계와 강화 단계를 벗어나 갱신의 단계로 이동하고 있음
- **간접적 돌봄**—유아들, 부모들과 직접적으로 일하는 것을 뛰어넘어 그 이상의 전문적 리더십 역할과 책임을 감당할 이해와 전문성을 소유하고 있음

리더십 역량은 Katz의 세 번째 갱신 단계나 Vander Ven의 두 번째 진보된 직접적 돌봄 단계에서 부상할 가능성이 높고 Katz의 네 번째 성숙 단계, 또는 Vander Ven의 세 번째 간접적 돌봄 단계에서 가장 잘 발달할 것이다. 연수, 초보 교사가 정해진 하

루 일과 중에 경험이 많은 동료를 그림자처럼 따라다니면서 관찰하고 질문하는 직업 체험(job shadowing), 멘토링, 코칭과 같은 적절한 전문적 지원과 사회화과정이 전문성 발달단계에서 리더십에 대한 역량과 관심을 보이는 현장 교사들에게 필요하다.

요약

유아교육 분야의 계속되는 전문화는 질 보장, 인증 제도, 감독과 같은 과정을 통한 정기적인 모니터링과 평가와 연관성이 있으며 유아교육 서비스가 최소한의 법적 인가에 요구되는 수준 이상의 질적 기준을 유지하도록 하고 있다. 이런 과정은 많은 유아교사들이 리더십 책임감을 더 많이 갖게 할 것이며, 경력과 공식적인 교육과 연수를 충분히 갖추지 못한 사람들을 위한 현직 연수와 장학은 질적 향상을 가져올 것이다. 이렇게 확장된 리더십은 유아교육 분야에서 처음 발을 들여놓은 시기에서부터 리더십 역할을 수행할 기회와 함께, 모든 학생들과 현직교사들이 이 분야의 리더십의 중요성을 이해할 필요가 있음을 의미한다. 위에서 기술한 요소들은 리더십 기술이 유아교사의 역할에 있어서 유아 관찰, 교육과정 계획과 실행, 프로그램 운영과 같은 기본적 기술만큼 그 중요성을 인식해야 할 필요성을 지적한다.

Chapter 3

유아교육 리더의 개인적 자질

정서 지능이 높은 친절하고 공손한 사람은… -유아교육 관련 조언자

본 장의 탐구점

- 유아교육 리더의 개인적 자질
- 유아교육 교직원를 위한 리더십의 유형 분류 체계

유아교육 분야는 여성이 우위를 차지해 왔기 때문에 '분홍색 고립 지역' (Loane, 1997)으로 묘사되어 왔다. 모성이데올로기와 보살핌과 같은 전통적 여성상으로 굳혀진 고정관념은 유아교육에 종사하는 여성의 리더십에 대한 능력과 대중의 인식, 그리고 자아 인식이 왜곡되는 원인을 제공하였다. Solly(2003)는 유아 관련 환경이 본래 여성적이고, 사회 문화적으로 다양하고, 다수의 직업이 존재하며, 서비스와 경력구조의 질, 경험, 상태가 다양하다고 언급하였다. 또한, 유아 관련 환경은 지속적인 변화, 수많은 솔선수범, 혁신을 위한 노력이 요구되어지는 분야이다. 이러한 환경에서 성공적인 리더가 되기 위해서는 특별한 개인적 자질과 속성이 요구된다.

Wonacott(2001)은 현재의 교육적 환경에서 높은 가치로 인정받는 변형적 리더십이 의사소통, 협력, 합의, 보살핌과 포용과 같은 전형적인 여성 특성에 기초한다고 지적한다. 리더십은 때때로 리더와 팀 구성원에 의해 형성된 관계의 의미로 묘사된다. 관계의 질은 공감, 따뜻함, 존경과 진실성과 같은 속성으로 평가되는 경향이 있다. 이

모든 속성들은 여성의 전형성과 더 많은 관계가 있다. 남성과 여성 리더 모두가 남성적이고 여성적인 특징과 행동을 보인다 할지라도 리더십에 대한 여성적 접근의 전통적 특징들은 현시대 유아교육 분야에서 더 적합하고 성공적이다. 결과적으로 유능한 리더는 타인과 협력하고 적극적인 참여를 이끌어 낼 수 있는 개인적 자질을 습득하고 나타내야 할 필요가 있다.

리더가 되는 것은 개인의 가치, 신념과 자질에 관한 것이기 때문에 단순히 특정한 역할이나 지위를 받아들이는 것 이상이다. Maxwell(1999: 1)은 '리더는 인간적인 자질이 내재되어 있기 때문에 효율적이다' 라고 주장한다. 리더는 자신의 강점과 약점을 이해할 수 있는 자기 인식이 필요하다. Hartle과 Thomas(2003)는 리더십의 특정한 역할과 적합성을 예측하기 힘들지라도, 리더십 능력 발달에 이르는 여섯 단계 접근 중 한 단계는 리더십을 정의하고 교직원의 개인적 성장을 격려하는 것이라고 주장한다.

이 책을 위한 질적 연구에 참여한 유아교육 교직원에 의해 확인된 리더가 갖는 주요한 개인적 속성은 변형적 리더십과 연관된 속성들과 일치하였고 타인에 대한 이해, 보살핌, 존중, 공감, 지지, 사려 깊음, 열정, 가까이 하기 쉬움, 열린 마음, 유연함, 그리고 공정성이 포함되었다.

유아교육 교직원을 위한 리더십의 유형 분류 체계

리더의 성격, 기술, 기능과 책임을 규명하는 것은 리더십 발달을 돕기 위한 시도이다. 하지만 리더십은 본질적으로 부분의 단순한 합 이상인 전체를 바라보는 전체론적 개념이다. 리더십의 복잡한 구조 탓에 유아교육 현장에서 정의하기 어렵다면, 유아교육 교직원을 위한 리더십의 유형 분류 체계는 현장에서 효율적인 리더십을 뒷받침하는 몇몇 요소들을 간략화하도록 도울 수 있다.

유형 분류 체계는 선정된 요소나 형태를 분류하는 수단 또는 틀이다. 이것은 현상의 구조를 이해하기 위한 요약본 또는 원본으로 사용될 수 있다. 유형 분류 체계가 매우 복잡한 개념을 지나치게 단순화한다는 논쟁이 있지만 유형 분류 체계는 특히 어떤 부분은 훈련을 통해 얻어질 수 있다고 믿을 때 본질적인 요소를 이해하는데 유용하다. 리더십과 관련하여 여러 목록, 분석표, 또는 유형 분류 체계가 리더십을 묘사하기 위한 시도로 개발되었다. 그것들은 리더십에 대한 다른 개념에 초점을 두고 있지만 이러한 분석표를 구체적인 상황에서의 리더십과 연결하려는 시도는 거의 없었다. 집단의 본질과 조직 상황을 포함한 리더십 환경은 효율적인 리더십의 결정적 요소라고 할 수 있다. 리더십 유형 분류 체계의 이점 중 하나는 포부를 지닌 공식적인 지도자가 효율적인 리더십의 중요한 특징을 주의 깊게 봄으로써 유능한 지도자가 되는 과정의 시행착오를 피할 수 있다는 것이다. 거의 대부분의 유아교육 교직원은 리더십에 대한 책임을 갖기 전이나 혹은 리더십을 지니는 위치에 있을 때에 구체적인 훈련을 받을 기회가 없다. 따라서 유형 분류 체계는 중요한 특성을 알려 주고, 무엇이 유아교육 분야의 리더십을 구성하는지에 대한 이해를 발달시키고, 리더로서의 자아 인식을 향상시키는 효율적인 도구일 수 있다.

유아교육 리더의 유형 분류 체계

리더십의 유형 분류 체계는 영국(Rodd, 1997)과 호주(Rodd, 1996)의 유아교육 교직원들과 함께 착수한 연구에서 개발되었다(표 3.1).

표 3.1 로드(Rodd)의 유아교육 리더 유형 분류 체계

직업 발달단계	개인 특성	전문적 기술	역할과 책임
직접적 돌봄 : 초임	친절함, 따뜻함, 친근함, 돌봄, 동정심, 인내심	모델, 안내자, 조언자로서의 역할을 할 수 있는 유아교육 교직원으로서의 기술적 능력	• 질적 서비스를 수행하고 책임 질 수 있음 • 철학, 가치, 비전을 개발하고 명확히 표현할 수 있음
직접적 돌봄 : 상급	자기 인식, 지식, 이성적, 논리적, 분석임, 전문적, 직업에 확신이 있임	일반 행정 재정 관리 효율적 의사소통 인적 자원 관리	• 협력하며 협동하는 리더십의 접근 방식을 지님 • 진행되는 직업발달에 참여하고 모든 교직원이 참여하도록 격려함
간접적 돌봄	비전, 조언자(멘토), 안내자, 역량 강화, 자기주장, 선견지명, 목적-지향적임		• 변화의 필요성에 민감하게 반응하며 변화를 효율적으로 이끔 • 유아, 부모, 양육자, 직원, 교직과 일반 지역사회를 위한 지지자로 행동함

그러므로 유아교육 교직원과 현장에 구체적으로 적용될 수 있다. 하지만 리더가 항상 본인과 팀이 원하는 결과를 얻을 수 있는 것은 아니며, 원했던 결과가 좀처럼 한 사람의 공로로 돌아가지 않는다는 것을 인식하는 것이 중요하다. 이러한 환경에서 리더십은 협동하며 공유하는 노력으로 보는 경향이 있기 때문이다.

유형 분류 체계는 연구의 조사와 면담 정보로부터 얻은 세 가지의 다른 측면을 포함한다. 개인의 특징에 따른 분류는 서로 다른 직업 발달단계에서 이해하고 있음을 반영한다.

리더십의 본질적인 특징을 보살핌으로 묘사한 집단은 직장에서 초임인 3년 이하의 경력을 지닌 사람인 경우가 많았다. 더 오래된 경험을 가지고 리더의 위치에 있는 사람들은 이와 같은 특징을 당연한 것으로 인식하였다. 유아와 그 가족과 함께 일하는 모든 사람은 이러한 특징을 보여야 한다. 보살피는 사람이 된다는 것은 리더에게 필요한 것이지만 충분한 특성은 아니다. 하지만 교직원과 현장과 관련된 성인을 돌보는 접근 방식은 유아교육 리더의 일반적 접근 방식으로 중요하다고 여겨진다.

지식 기반을 이성적, 분석적으로 사용하는 개인적 특징을 지닌 집단은 3년에서 10년 사이의 경력을 지닌 사람이 속해 있다. 이들은 직업 분야의 복합성에 대한 더 많이 알고 있었다. 이 집단에 속한 많은 응답자들은 자신이 속한 현장의 질적 향상에 관심이 많은 지명된 리더였다.

마지막 집단은 비전, 전문적 확신, 역량 강화를 효율적인 리더십의 본질로 인식하고, 이전의 리더십 경험과 훈련에 대한 지식과 경험을 반영하며, 리더십에 관한 보다 폭넓은 관점을 지녔다. 이 응답자들은 직업 발달의 단계에서 보다 앞선 단계에 있었고, 현장과 보다 넓은 지역사회 둘 모두에서의 역할과 책임의 복잡성을 이해하고 있음을 보여 주었다.

전문적 기술과 관련하여, 어느 하나가 다른 것보다 우선하지 않는 다섯 가지 주요한 일반 분야를 정했다. 기술적 능력을 획득하고 발휘하는 것은 기본적이면서 필수적인 것으로 인식되었다. 이 능력은 조직뿐 아니라 교직원들을 위한 역량 강화의 매개체로 여겨지기 때문이다. 일반적인 행정 능력은 재정 관리와 함께 결정적인 요소로 여겨진다. 기관의 생존 능력과 원활한 기관 운영이 이 두 기능에 달려 있다고 믿기 때문이다. 하지만 이 두 분야가 다른 분야보다 우세하게 여겨지기 쉽고, 효율적인 리더십을 단순히 성공적 기관 운영과 예산 관리의 결과로 받아들일 수 있다는 점을 간과해서는 안 된다.

유능한 리더를 위한 핵심 기술

유아교육 분야의 효율적인 리더십은 기관에서의 힘과 영향력을 바탕으로 한, 두 가지의 핵심 기술을 포함한다. '복잡한 정보를 종합하고 정보를 다양한 청중에게 설득력 있고 간단명료하게 전달할 수 있는' 능력인 효율적인 의사소통은(Jorde-Bloom, 1997: 13) 유능한 리더의 특징이다.

이에 더하여, 구성원들 공동의 목적을 위한 동기 부여, 격려와 역량 강화를 통한 재능, 기술, 흥미, 능력을 효율적으로 활용하는 인적 자원관리는 유아교육 교직원들에 의한 리더십의 여성적 접근을 설명한다. 다방면에 걸친 리더십의 본질은 유형 분류 체계를 포함한 일반적 기술에 명백히 드러난다.

각 유아교육 현장에 있는 리더의 역할과 책임이 다를지라도 리더를 위한 일련의 일반적 역할과 책임을 규명하였다. 다시 말하지만, 어떤 한 역할이나 책임이 다른 것들보다 우선하지 않는다. 보다 넓은 수준에서 역할과 책임의 상호연관성을 인식하는 것이 리더십의 특성을 특징짓는다. 양질의 서비스를 제공하는 것은 분명하게 광범위한 책임으로 인지되었다.

비전을 개발하고 명료화하며, 리더십의 협력적이고 파트너십 방식에 관여하는 능력은 이러한 광범위한 책임을 성취하는 수단으로 여겨진다. 덧붙여, 모든 교직원이 진행 중인 직업 발달에 참여하도록 격려하고 관여하는 것이 역량 강화 과정의 일부로 간주되었다. 변화의 필요에 반응하는 것은 유아교육 분야의 생존일 뿐만 아니라 질적 추구를 보장해 주는 수단이기도 하다. 결국, 지지라는 것이 리더가 충족시켜야 하는 책임으로 인식되지만, 리더가 더욱 자기 확신적이고 전반적으로 자신감을 지님에 따라 지지가 증가되고 개선될 수 있다.

유아교육의 교수법적 효율성

영국 교육 기술부는 유아교육 교직원의 효율성의 속성을 규명하는데 중점을 둔

"유아교육의 교수법적 효율성 연구"를 의뢰하였다(Moyles, Musgrove & Adams, 2002). 이 연구는 유아교육 교직원들이 현장에서의 효율성 발달을 도와주는데 목적이 있고, 이를 통해 유아와 가정에게 유익이 되도록 한다. 효율적 실천을 다루는 핵심은 다음과 같다.

- 상호 작용을 가르치고 배움
- 맥락을 가르치고 배움
- 계획, 평가, 사정
- 유아의 가치와 자격
- 실천사항을 가르치고 배움
- 자신의 역할의 중요성에 대한 가치와 믿음
- 지식과 이해
- 심사숙고와 사려 깊음
- 개인적 자질

유아교육 분야에서 리더십을 위한 특정한 관심은 효율적인 유아교육 교직원의 개인적 자질에 관한 핵심 진술이다. 이는 다음의 것들을 포함한다.

- 자기 동기부여와 타인에게 동기부여를 하는 능력
- 심사숙고하고, 질문하고, 분석적이며, 학습과 직업 발달에 전념하고, 동료와 타인으로부터의 건설적이고 비판적인 관여를 환영하고 주도하는 능력
- 교사의 역할에 자신감과 확신 가지기
- 유아와 유아발달, 유아가 어떻게 생각하고, 배우고 행동하는지 관심에 대한 지식에 기반한 흥미
- 자아와 직원에 대한 높은 기대
- 무엇을 성취할 수 있는지에 관해 긍정적이고 현실적이며, 유아와 어른에게 긍정적 태도와 접근 방식으로 대하기
- 친근하고, 도리에 맞게 행동하고, 마음을 열고 환영하는 관계

- 유머, 재미, 즐거움, 열정에 대한 감각
- 상냥하고, 보살피고, 차분하고, 민감한 접근 방식
- 직관적, 수용적, 감정이입적, 반응적이며 유아에게 맞춰줄 수 있는 능력
- 유아와 어른들에게 열린 마음, 적응성, 융통성 보이기
- 비전, 혁신, 상상력
- 전문적 역할에 대해 예민하며 창의적으로 사고하기
- 주도적이며 상식을 적용하기
- 정돈하며, 조직된 환경을 유지할 수 있는 능력
- 유아와 어른을 상대할 때 공평과 일관성 지니기
- 인내심과 관용을 지니지만, 또한 명확한 기준을 세울 수 있는 능력
- 말을 명확하게 하고, 타인에 대한 신체언어와 자세가 미치는 영향을 이해하는 능력 있는 의사소통자
- 독립적이며 또한 협력적인 교직원으로서의 기술 지니기
- 작업 환경에서 신뢰할 수 있으며, 정서적 안정감

이렇게 광범위하고, 지나치게 확대된 진술은 때로는 평가하기가 어렵다. 하지만, 이 진술들은 리더가 지니는 기술, 성격과 속성의 유형을 유아교육 교직원이 참작하도록 돕는데 유용하다.

유아교육 리더의 개인적 장점

Solly(2008)의 유아교육 리더의 개인적 장점에 관한 연구는 유형 분류 체계를 사용하지 않았지만 큰 장점으로 평가되는 열의, 열정, 고취, 지지와 같은 속성들을 제시하였다. 평생 학습자가 되는 것과 팀의 정신적 사조의 한 부분이 된다는 것은 매우 중요하다. 신뢰와 존중하는 관계, 권리부여(entitlement) 및 공유하는 철학과 비전에 기초한 명확하고 효율적인 의사소통은 필수적이다.

행정, 운영, 리더십

최근 Ebbeck과 Waniganayake(2003: 32)에 의해 개발된 또 다른 유형 분류 체계는 행정, 운영과 리더십(표 3.2 참조)의 성향, 기술, 역할, 책임에 대한 전반적인 관계를 통합하였다. 이 유형 분류 체계는 유아교육 교직원이 효율적인 행정가, 운영인, 리더가 되기 위해 발달시켜야 하는 역할, 책임, 기술과 경향의 한계를 알도록 도와준다.

표 3.2 Ebbeck과 Waniganayake의 행정, 관리, 리더십 유형 분류 체계

	행정	운영	리더십
역할과 책임 특정한 직무 또는 지위에 기대되는 행동으로 업무 내역서 또는 직무 내용 설명서에 구체적으로 논의가 되어 있을 수도 있음	• 자료수집의 일상 업무 지속하기 • 문서와 파일 시스템 구축 • 통신기록과 재정문제의 흐름 파악	• 질적 평가와 향상을 주시 • 매일 유아, 가족, 교직원의 필요를 분석 • 일상적 재정 유지를 감독	• 교직원 발달과 훈련 촉진 • 장기적인 관점으로 유아, 가족, 교직원의 필요를 분석 • 정책 발달을 고안하고 지도
기술 훈련과 경험을 통해 얻은 학습된 능력으로 행정가, 관리인, 리더로 일하는 데 필요함	• 조직이 기능을 하는 데 필요한 전문적 특성 또는 기초적 토대 • 공식적 지침과 법적 필요요건의 인식 • 문서 작업, 통신 기록, 서류정리 같은 조직적인 기술 • 정책과 절차를 정확하게 따름	• 기관을 유지하기 위해 필요하며 주로 즉각적이고 단기적인 문제에 관심을 지닌 상호 작용 기술 • 의사소통 기술 • 교직원 감독과 지원 • 마케팅과 승진 • 프로그램, 서비스, 교직원 평가와 사정	• 주로 미래와 연관된 문제들에 관심을 지니고, 기관 안팎의 문제를 거시적 수준과 관계된 리더십 기술 • 위임 • 연구 기술 • 연락망과 관계망 • 정책 형성과 분석 • 비판적인 사고
성향 일에 영향을 미칠 수 있는 유아교육 교직원의 개인적 속성과 자질	• 조직적임 • 일을 체계적으로 접근 • 바른 정보를 얻기 위해 열심 • 정확성을 추구하기 위해 요구 • 수립된 정책과 협안을 따름 • 기술 사용이 편안함	• 책임에 따른 요구 사항의 중요성 이해 • 교직원, 가족과 일하는 것을 즐김 • 위기 평가에 관심을 둠 • 효율성과 생산성에 의해 이끌림 • 기업가적임	• 기관 안팎의 타인과 일하는 것을 즐김 • 유아와 가족을 위해 말할 때 열정을 지님 • 도전을 즐김 • 비전을 지님 • 역량을 강화함 • 명확하게 자신의 의견을 말함 • 적응을 할 수 있음

효율적인 리더십과 운영 평가 체계(유아교육 분야)

Moyles와 Yates(2004)는 유아교육 분야의 리더와 운영자가 직면하는 복잡한 역할들이 증가하고 있다는 사실을 인식하고 다양한 분야의 자문단과 함께 유아교육에서의 효과적인 리더십과 운영 평가를 개발하였다. 이 평가는 운영자의 역할을 하는 유아교육 교직원을 안내하고 지원하고, 그들이 지닌 기술과 지식을 평가할 수 있도록 하는 데 목적을 둔다. 이러한 기술과 속성 유형 분류 체계는 리더십 기술, 운영 기술, 직업 기술과 개인의 특성의 네 가지 광범위한 분야에서 본질적이고 바람직한 것들이 무엇인지 확인시켜 준다. 또한 이 유형 분류 체계는 직업 발달단계와 유사한 직관적이고 실용적인 단계, 사리에 맞으며 명확한 단계, 깊이 연관되어 있으며 협력적인 단계, 숙고하며 철학적인 단계, 네 단계의 운용을 제안한다(표 3.3).

아래에 있는 각각의 기술과 속성은 운영자와 리더가 어떤 직업 관련 분야에 개발이 필요하고, 어떤 분야에 쉽고 즐길 수 있는지 파악하고 문제와 약점을 해결하도록 하기 위해 스스로를 평가할 수 있도록 더 자세하게 정의하였다.

표 3.3 Moyles와 Yates(2004)의 효과적인 리더십과 운영 평가 체계

리더십 기술	운영 기술	전문적 기술	개인적 특성
• 비전 • 반응 • 책임감 • 카리스마 • 성실 • 타인과 생각, 혁신, 목표, 비전을 함께하고 참여 • 명령과 제의를 존중 • 직원에게 동기 부여 • 유연성 • 지식	• 효과적인 인적 자원 관리 확인 • 효과적인 교과과정 운영 확인 • 미시적(기관), 중간적(지역), 거시적(국가적) 수준에서 효과적인 상호 작용, 참여와 중재 확인 • 모든 관련된 사람들이 역량을 강화하고 있는지 확인 • 효과적인 의사 결정 확인 • 효과적인 계획과 전략구상 확인	• 자격 요건을 갖추도록 격려하기 • 효과적인 문제 해결사가 되기 • 공유하는 가치의 중요성 이해하기 • 효과적인 시간 관리 시술 가지기 • 좋은 의사소통과 토론 기술 지니기 • 좋은 외교적, 갈등 해결 기술 지니기 • 변화를 어떻게 관리해야 하는지 이해하기	• 유아, 가르침, 학습을 위하여 지식과 자연스러운 열정을 지니기 • 유아가 유아학교에서 초등학교로 전환하는 것을 돕는 데 전념하기 • 직업에 대하여 외적인 이유보다 내적인 이유로 매력을 느끼기 • 문화를 선두하는 지위와 위치 소유하기 • 진행 중인 유아 발달에 지속적인 책임과 기득권 지니기 • 개선을 위한 강한 의지와 열정 지니기

	• 효과적인 수행과 생각을 주의감독 확인 • 기초절차의 효과적인 운용 확인 • 효율적인 물리적 자원관리 확보		• 창의적인 지성을 지키는 접근 방식 지니기 • 정서 지능을 지지하는 접근 방식 지니기 • 자기의식을 전파하기 • 유머능력이 있고 즐거움과 놀이의 중요성을 이해하기

비록 서로 상이한 유형 분류지만, 유아교육 분야의 유능한 리더의 자질에 관한 연구는 리더십과 연관된 자질, 기술, 지식, 능력에 대하여 많은 유사점과 공통점을 가지고 있다. 목록표를 규범으로 이해하지 않는 것이 중요하다. 목록표는 이정표 역할을 하고, 상황의 증진과 향상을 위해 필요한 변화와 업무 진행상황에 대한 반성을 지적하기 위하여 유용하다.

유형 분류 체계는 유능한 리더들이 아래의 능력을 나타내는 것을 밝힌다.

- **정서 지능**—자기 자신이나 다른 사람의 감정을 민감하게 알고 반응하는 능력
- **비판적 사고**—논리적이고 분석적으로 다른 사람들에게 영향을 주는 능력
- **명확한 지시**—명확한 목표를 실행하기 위해 사람을 배치하고, 명확하게 표현하고, 동기 부여를 하는 능력
- **독창적 지능**—문제를 해결하는 데 지식, 이해, 기술을 통합하고 적용하는 능력
- **능력추구**—지지하고 조언을 통하여 사람들에게 힘을 주는 능력
- **상호적 의사소통**—감정이입을 하여 듣고 다른 사람들과 관계망을 형성하는 능력
- **같은 말을 변화시켜 말하기**—변화를 건설적이고 앞을 내다보는 방향으로 이끄는 능력
- **인내력**—단호하고, 대담하며, 전문적으로 행동하는 능력

다양한 유형 분류 체계는 유아교육 리더에게 일반적으로 필요한 자질, 기술, 역할과 책임으로 이루어진 리더십의 모습을 형성하려는 시도를 한다. 하지만 유형 분류 체계는 복잡하고 전체적인 것을 단순화하려는 경향이 있다는 것을 기억해야 한다.

직업의 구성원들이 이러한 것들이 정말 리더를 위한 필요사항인지, 또는 바람직한 특징인지 결정하는 것이 중요하다. 개인적 리더십의 잠재력 또는 타인의 잠재력을 평가할 때 이러한 특징이 최근에 생겨난 것인지 또는 발달되어 있는 것인지, 그리고 특정한 특성이 학습될 수 있는지 없는지를 점검하는 것이 유용하다. 표 3.4에서 보여주는 차원은 유아교육 현장에서 지도자의 자질을 규정하는 데 도움이 된다.

표 3.4 유아교육 현장에서 리더십 특성을 결정하는 차원

공유하는 목표 ['우리는 어디로 가는지 알고 있다.']
상호 존경 ['누구나 남들에게 줄 수 있는 것이 있다.']
평생 학습 ['학습은 누구에게나 필요하다.']
협력 관계 ['우리는 이것을 함께하고 있다.']
지속적 향상 ['우리는 더 나아질 수 있다.']
성공을 위한 책임감 ['함께하면 우리는 성공할 수 있다.']
지지 ['나를 항상 지지하는 사람이 있다.']
위험 감수 ['우리는 새로운 것을 시도함으로써 배운다.']
개방성 ['우리는 서로의 차이를 의논할 수 있다.']
칭찬과 유머 ['우리는 나 자신과 우리가 성취한 점에 대해 좋게 느낀다.']

York-Barr와 Duke(2004)는 교사 리더십과 관련된 기존의 경험적 연구와 문헌을 메타분석하였다. 비록 분석이 교사 리더십에 초점을 두고 있지만, 누가 교사 리더인지에 관한 정보는 유아교육 교직원들과도 관련이 있다. 그들은 리더의 핵심적 특징을 기술하는 연구 근거를 취합하고 리더에게는 아래의 자질들이 있다고 주장한다.

- 신뢰, 친밀감을 형성하고 굳건한 관계와 영향을 수립한다.
- 동료를 지지하고 동료들 간 성장을 촉진시킨다.
- 의사소통하며 특히 효과적으로 듣는다.
- 갈등을 다루며 협상하며 중재한다.
- 집단의 진행 과정을 다룬다.
- 요구와 관심을 평가하고, 해석하며, 우선순위를 정한다.
- 큰 그림을 이해하고 결정이 미치는 영향을 상상한다.

리더들은 보통 아래의 특성들을 지녔기 때문에 유능한 교사이기도 하다.

- 자신의 영역에서의 의미 있는 경험
- 학습과 교수법에 대한 폭넓은 지식
- 명확하게 발달된 개인의 교육철학
- 행동에 대한 개인적 책임
- 동료에 대한 존중
- 다른 사람들의 감정과 생각에 대한 민감성과 수용성
- 지적이고 감정적인 융통성
- 업무량을 처리할 수 있도록 도와주는 관리와 감독의 기능

요약

이러한 특징들이 학습되거나 발달될 수 있을 때 개인이 연습하고, 정제하고, 확장할 수 있는 직업 훈련 또는 발달 기회를 얻을 수 있는 것이 중요하다. 여러 면에서 리더십은 자질의 개념과 비슷하다. 우리가 내린 정의와 이해는 유아교육 현장과 관련된 사람들의 필요를 더 많이 알아감에 따라 발달해 나간다. 모든 유아교사를 위한 리더십은 직업과 연관되는 자질과 기술을 향상시키는 것에 관한 것이다.

Chapter 4

의사소통 기술: 다른 사람의 요구 충족시키기

유능한 리더가 되기 위해서는 대인관계 기술, 특히 의사소통 기술이 필요하다.
-유아교육기관 원감

본 장의 탐구점

- 정서 지능과 리더십
- 타인의 요구를 충족시키는 기술
- 정확하고 명확한 메시지 전달
- 신체적, 심리적 장애물 극복
- 이해하기 위해 듣기
- 적절한 반응
- 감정조절

인간은 사회적 존재이기 때문에 소속되고 싶어 하고, 집단 속에서 자리를 찾고자 하는 욕구를 지닌다(Adler, 1958). 사람들은 어른이나 유아 모두 그들이 살고 있는 집단에서 중요하다는 인정을 받기 위해 행동하고자 하는 동기가 있다. 사람들이 집단에 소속되어 있다고 믿을 때 관계 형성이 이루어지고, 유능하다고 느끼며 집단의 요구를 충족시키기 위해 기꺼이 기여하고자 한다. 리더십은 집단에서의 인간행동을 결정하고 이해하는 중요한 역할을 한다. 집단의 심리적인 분위기를 결정하고 집단의 목표 성취를 위한 구성원 개인의 성취수준에 동기를 부여하는 사람이 리더이다. Goleman(1996: 148)은 통솔력과 '가슴으로 경영하는 것', 즉 정서 지능의 사용은 조직의 생존과 능률을 위해 필수적이라고 주장하였다.

유아교육 현장에서의 성공적인 리더십은 다른 무엇보다도 의사소통에 관한 문제이다. 유아교육 분야는 특히 대인 서비스 분야로써, 발달 프로그램이나 교육과정과 같은 다른 활동을 기초로 하고 의사소통과 사람 간의 관계를 벽돌 삼아 쌓아 가는 것이다(Rodd, 1989).

성인과 유아, 그리고 성인들 간의 긍정적인 인간관계는 서비스의 기초일 뿐 아니라 서비스의 결과로 간주된다. 더 좋은 관계는 안전, 안심, 신뢰의 느낌을 발달시키는 것으로 여겨지고 사람들 사이에서 개방적이고 공유하는 특성을 지닌다. 이러한 자질들은 사람들 간에 발생하는 상호 작용 유형에 의해 생기고 유지된다(Johnson, 1996).

유아교육 현장에서의 리더십은 사용하는 형식, 개인의 속성, 책임을 맡고 있는 개인의 보상심리와 리더십이 발생하는 장소의 상황 그 이상이다. 그것은 유아교사의 협상 도구인 의사소통 기술이 보다 만족스러운 관계를 형성하기 위해 어떻게 사용되는지에 관한 것이다. 이러한 관계는 서비스의 일부분인 유아, 부모, 교직원들에 의한 발달과 학습이 되도록 기여한다(Rodd, 1987). 유아교육 서비스가 다양한 범주의 고객의 기대를 확실히 충족시키도록 하는 것이 리더의 책임이라고 한다면, 리더는 의사소통의 중요성과 의사소통과 리더십 간의 관계에 대해 이해해야 한다.

모든 리더가 조직의 심리적 분위기 형성에 독특한 역할을 하기 때문에, 개인 간 의사소통을 통하여 유아나 어른 모두에게 영향을 끼칠 수 있기 위해서는 어느 수준의 자기 인식과 이해를 보여줄 필요가 있다. 타인으로부터 유아교육 서비스의 질적 실행을 위해 근본적인 기본적 신뢰와 확신을 얻기 위해 리더는 타인에게 특정한 태도나 신념을 전달할 필요가 있다. 바꿔 말하자면, 리더는 함께 일하는 사람들에게 진실되고, 매력적이며, 영감을 주는 이미지나 태도를 만들어 내야 한다. 다음의 특성들은 유아교육 분야의 리더를 위한 필수요소로 여겨진다.

첫째, 리더는 자신과 유아교육직에 대한 확신을 전달해야 한다. 리더의 개인적 스타일은 유아, 성인, 교직원뿐 아니라 다른 직종에서 유아교육 리더를 어떻게 인식하는지에 영향을 미칠 수 있고, 이것은 전체의 지역사회가 이 직업을 어떻게 인식하는가를 결정지을 수 있다. 가치, 태도, 강점, 약점, 역할, 책임과 목표에 대한 자기 이해와 직업의 중요성에 대한 가치가 부족하여 리더가 자신의 능력에 대한 확신이 없다면 이러한 태도와 신념은 미묘하고, 비언어적인 방식으로 전달될 것이고 함께 일하는 사람들에게는 보다 쉽게 전달될 것이다. 다른 한편으로 강한 자아감을 가지고 신념이나 행동과 언어를 통해 소통하고, 상호 작용하는 유아와 어른의 삶에 영향을 미치기 위해 노력하는 확신 있고 열정적인 리더는 그가 제시하는 방향에 따르고자 하는 추종자들을 얻을 것이다.

우리는 자기 자신을 믿는 리더를 믿는다.

보육교사

특히 부모를 위해, 유아교육 리더가 확신을 보이고 직업의 중요성을 진심으로 인정하는 것이 중요하다. 부모는 가장 중요한 자아의 연장선인 자녀를 유아교사의 보호 아래 둔다. 많은 부모가 불안과 복합적인 감정을 지닌 것을 보고하는데, 리더의 개인적 표현이 이러한 감정을 더 악화시키거나 감소시킬 수 있다. 자신감 있는 리더는 자녀의 복지에 관심이 있는 부모를 안심시키고 자녀가 행복하고 생산적인 하루를 보내고 있다는 확신하도록 하는 잠재력을 지니고 있다.

자신감 있는 리더는 교직원들의 유아와 부모의 성장과 발달에 대한 공헌에 대해 긍정적인 태도를 보임으로 교직원을 격려하고 도울 수 있다. 또한 유아와 함께하는 업무의 일상적 요구를 직면하고, 상처를 쉽게 받거나 스트레스를 받았을 때 대처방안과 비현실적인 기대를 지닌 부모를 상대하고, 사람 집약적인 업무 환경에서 어떻게 지내야 하는지 긍정적인 방법을 본보기로 보일 수 있다.

리더는 자신을 따르는 모든 사람들을 위해 좋은 본보기를 보임으로써 일이 순조롭게 돌아가도록 한다.

보육교사

둘째, 유아, 부모, 교직원에게 자신감을 심어주고 지원할 수 있는 리더는 자신의 긍정적 측면과 이해하는 능력을 잘 발달시키며 또 자신을 잘 알기 위해 시간을 낼 것이다. 성공적인 리더는 동기부여, 위임, 재정 관리, 계획과 교과과정 설계와 같은 기술 영역에서 높은 수준의 능숙함을 보여야 할 필요가 있지만, 개인 및 직업에서의 성장은 시간이 걸리며, 부분적으로는 경험의 결과라는 것을 받아들일 것이다. 이러한 리더는 경제적 자산과 한계에 대한 현실적인 자기평가를 내릴 것이고, 유아교육 현장에 미칠 자신의 영향을 과장하거나 과소평가하지 않을 것이다. 이러한 리더는 어떤 결점에 대해 가혹하거나 지나치게 비판적이지 않으며, 타인을 이끌고 함께 일하는 데 필요한 정교하고 복합적인 기술을 발달시키기 위해 시간이 걸린다는 것을 받아들인다.

셋째, 유능한 리더는 새로운 경험에 대하여 긍정적인 태도를 가진다. 유아교육의 역사는 사회적, 문화적, 정치적, 경제적 힘의 결합에 의해 생산된, 대담하고, 위험을 감수하고, 상당히 끈기 있게 행동하는 전통과 함께한 변화의 역사이다. 이러한 힘은 사회적 발달과 변화의 거시환경, 집단과 조직의 중간환경과 개인적 관계의 미시환경에서 리더십 활동을 필요로 한다. 변화가 유아교육 분야 바탕의 일부분이라고 한다면, 현장에 있는 리더는 일반적으로 새로운 경험과 변화에 긍정적인 태도를 발달시킬 필요가 있다.

변화를 도전으로 인식하여 그 결과 변화를 창조하는 힘을 갖게 된 사람은 평생 학습자로 묘사된다(Claxton, 2001). 학습은 '기술, 지식, 이해, 가치심화, 또는 성찰하는 능력과 같은 기술증대를 포함하는 경험과 적극적으로 관계하는 과정' 으로 볼 수 있다(Lucas et al., 2002: 15). 평생 학습자의 핵심적 특징 중에는 강한 자아존중감, 의사소통에서의 개방성과 도전을 받는 상황에서 위기감보다는 자신감을 증진시키는 폭넓은 행동 목록, 새로운 경험에 반응할 때의 유연한 문제 해결 접근 방식이 포함된다. 이 반대편에는 새로운 경험에 대해 열려 있지 않고, 변화에 저항하는 개인이 있다. 이러한 유형의 사람은 새로운 경험을 하지 않으려 하고 변화를 위협으로 인식하는 것을 조장하는 과장된 자아존중감, 방어적인 의사소통, 일상화되고 완고한 행동 목록을 보일 것이다. 새로운 경험에 대한 긍정적 태도는 직업 발달과 유아교육 교직원에서 리더로의 변환 과정에서 절대적으로 필요한 부분이다.

넷째, 유능한 리더는 타인과의 관계에 긍정적인 태도를 지니고 직장에서의 관계의 질이 목표 성취를 위한 임무 관련 요소만큼이나 중요하다고 생각한다. 그들은 유아, 부모, 교직원을 진실로 알 수 있도록 도와주는 활동들에 가치를 부여한다. 이러한 리더는 타인에게 자신이 미치는 영향에 관심을 가지고 자신의 행동을 수정하기 위해 피드백을 이용하고 타인과 관계하는 다양한 방법을 시도할 의사가 있다. 그들은 유아와 어른들의 소속되고자 하는 요구를 충족시키는 방법과 유아교육 서비스의 공급자와 고객 간의 상호 지원을 제공하는 수단으로써 만족스럽고 조화로운 관계의 형성, 유지가 가져오는 혜택을 볼 수 있다.

리더십의 실천에 대한 반성

매일의 일과에서, 우리가 다른 사람을 대하는 방법이 우리의 리더십 자질과 기술을 보여 준다. 리더십은 존경, 이해, 보살핌, 의사소통, 특히 듣기를 통해 보인다.

유아교육기관 원감

유아의 최적의 발달과 학습은 개인 간 관계의 질에 달렸기 때문에 관계에 대한 긍정적인 태도 발달은 유아교육 분야에 있는 리더에게 필수적이며(Anning & Edwards, 1999), 교직원과 부모 사이에 발달하는 파트너십의 질 역시 중요하다. 또한 교직원 사기, 헌신과 성과 수준은 직장 내 관계에 대한 기대와 태도에 의해 영향을 받는다. 관계에 대한 긍정적인 태도는 교직원들이 서로에게(그리고 리더와) 친절하고 건설적인 방식으로 상호 작용하도록 영향을 미칠 수 있다. 유아, 부모, 교직원이 리더에게 받는 신뢰와 수용, 그리고 존중받는다는 느낌의 정도가 의사소통과 상호 작용의 질을 결정할 것이다.

결국, 유능한 리더는 타인과의 긍정적 상호 작용을 유지한다. 비록 개인이 직장에서 타인과 긍정적인 상호 작용을 하려는 의도를 지니고 최선을 다할지라도 불일치, 분쟁과 갈등은 피할 수 없다. 특히 개인적이고 사적인 가치 시스템이 직업 정책과 실제에 영향을 미치는 직장 환경에서는 더하다. 유아교육 환경은 개인이(부모와 교직원, 훈련받은 사람과 훈련 안 된 사람, 성숙된 사람과 어린 사람, 경험이 많은 사람과 경험이 부족한 사람) 유아양육, 보육과 유아교육에 대해 자신의 주관과 사적, 사회적, 문화적으로 결정된 신념과 가치를 가져오는 곳이다. 유능한 리더는 신뢰, 안전함, 안정감의 수준에서 부적절하고, 부정적인 상호 작용 유형이 가져오는 파괴적 영향력을 이해해야 한다.

리더는 실행할 때 활발히 모범을 보이고 일반적 자아존중과 집단의 목표 성취를 증진시키는 방법으로 타인과 상호 존중, 협조, 협력하는 상호 작용을 촉진한다.

정서 지능과 리더십

'학문적으로' 우수하고 영리한 개인이 리더의 자리에 지목을 받을지라도, 상당한 정서 지능이 발달되어 있지 않다면 반드시 성공적인 리더가 되지는 못할 것이다. 정서 지능은 Gardner(1983)가 앞에서 언급한 원래의 7가지 다중지능의 정의 중 2가지를 구성하는 개인내 지능(자아 인식, 자기통제, 지구력, 자아동기와 에너지)과 개인 간 지능(사회적 이해와 타인과 또는 타인을 통해 일을 처리하는 능력)과 비슷하다.

Goleman(1996)에 의하면 정서 지능은 다른 모든 능력을 증진시키거나 방해할 수 있는 깊은 영향력을 가진 주요한 기질이다. 사실 전통적인 관념의 지능과 반대되는 정서 지능은 정상에 있는 리더들의 뛰어난 성과를 설명해 준다고 생각한다(Sharp, 2002).

정서 지능이 높은 리더는 기준을 높이고 개인적, 전문적 성장을 격려하며 조직의 지속 가능성을 육성할 수 있다. 리더들은 교직원이 정서적 능력을 발달시키도록 지원하고 그들을 통해 조직 구석구석 정서적 능력을 쌓아 가도록 기여할 줄 알아야 한다. 간단히 말해, 정서 지능은(Goleman, 1996) 아래의 내용들을 포함한다.

- 자신의 감정 인식하기
- 자기 자신의 감정을 다룰 수 있기
- 공감하기
- 자신과 다른 사람에게 있는 감정적 상처를 치료할 수 있기
- 정서적으로 상호 작용하기. 즉, 사람들과 효과적으로 상호 작용할 수 있도록 사람들에게 맞춰 주기

효과적인 의사소통 기술은 정서적으로 우수하고 유능한 방식으로 행동하는 능력을 보강해 주는 도구이다. 정서 지능이 높은 리더는 자신의 감정을 알고 그 감정에 대해 이야기할 수 있으며, 적절한 질문을 하고 의미 있는 대화에 참여할 수 있는 좋

은 경청자이다.

정서 지능은 일의 성과와 만족을 지지한다(Wong & Law, 2002). 사람들이 정서적으로 유능하게 느낄 때 자신의 직업과 일을 성취하는 방법에 대해 보다 긍정적으로 느낀다. 결과적으로 일터는 개인적, 직업적 향상의 근원이 되고 모두의 역량을 강화할 수 있다.

MacGilchrist, Myer와 Reed(1997)는 다중지능의 개념을 교육 현장과 같은 조직으로 확대했다. 그들은 아홉 가지의 각기 다른 지능이 성공적인 교육현장에서 발견될 수 있다고 주장하였는데, 그중의 하나가 정서 지능이다. 우수한 현장은 가르치기, 학습, 효율성과 향상을 포함하는 공급의 질을 식별하기 위해 전체 범위의 지능을 사용한다. 유아교육 현장에서 목적을 성공적으로 성취하기 위한 집단의 능력은 정서 지능이 뛰어난 리더를 가졌느냐에 달려 있다. 이러한 리더는 차례로 교직원의 정서 지능을 길러주고 높이 평가해 줌으로써 정서적으로 우수한 방법으로 일을 할 수 있도록 현장 능력을 향상시킬 수 있다.

효율적인 리더십을 위한 의사소통 기술

의사소통은 다른 사람과 우리를 연결하는 고리이다(Steiner, 1999). 이것은 우리가 우리의 생각과 느낌을 타인에게 표출하고 지식을 전달하며 문제를 해결하고 관계를 형성하는 방법이다. 리더는 의사소통 기술을 능숙하게 사용하는 개인적 힘을 얻는데, 어떤 상황이든지 그들은 다른 사람들이 위신이 떨어지고 비관적인 느낌보다는 격려받고, 보상받고, 긍정적인 느낌이 들도록 돕는다.

유아교육 현장 리더의 책임을 분석할 때, 개인적 수준에서 생존하고 서비스의 목적을 효율적으로 성취하기 위해 2가지 중요한 분야가 균형을 이루어야 한다.

첫째, 유아교육 교직원은 다른 사람의 요구를 충족시켜야 한다. 이러한 책임을 이행하기 위해 특정한 의사소통 기술이 유용하다. 둘째, 직장 상황에서 우리 자신의 요구를 충족시키는 기술을 발달시키는 것은 필수적이다. 두 세트의 기술 사이에 몇 가지가 중복되지만, 그것은 표 4.1에 제시된 것처럼 본질적으로 두 집단으로 나눌 수 있다.

표4.1 의사소통 기술

다른 사람의 요구를 충족시키는 기술	자신의 요구를 충족시키는 기술
• 정확하고 명백한 메시지 보내기 • 신체적, 심리적인 장애물 극복하기 • 이해하기 위해 듣기 • 적절한 반응 • 감정 조절	• 적절한 자기주장 • '나' 메시지 문장 사용 • 갈등 해결 • 위임하기 • 시간 관리 • 스트레스 관리

많은 유아교사는 의사소통에 문제가 없다고 주장한다. 타인을 이해하고 자신을 이해시키는 데 아무 어려움이 없다는 것이다. 이것이 어느 정도 사실이라 할지라도 이 분야에서 기술을 향상시킬 여지는 항상 있다. 유아교육 교직원이 기본적인 '메시지를 전달하는' 수준에서 의사소통을 하는 것은 충분하지가 않다. 사람들과 함께 일해야 할 경우 자신을 드러내는 다양한 상황을 다루기 위해서 더욱 세련되고 복잡한 기술이 요구된다. 장식장을 만드는 사람이 훌륭한 가구를 만들기 위해 이등급의 무디고 녹슨 톱을 사용하는 것을 용인할 수 없을 것이다. 마찬가지로, 유아교육 교직원이 자신의 역할과 책임을 이행하는데 이등급의 정제되지 않은 의사소통 기술을 고려하는 것은 용납될 수 없다.

유아교육 리더의 주된 책임은 유아, 부모와 교직원과 같은 타인의 요구를 충족시키는 것이기 때문에 타인의 요구를 충족시키는 기술이 먼저 설명되었다. 5장에서는 자신의 요구를 충족시키는 기술을 살펴볼 것이다.

타인의 요구를 충족시키는 기술

여러 면에서 유아교육 현장의 효율적인 의사소통은 리더가 다른 사람의 이해받고 싶어 하는 요구에 얼마나 민감한가에 달려 있다. Goleman(1996)은 교직원의 정서적 능력이 뛰어난 직장에서 일하는 것이 어떠할지 상상해 보도록 했다. 그곳에는 타인의 감정에 맞춰 주고, 의견 차이를 다루고, 필요하다면 흐름에 따라갈 수 있는 능력을 지닌 사람들이 있다. 능란한 의사소통자인 리더는 모범을 보이고 유아교육 교직원들이 직장에서 어려움을 만날 때 높은 정서 지능을 드러내는 방식으로 반응하도록 격려할 수 있다.

자기노출, 감정이입, 솔직함의 정서적 분위기를 창조하는 것이 리더의 책임이며 이것은 '이해받았다' 는 생각이 들게 한다. 리더가 일상적으로 타인과 의사소통하기 위해 가지는 기술들은 그 과정에 기여를 할 것이다.

정확하고 명확한 메시지 보내기

유아교육에서의 서비스는 하루의 일과가 유아를 위한 질적인 보호와 교육을 제공하고, 부모의 요구와 기대를 이해하고, 부모 역할에서 필요한 지원 및 활용할 수 있는 교직원 자원을 효율적으로 사용하는 '대인' 서비스이다. 의사소통은 이 모두에서 중요한 역할을 한다. 유아발달에 대해 교육받은 유아교육 교직원은 유아의 언어와 의사소통 능력과 한계를 잘 이해하고, 메시지의 유형과 복잡성을 유아의 발달적 능력에 맞추도록 노력한다. 그러나 이러한 민감성은 어른과의 의사소통까지 확대되지 않는다. 유아교육 현장에서 다양한 수준의 많은 정보를 퍼뜨리는 것이 리더의 역할이라고 한다면, 의도된 수신자를 위해 정확하고, 명확하며, 분명하고 순화된 메시지 구성의 정도를 고려해야 한다.

이러한 메시지는 의도된 수신자의 성격을 고려하여 구성해야 한다. 원래 의도한 바가 무엇이고, 여기에는 결렬될 가능성이 있다는 점을 인식하는 방식으로 메시지를 이해해야 한다. 음성 메시지는 단 한 번 보내지고, 여러 산만한 요소와 함께하기 때문에 이러한 메시지를 구성할 때에는 주의를 기울여야 하는 것이 필수적이며 발신자는 메시지가 의도한대로 상대방이 이해한다고 가정하지 않아야 한다. 민감한 유아교육 교직원은 영아기, 걸음마기 유아, 네 살 유아에게 다른 의사소통 유형을 사용한다. 메시지를 작성할 때에도 부모의 요구, 교직원의 요구, 어떤 사람들은 다른 언어적 배경을 가졌다는 사실, 훈련된 교직원과 그렇지 않은 교직원, 경험이 많고 적은 사람들과 같은 요인의 범위를 고려할 필요가 있다. 많은 사람들은 자신이 듣고자 원하는 것을 듣는 경향이 있기에 수신자가 메시지를 이해했는지 확인하는 것이 필요하다. 유아교사는 유아를 대상으로 이러한 일을 하고 있고, 그들이 어른과의 의사소통에서도 이 기술을 사용하도록 할 필요가 있다.

작업 환경에서 소통되는 메시지에서 미묘한 실력 행사가 확인되기도 한다. 유아교육 현장에서 상처를 주는 뒷말, 몰인정한 유머, 미묘한 모욕, 작은 거짓말 또는 진실의 누락, 은밀한 명령들이 오가는 것은 흔히 있는 일이다. Steiner(1999: 181)는 그것을 '독성을 지닌 거래' 라고 불렀고 이러한 것이 비협조적이고 적대적이기까지 한 직장 환경을 만든다고 주장하였다. 리더는 사람들이 누군가에 대하여 정서적으로 쓸모없는 메시지를 말하고 있음을 인식해야 하는 것이 중요하고, 그것이 직장 환경과 연관된 모두에게 미치는 궁극적으로 파괴적인 결과를 이해해야 하며, 그러한 일을 중지시키고 다시 발생하지 않도록 예방해야 한다.

의사소통의 장애물 극복하기

우리가 주의집중하지 못하도록 하는 것이 무엇이든지 효율적인 의사소통의 걸림돌이 될 수 있기에 분명 유아교육 현장은 효율적인 의사소통을 전하기에 좋은 장소는 아니다. 교직원 각자 교실에 고립되어 있는 물리적 환경, 교직원 근무명부 시스템, 유아들이 만드는 소음, 계속 울려대는 전화, 교직원의 즉각적인 관심을 원하는 부모에 의한 방해, 교직원의 우선적인 유아 감독 책임 모두가 효율적인 의사소통을 방해하며 의사소통이 결렬될 가능성을 증가시킨다.

비록 모든 의사소통 교환이 높은 수준의 기술을 요하지 않는다 하더라도 부모의 불평을 다루고, 교직원에게 피드백을 제공하며 특정한 유아의 성장에 관한 정보를 얻는 것과 같은 특정한 상황에서는 분별 있고 빈틈없는 운용이 요구된다. 유능한 리더는 현장에서의 의사소통 장애의 범위를 알고 있으며 그러한 영향이 제거되거나 최소화될 수 있는 방법을 고려한다. 물리적 환경에서 존재하는 의사소통의 장애물은 의사소통 노력을 고의로 방해하고자 하는 사람들에 의해 조종되거나 사용된다. 예를 들어, 듣는 사람이 유아들과 함께 몰입하고 있을 때 중요한 메시지를 전하거나, 듣는 사람이 사무실을 지나가거나, 전화를 받고 있거나, 마음을 딴 곳에 두고 있거나 방해요소에 불필요하게 집중하고 있을 때 메시지를 소리쳐 알려줌으로써 효율적인 의사소통의 장애요인을 이용한다.

유아교육 환경의 물리적 장애물은 효율적인 의사소통이 일어나는 것을 막는 심리적 장애물과 비교하여 상대적으로 쉽게 다룰 수 있다. 심리적 장애물들은 우리 모두가 의사소통 교환할 때 가져오는 주관적인 태도, 가치, 신념, 고정관념과 편견으로 이루어져 있다. 우리가 받은 메시지를 해석하기 위해 사용하는 주관적이고 지속적인 태도의 대부분이 다섯 살 때까지 형성된다는 점은 흥미롭다. 이것은 유아교육 교직원이 유아와 어른과 의사소통할 때 하위 정황을 인식해야 하는 중요한 이유다. 표면적으로 특정한 메시지가 전달되고 있는 것처럼 보일지라도, 저변에 깔린 가치 또는 정서적으로 우수한 의사소통은 수신자가 대화를 어떻게 해석하고 이해하는지에 영향을 줄 수 있다.

유아교육 분야의 리더는 그 자신과 교직원의 가치, 태도, 편견과 고정관념을 인식할 필요가 있고, 이런 것들이 리더가 타인의 요구를 이해하고 충족시키는 데 영향을 줄 수 있음을 의식해야 한다. 우리가 미리 생각해 놓은 판단이 다른 사람들의 말을 듣는 것에 영향을 미칠 수 있다. 네 살짜리 유아를 둔 십대 미혼모가 아들의 문제 행동을 의논하기 위해 찾아온다고 예를 들어 보자. 무지, 나태, 미성숙, 무능력, 무책임, 부도덕성 등과 같은 어떤 가치 판단이 마음속에 불현듯 일어날 수도 있다. 사실상 이 중 어느 것도 이 사람에게 적용되지 않는다. 하지만 만약 이와 같은 가치 판단이 리더나 교직원이 그 엄마를 인식하는 주된 방법으로 사용된다면, 의사소통의 걸림돌이 될 것이고 엄마의 이해받고 지지받고자 하는 요구를 얼마나 잘 충족시켜 주는가에 영향을 줄 수 있다. 민감한 리더는 대인간 의사소통에서 심리적인 장애물이 미치는 힘을 과소평가하지 말아야 한다.

이해하기 위해 듣기

유아교육 교직원들이 지적하는 가장 큰 비판 중 하나는 그들의 책임자나 리더가 그들의 말을 귀 기울여 듣지 않는다는 점이다. 이것은 말하는 사람에 대한 흥미가 부족하고 다른 일에 집중하고 있음을 전달하기 때문에 효율적인 의사소통을 위해 가장 큰 걸림돌이 될 수 있다. 유아교육 교직원은 주요한 리더십 속성 중 하나인 효과적으로 듣는 능력을 끊임없이 평가해야 한다.

가장 효과적으로 대화하는 사람은 말할 때 자기중심적인 선입견을 옆으로 밀쳐 놓고, 화자의 말 뒤에 있는 의미를 찾기 위해 잘 들으려 주의력과 에너지를 쏟는 이들이다(West, 2004). 이러한 유형은 단순히 말을 듣는 것과는 다르다. 차가 지나간다든지, 문을 쾅 닫거나 옆에서 흘러나오는 라디오 소리와 같이 배경에 주의를 산만하게 하는 소음이 있다면 우리는 어떤 면에서 의미가 있지 않는 한 특별히 귀 기울여 듣지 않는다. Goleman(1996)은 비방어적인 듣기와 말하기를 제안한다. 말하는 내용 뒤에 존재하는 감정을 듣는 것이 수신인이 메시지를 수용하도록 돕는 데 필수적이다. 우리가 특히 전문적 능력을 가지고 귀 기울여 들을 때, 우리는 다른 사람의 요구충족을 이해하기 위해 노력하는 것이다. 그러므로 저변에 있는 감정을 포함한 모든 가능한 정보를 파악하고 사용하며, 의도한 의미를 이해하려고 노력하는 것이 요구된다. 이러한 종류의 귀 기울여 듣기는 의사소통 관련 문헌에서 '적극적 듣기' 또는 '반성적인 듣기'라 불린다.

이해하기 위해 듣는 데 무엇이 포함되어야 하는가? 청자는 우선 적절한 시간과 장소에서 화자에게 노력을 쏟아야 한다. 만약 화자의 요구를 충족하기에 시간이 부족하다면, 청자는 화자의 이슈에 대한 흥미를 전하고 그에게 전념할 수 있는 더 적절한 시간을 협상할 수 있다. 만약 시간이 적당하다면, 청자는 전화를 돌려놓거나, 방해를 막고 힘의 관계가 아닌 동등한 위치에서 의사소통하도록 자세를 잡고 이야기를 시작하는 것처럼 의사소통의 잠재적 방해요인을 제거하거나 최소화할 필요가 있다.

둘째로, 청자는 자신이 화자의 이슈에 흥미를 가지고 따라가고 있다는 것을 나타내기 위해 적절한 시선 맞춤, 몸가짐과 비언어적 의사소통을 사용함으로써 화자에게 신중히 주의를 집중해야 한다.

셋째, 청자는 화자로부터의 세 가지 원천에서 정보를 모은다. 그것은 내용 또는 실제로 들은 언어, 음성언어 내용의 정확성과 중요성을 파악하기 위해 더욱 믿을 만한 요소인 사람의 신체언어 또는 비언어적 의사소통, 그리고 화자가 어떻게 말하는가(목소리의 음조, 강조, 숨쉬기, 빠르거나 느린 전달)를 의미하는 준언어학이다.

넷째, 청자는 화자의 메시지를 해석하기 위해 이 모든 정보의 원천을 사용하고, 반영하며 말하는 메시지의 본질을 간략한 개요로 이해할 수 있도록 명확히 한다.

결국, 청자는 자신의 설명에 대해 화자가 보이는 반응에 비추어 그 의도한 메시지를 이해하기 위해 조절한다. 이 과정은 이해받고자 하는 화자의 요구가 충족되도록 흥미, 감정이입과 존중을 소통하고 또한 이후의 의사소통과 상호 작용을 격려한다.

적절한 반응

의사소통과정에서 듣기는 유아와 어른을 아울러 대부분의 사람들이 발달시켜야 하는 가장 중요한 기술이다. 그렇지만 의사소통은 양방통행의 과정이고 유아교육 교직원이 유아, 부모와 교직원을 대하는 방식은 상호 작용의 질에 영향을 미친다.

Carl Roger(1961)는 대인서비스 직종에서 직장인들이 사용하는 언어적 의사소통의 약 80퍼센트에 해당하는 다섯 가지의 반응 유형을 제시하였다. 나머지 20퍼센트는 사람들이 대화를 통해 흩어지는 알아듣기 힘든 중얼거림, 신음 소리, 잠자코 동의하는 소음으로 구성된다. Rogers는 모든 사람들이 선호하는 반응 유형을 발달시킨다고 주장한다. 반응 유형은 사람들 간의 의사소통의 흐름을 확인하기 위해 때에 맞는 반응이 기대되는 가까운 공간에서 자동적으로 생산되는 경향이 있다. Rogers는 한 가지 유형을 대부분의 의사소통에서 25퍼센트 또는 그 이상 사용하는 것은 청자가 느끼기에 화자가 '항상' 그 방식으로 반응한다는 고정관념을 갖게 되는 결과를 가져온다. 이러한 고정관념이 미치는 효과는 사람들의 이해받았다는 인식을 감소시키고, 이후의 의사소통을 막으며, 청자가 타인의 요구를 충족시킬 가능성을 감소시킨다.

Roger가 묘사한 5가지 반응 유형은 다음과 같다.

- **조언하고 평가하기**—전형적인 반응은 '당신이 지금 꼭 해야 하는 것은…….' 또는 '내가 만약 당신 입장이라면, 나는…….'
- **해석하고 분석하기**—반응은 '당신이 여기서 가지고 있는 문제는…….' 또는 '당신은 중요한 점을 놓쳤어요! 진짜 문제는…….'
- **지지하고 진정시키기**—목적은 다음과 같은 반응에서 감정을 감소시키기 위한 것이다. '걱정 마, 모두가 다 그런 단계를 거쳤어.' 또는 '잊어버려! 그는 잘 극복할 거야.'
- **질문하고 규명하기**—의도는 추가적인 정보를 얻기 위한 것이나 이것은 다음과 같이 심문하는 것으로 변할 수 있다. '그녀는 잠을 설쳤니? 오늘 아침에 별일 없었니? 집에 무슨 일 없지?'
- **이해하고 반영하기**—청자의 반응은 내용뿐 아니라 저변에 있는 감정에도 초점을 두고 다음과 같이 짧게 바꾸어 말하는 것을 통해 메시지를 이해하고 있음을 나

타낸다. '당신은 샘이 어린이집에 잘 적응하고 있는지에 관심이 있군요.' 또는 '당신은 프로그램이 발달되어 가는 것이 기쁜 것처럼 보이는군요!'

Rogers는 5가지 유형 중에서 이해하고 반영하는 반응이 직장인들에게 가장 덜 발달되었고, 덜 사용되었으며, 자주, 그리고 분별없이 나머지 4가지를 이용한다고 주장한다. 어떤 경우에는 적합할 수도 있겠지만, 만약 서로 다른 4가지 유형이 무감각하게 적용된다면 의사소통에 해로운 영향을 줄 수 있다. 그것은 정서적으로 무지한 반응으로 받아들여질 수 있다.

그것들은 또한 의사소통 교환의 초기 반응으로서 내재적 단점을 지닌다. 그것들은 의미를 설명할 가능성을 주고 의도한 메시지의 전체 의미가 이해되었는지 알도록 하는 화자의 감정을 알아차리지 못하기 때문이다.

이러한 한계점을 극복하기 위해 덧붙여지는 이해 또는 반영하는 반응은 화자가 더 깊이 문제를 탐구하도록 하고, 전문가에 의지하지 않고 개인이 스스로의 문제를 풀어가도록 역량 강화하기 위해 사용될 수 있다. 이것은 부모의 개인적 발달과 교직원의 직업 발달을 포함하는 역할과 책임을 지닌 유아교육 교직원이 중요하게 고려할 사항이다.

유아교육 현장에서 유능한 리더는 다른 반응 유형의 장점과 한계를 인식해야 할 것이고 그들의 경험과 전문성을 타인의 요구를 충족시키기 위해 현 상황에서 가장 생산적인 반응이 무엇인지 결정하는데 사용할 수 있다. 반응 유형의 적합성은 매우 숙련되고 전문적인 의사소통자임을 나타내는 보증서이다.

감정 조절

대인 직업은 본래 일에서 야기된 스트레스의 결과인 일과 관련된 압박을 포함하는 것으로 보통 알려져 있다. 유아교육 리더는 함께 근무하는 사람의 기대, 요구, 문제와 필요 사이를 몰두하며 보낸다. 결과적으로 그들은 그들 편에서 감정적인 반응을 이끌어 내는 상황에 반응하고 다루어야 한다. 우리 직장 생활 내에서 일어나는 사건에 대한 개인적 반응과 정서적 반응을 인식하고 명료화하는 것이 중요한 한편, 이것이 유아교육 교직원이 타인의 요구를 충족시키는 능력에 영향을 미치지 않으며 타인의 자아존중감을 감소시키지 않도록 전문적이고 높은 정서 지능을 보이는 우수한 방법으로 다뤄지는 것이 필수적이다.

전 세계 유아교육 분야는 여성들이 우세하다. 대부분의 사회에서 여성은 감정적으로 격앙되는 상황에서 위로자의 역할을 맡는 경향이 있다. 보통 그들은 자신의 감정이 합당하다는 것을 인정하고 그것을 건설적인 방법으로 표현하는데 어려움을 지닌다. 통상적인 전략은 그들이 폭발점에 이를 때까지 감정을 부인하고 묻어 두는 것이다. 유아교육 교직원들이 성내고, 문을 세게 닫고, 울고, 욕하고, 비난하고, '상황이 잠잠할 때까지' 결석하는 것을 통해 문제를 회피한다는 일화가 많이 보고되어 왔다. 유아교육 현장의 여성들이 독단적인 방식으로 감정을 흥분시키는 일을 직면할 때 아직 규칙보다 예외가 많은 것으로 보인다. 뿐만 아니라 스스로의 감정을 다루는 능력이 다르고, 자신의 개인 생활에서 다양한 스트레스와 취약성의 수준을 경험하며, 자신의 일정에 따라 움직이는 다른 기관에서 온 전문가들과도 상호 작용해야 한다. 그러므로 유아교육 교직원이 정서적으로 유능하며 감정을 조절하는, 우수한 방법을 본보기로 보여 주는 것이 더욱 중요하다.

요약

유아교육 분야의 유능한 리더는 유아, 부모, 교직원 집단의 상호의존에 있어 정서적 동요가 일어날 잠재성이 있음을 의식하고, 타인의 정서적인 반응을 수용할 필요를 이해할 것이다. 정서 지능이 높은 리더는 여기에 진실되며 전문적인 수준에서 반응할 것이고 개인의 편견과 자원, 그리고 직장에서의 개인적 감정을 조절하기 위한 기술을 인식할 것이다. 이것이 타인의 요구를 충족시키는 것과 자신의 요구를 충족시키는 것 사이의 연결점이 된다는 것이 중요하다. 직장에서 자신의 감정을 조절하기 위해 유아교사는 자신의 요구를 충족시키는 기술을 발달시켜야만 한다.

Chapter 5

의사소통 기술: 자신의 욕구 충족시키기

유아교육 분야의 대부분은 여자고 현장의 안팎에서 자신을 투사하고 리더의 역할을 맡는데 서툴다. 우리는 더 많은 자신감을 얻어야 하고, 소리 내어 이야기해 지역사회가 듣도록 해야 할 필요가 있다. 나는 내 자신과 나의 신념을 위해 일어서는 것을 배워야 했다. -어린이집 운영자

본 장의 탐구점

- 우리의 요구를 충족시키는 기술
- 적절한 자기주장
- 주장이란 무엇인가
- '나' 메시지
- 갈등 해결
- 위임하기
- 시간 관리
- 스트레스 관리
- 전자 통신

유아 관련 직업의 발달은 사회에서의 여성 지위에 따라 형성되었고(Ebbeck & Waniganayake, 2003) 박애의 전통에 뿌리를 두고 있다. 이 분야의 여성 선구자들은 유아들의 삶을 향상시키기 원했고, 유아발달과 도덕적, 영적, 경제적 빈곤으로부터 유아들을 구해 내 삶을 향상시키기 위한 방법에 관심을 가졌다. 즉, 그들은 다른 사람의 요구를 충족시키는 데 관심을 가졌다. 또한 그들이 가진 양육, 어머니, 모성을 수호하고자 하는 동기는 스스로의 도덕적, 영적, 지적 삶의 발달과 질을 향상시키고자 하는

욕구에서 나왔다.

유아교육 운동은 그 역사와 성취에 비해 지역사회로부터 직업에 대한 신뢰성을 얻는데 실패한 것으로 보인다. 양육, 이타심, 유아의 환경의 질 개선에 지속적으로 초점을 맞추는 것은 너무 특별하게 여겨져 왔고, 경제적이고 정치적 향상을 위한 자신의 요구를 충족시키는 책임은 유아교육 교직원들이 신경 쓰지 않아도 되는 것으로 여겨왔다. 바꿔 말하자면, 유아교육 교직원들은 자신들의 요구를 충족시키는 데 무기력한 존재로 스스로를 인식하였다. 그들은 거의 복음주의 십자군이 된 것처럼 자신의 요구를 유아, 부모와 교직원과 같은 타인의 요구를 충족시키는 것으로 승화시켰다. 여성 선구자들이 가졌던 이중적인 목적은 현재의 유아교육 교직원를 위하여 재건되어야 한다. 그래서 유아교육 교직원들이 고객의 요구를 충족시키는 것과 마찬가지로 전문가로서 자신의 요구를 충족시킬 수 있어야 한다.

> 유아교육 분야는 정부 결정에 대하여 더 강하게 표시할 필요가 있다. 또한 정책 결정 수준과 다른 교육자들과 동등한 유아교육 교직원의 임금 산출과 조건을 보장하기 위한 지속적인 자금지원을 위해 노조운동에 참여해야 하며…….
>
> 어린이집 운영자

자신의 요구를 충족시키는 능력 중 일부는 자아 개념과 자아존중감에 있다. 유아교육 리더는 자신의 직업과 그것이 사회에 미치는 공헌을 평가할 필요가 있고 타인과 자신의 요구를 충족시키기 위한 자신의 장점과 한계에 대하여 현실적 판단을 해야 한다. 만약 유아교육 교직원이 자기 스스로 또는 자신의 직업을 부적절하거나 타인이나 다른 직업보다 가치가 더 낮다고 느껴 열등하다고 인식한다면 이것은 직업적 역할과 책임을 수행하기 위해 필요하며, 실제적 요건으로 인식되는 자신감을 상실하는 결과를 가져올 것이다.

유아교육 환경과 연관되어 계속되어 나타나는 소진의 현상은 유아교육 교직원이 타인의 요구를 충족시키려는 경향에서 기인한다(Law & Glover, 2000). 소진은 자신의 요구충족 대신에 타인의 요구를 충족시키는 데서 비롯된다. Faber(1991: 35)에 따르면 소진은 다음의 현상으로 이어질 수 있다.

- 열정과 헌신의 상실
- 좌절과 분노가 커지는 느낌
- 하찮게 느껴짐
- 책임이행 회피
- 개인적으로 상처받기 쉬운 마음이 자라남
- 보살피는 마음이 고갈되고 상실되는 느낌

소진은 직무 수행의 감소, 교직원의 장기결석 및 이직을 이끈다. 이 모든 것은 유아교육 서비스의 질을 감소시킨다. 이것을 피하는 한 가지 방법은 타인의 요구와 자신의 요구를 충족시키는 것 사이의 균형을 맞추는 것이다. 자기주장은 사람들이 위에서 언급한 사항들을 건설적인 방법으로 바꾸도록 하는 기술이다.

적절한 자기주장

유아교육 리더가 자신과 고객 모두를 위해 발달시킬 수 있는 가장 중요한 기술은 적절한 자기주장이다. 이 기술은 유아에게 한계선을 정해줄 때, 부모에게 요청을 전달할 때, 교직원에게 자신의 의견을 나타낼 때, 위원회와 한계성을 정할 때, 느낌을 적절하게 표현하고픈 자신의 요구를 충족시킬 때, 다른 사람에게 자신의 솔직한 반응을 보일 때, 방해받지 않도록 부탁할 때와 같은 상황에서 유용하다. 이것은 인증심사원과 장학사와 같은 외부의 평가에 의한 피드백에 반응하는 적절한 기술이다. 이것은 리더와 상호 작용하는 사람들에게 중요한데, 이것은 다른 사람의 자아존중감을 보존하며 효과적인 의사소통을 가능하게 하는 기술이기 때문이다.

주장이란 무엇인가?

단순히 말해, 주장은 다른 사람의 자아존중감에 영향을 주지 않는 방법으로서 권리, 주장, 신념, 욕구, 긍정적 또는 부정적인 느낌을 전달하는 말이다(Ferguson, 2003). 이것은 다른 사람과의 의사소통을 위한 전문적인 기술이다. 왜냐하면 이것은 개인적 확신과 자신과 다른 사람에 대한 존중을 직접적이고 솔직하게 전달하는 표현이기 때문이다. 자기주장을 한다고 해서 개인이 원하는 것을 얻는다는 보장은 없다. 그것이 하는 역할은 감정에 솔직하고, 이슈와 문제를 직접 대면하고, 타인들에게 그들의 감정과 반응을 조절하는 책임이 있다는 사실을 존중함으로써 전문적인 관계를 증진시킬 수 있다.

주장(또는 공정한 행동)은 자기주장을 하지 않는 것(충돌을 회피하기)과 공격성(어떤 대가를 치르더라도 획득하는 것)의 두 가지 익숙한 행동들 사이에서 균형을 이룬다. 이 세 가지 의사소통 스타일은 소극적, 간접적, 자기 부인적, 자기주장을 하지 않는 스타일에서부터 직면하고, 부적절하게 감정을 솔직히 표현하며, 다른 사람을 희생시켜 자기 향상을 하고, 공격적인 스타일의 연속체로 볼 수 있다. 자기주장을 하지 않는 것과 공격성 둘 다 그 이후의 상호 작용에 부정적이고 파괴적인 영향을 가져올 수 있는 반면에, 자기주장은 이후의 의사소통을 위한 촉진제의 역할을 하고, 개인적 확신과 자아존중감뿐 아니라 관계를 형성하고 유지하는 데 도움을 준다.

대부분의 사람들은 특정한 상황 또는 특정한 사람과 자신 있게 의사소통하는 것을 어렵게 여긴다. 일관된 자기 확신을 위해 필요한 수준의 자기 확신과 기술을 지닌 사람은 거의 없다. 행동을 자신 있게 하지 못하는 것은 대개 우리의 요구가 다른 사람의 요구에 비해 평가절하되거나 계속적으로 거부됨에 따라 생기는 자아존중감의 결여와 연관이 있다. 공격적 행동은 우리의 요구가 월등히 주요하고, 다른 사람들보다 우월하다고 인식하며, 스스로 옳게 여기며 공격적으로 수행하는 것에서 기인한다.

이러한 차이는 왜 개인들이 위에 묘사된 세 가지 의사소통 스타일 사이에서 동요하는지 설명해 준다. 예를 들어 한 사람이 방해를 받았을 때 유아에게 다음과 같이 자신의 주장을 할 수 있다.

"잠깐만 존, 나는 수잔과 얘기하는 것을 마치고 싶어."

동일한 사람이 비슷한 상황에서 존의 엄마에게는 자신의 주장을 말하기가 어려울 수도 있고, 방해받도록 허용하면서 자기주장을 하지 않는 것으로 반응할 수도 있다. 그러나 상처입고, 분노하는 부정적 감정과 자신의 요구를 책임지지 않은 죄책감을 나중에 경험할 가능성이 있다. 시종일관으로 자기주장을 하지 않는 행동을 보이는 개인들은 좌절감이 쌓이게 된다. 이것은 궁극적으로 감정적 폭발로 인해 놀란 상대를 위협하는 것과 같은 공격적인 폭발을 불러일으킨다.

다른 한편으로, 동일한 사람이 분노를 야기하는 문제만을 대면할 수도 있다. 예를 들어, 그 사람은 다른 교직원으로부터 방해받는 문제에 공격적 반응으로 직면할 수도 있다.

"글쎄, 그건 당신의 전형적인 모습이잖아! 당신은 어떤 사람이 말을 끝내도록 내버려 두는 법이 없어. 나는 더 이상 신경 쓰지 않을 거야!"

이러한 폭발을 받는 사람은 공격받았다는 느낌, 분노와 복수심을 느끼게 되는데, 이것은 이후의 관계에 영향을 준다.

직장 환경에서, 유아교육 교직원들은 적절한 자기주장을 하지 못하도록 방해하는 요인들을 분석할 필요가 있다. 지속적으로 자기주장을 못하고 자신의 요구를 무시하는 것은, 부족한 자아 개념과 낮은 자아존중의 증후일 수도 있으며 이것은 보통 불안과 좌절감을 불러온다. 다른 사람의 권리를 침해하는 공격적인 반응을 보이는 경향은, 비현실적으로 우쭐해하는 것 또는 빈약한 자아 개념과 자아존중의 문제를 반영한다. 이것은 궁극적으로 직장에서 힘겨운 인간관계에 이르게 할 것이다. 어떤 특정한 상황에서 또는 특정한 사람들에게 자기주장 하는 능력을 나타내는 것에 확신이 없는 사람들은 자신들에게 기본적인 인권이 있다는 것을 잘 믿지 않는다. 이와 같은 상황에서 확신을 가지기 위해서는 인권과 관련된 개인의 신념체계를 조사하는 것이 유용하다. 모든 사람은 자신의 신체, 재산, 시간에 대해 결정을 내릴 권리가 있고, 다른 이들에게 존중되어야 한다. 더불어, 우리 모두는 적절하게 자신의 주장, 감정, 희망을 표현할 권리를 가진다.

적절한 자기주장을 하지 못하도록 막는 다른 방해물은, 자기주장을 강하게 나타내는 행동에 따른 결과에 대한 두려움이다. 자기주장을 못하는 개인은 보통 자신의 느낌을 표현하면 타인들이 좋아하지 않거나 거부할 것이라고 믿는다. 사실은 그 반대이다. 사람들은 보통 적절하게 자기주장을 하는 사람에게 반응을 잘하며 만성적으로 자기주장을 못하는 사람을 동정하거나 궁극적으로 혐오한다. 공격적인 사람은 주로 힘을 사용하는 것이 인간관계에서 자신이 바라는 목적을 이루게 한다고 믿는다. 이것은 개인이 공격적인 사람의 요구에 응할 때 단기적으로 나타날 수도 있다. 하지만 공격성의 장기적 결과는 공격을 받게 되는 사람이 지원, 협조와 호의를 끊고, 복수를 하고자 하는 욕구를 갖고, 되갚고, 보복하려는 마음을 갖게 되는 것이다. 이러한 부정적 반응은 고의로 방해하는 것을 목표로 하는 상황에까지 이를 수 있다.

자기주장을 하는 반응은 주로 흔히 일어나는 상황과 긍정적 관계를 유지하고자 하는 사람들과의 관계에서 사용하기에 적합하다. 그러므로 적절하게 자기주장 하는 반응을 연습하고 그 결과에서 배울 기회는 많다. 어떤 새로운 기술을 배우는 것은 시간과 연습이 필요하고, 자기주장을 실행하도록 배우는 것 역시 다르지 않다. 유아교육 분야에서 적절하게 자기주장을 하기 위해서는 다음의 단계를 따라야 한다.

- 당신이 실제로 성취하고자 원하는 것, 즉 자기주장을 하는 상황의 목적이 무엇인지 규명하라. 예를 들어 당신은 특정한 부모들이 매월 정해진 일자에 정확하게 원비를 내기 원할 것이다.
- 자기주장을 하는 것이 이것을 성취하는 데 어떻게 도움이 되는지 명확히 하라. 이 경우, 주장을 하는 것은 예산 편성과 같은 상황에서 당신의 요구가 무엇인지 설명하도록 해 준다.
- 이러한 상황 또는 이러한 사람들과의 관계에서 주장을 펼치는 것을 피하기 위해 당신이 주로 무엇을 하는지 분석하라. 과거에 당신은 아이들 편에 편지를 보냈을 수도 있고, 부모의 전화응답기에 메시지를 남겨 놓았거나, 미묘한 힌트를 주었을 수도 있다.
- 다른 것들 대신에 자기주장을 하는 것이 가져올 수 있는 이익들이 무엇인지 명확히 하라. 당신의 요구와 바람에 대한 직접적인 표현은 당신의 필요를 오역하거나 오해하는 것을 최소화시킬 것이고 제때에 원비를 지불하라는 당신의 요청에 부모들이 반응할 확률을 극대화시킬 것이다.
- 여기에서 당신이 주장을 하지 못하도록 막는 것이 무엇인지 판명하라. 당신은 자기주장에 따른 결과에 대해 잘못된 관념을 가지고 있는가? 당신이 주장을 못하는 것은 돈과 관련된 상호 작용에서 공손해야 한다는 잘못된 믿음 때문인가? 당신은 학부모가 공격적이거나 눈물을 흘리는 반응을 보일까 봐 두려운가?
- 다른 불안의 요인들을 확인하고 어떻게 당신이 그 요인들에 맞서고 감소시킬지 생각하라. 당신은 어떤 학부모가 교직원이나 학부모들에게 당신에 대한 이야기를

할지 불안한가? 그 상황에서 당신 자신의 권리에 대해 생각하고 다시 단언하라.

- 당신이 어떤 상황에서나 사람에게 말하기 편하게 이야기할 수 있는 모범 반응을 만들고 소리 내어 여러 번 연습하라. 필요하다면 자연스럽게 느껴지는 표현을 찾을 때까지 문장을 다듬어라. 당신은 "저는 원비에 대해 학부모님께 말씀드려야 합니다. 원비가 제때에 지불되지 않으면 저는 이 기관 운영에 필요한 충분한 자금이 부족할까 봐 걱정이 됩니다. 당신이 정시에 낼 수 없다면 저에게 알려 주셨으면 합니다. 그렇게 하시면 제가 제 예산을 평가하고 다른 대안들에 대해 협상할 기회를 가질 수 있습니다."
- 상황이 발생하면 나중에 다시 시도해 볼 기회를 가질 수 있다는 것을 생각하며, 자기주장을 실행에 옮길 용기를 갖는다.
- 당신이 한 행동에 대해 좋았던 점과 성과, 그리고 나중에 주장할 때 바꿨으면 하는 것을 중심으로 자기주장적인 진술의 결과를 살펴본다. 당신이 직접적이었고, 침착하게 부모를 공격하지 않으면서 당신의 요구와 의무를 설명한 것, 향후의 토론 기회를 연 것이 좋았을 수도 있다.

이러한 단계를 사용하는 것은 주장하는 목표를 성취하고 의사소통을 교환함에 있어 자기 확신을 증가시킨다. 주장적인 진술이 문구로 표현되는 방식은 당신의 요구를 충족시키는 다음으로 중요한 기술이다.

'나' 메시지

의사소통을 할 때 자신의 주장을 나타내는 목적은 솔직하고 직접적으로 개인의 의견, 느낌, 희망사항을 표현하기 위해서다. 불행하게도 감정이 격해졌을 때 개인의 의견은 비난의 말로 변할 수 있다. 이것은 생산적인 인간관계에 도움이 되지 않고 향후 의사소통에 장애로 작용할 수 있다. '당신' 이라는 단어로 말을 시작하는 것은 방어적인 경향을 불러일으키거나 보복적인 공격을 야기할 수 있다. 당신이 티타임을 끝내고 시간에 맞추어 일에 복귀하는 것에 대하여 교직원에게 이야기하려 할 때 다음의 두 문장이 가져오는 영향을 고려해 보라.

"당신은 티타임을 마치고 또 늦게 돌아왔네요, 조앤 씨. 당신은 우리가 점심을 늦게 먹도록 만들었네요! 다시는 이런 일이 없도록 하세요!"

이에 대한 대안으로, "저는 티타임이 점심시간에 미치는 영향에 대해 염려하고 있어요, 조앤 씨. 당신이 시간이 날 때 이 문제에 대해 의논을 하고 싶어요."라고 할 수 있다.

첫 번째 문장은 문제를 논할 때 약간 위협적인 방식으로 조앤에게 비난을 정면에서 쏟아내고 있으면서 문제 해결을 위한 토대를 제공하고 있지 않다. 조앤은 방어적인 방식으로 반응하기 쉬울 것이고, 공격에 분노하게 될 것이다. 그리고 그녀는 그 문제가 왜 자신과 상관이 없는지에 대한 이유를 찾으며, 화자가 분명이 알지 못하는 다른 논점에 대해 관심을 가지게 된다. 두 번째 문장에서 화자는 사실에 입각하여 토의의 논점이 무엇인지 정의할 수 있다. 또한 어떠한 요인들이 논점의 원인이 되는지 위협적이지 않은 방향으로 조앤과 함께 탐색하는 틀을 제공할 수 있다. 조앤은 자신이 비난과 공격의 초점이 된다는 생각을 덜하게 되고, 논점에 대해 더 솔직하고 건설적인 의견을 나눌 수 있게 될 것이다.

문장을 사용할 때 '우리', '그들', 또는 '다른 부모들'이라는 일반적인 용어보다는 '나'라는 말로 문장과 진술을 시작하는 것이 중요하다. 이렇게 강조점을 미묘하게 변화시키는 것은 감정적으로 목소리가 높아져 명확한 의사소통을 방해하는 것을 막을 수 있고 메시지의 원천과 의도에 대한 사소한 분쟁을 감소시킬 가능성을 높인다. '나' 메시지는 직장 환경에서 "나는 지난밤 교직원회의 후에 부엌 청소가 제대로 되어 있지 않을 것을 보고는 무척 마음이 불편했어요. 다음 회의를 위해 만족스럽게 정리가 되었으면 좋겠어요."와 같이 적절하게 감정을 표현하도록 해 준다. 이러한 틀을 사용하여 유아교육 교직원들은 이슈를 다루고 건설적인 방식으로 의견을 표현할 수 있으며 현장에서의 전문적 의사소통 교환 모형을 제공할 수 있다.

갈등 해결

논쟁, 의견의 차이, 마찰, 충돌, 대립, 불화, 시비와 적개심은 전형적인 유아교육 현장에서 관찰되는 갈등 범위의 예이다. 갈등은 다른 사람과 살아가고 일하는 과정에서 피할 수 없는 부분이다. 유아교육 분야는 본질적으로 타인과 함께 일을 해야 하므로 갈등이 일어날 잠재성이 높다. Boardman(2003)은 효과적인 리더십을 위해 건전한 갈등 해결 기술을 가지는 것이 결정적 요소임을 관찰하였다. 유아교육 현장의 많은 전문가들이 갈등을 다루고 관리하는 데 도움을 요청한다는 것은 이것이 자신의 생존과 직업 만족에서의 관심 분야임을 가리킨다. 많은 유아교육 교직원들은 자신들에게 이런 기술이 거의 없다고 여긴다. 갈등 해결은 6장에서 자세하게 다뤄질 것이다.

위임하기

유아교육 실천가들이 보고하는 가장 큰 문제 중 하나는 역할과 책임을 수행하기 위해 필요한 업무의 양과 다양성이다. 주어진 작업량을 완수하는 면에서, 유능한 리더는 서비스의 목적을 이루기 위해 언제, 그리고 어떻게 일을 위임할지 알 것이다. 효과적으로 권위와 임무를 위임하는 것은 행정적인 압력과 작업량을 줄일 수 있도록 도와줄 것이다(Hayden, 1999).

위임은 하나의 기술이다. 단순히 교직원이 임무를 마치도록 요청하거나 지시하는 것이 아니다. 위임하기 위해서는 담당할 임무와 위임에 적합해 보이는 교직원의 기술, 흥미, 성격이 맞아야 한다. 유아교육 전문가는 위임을 성공적으로 하기 위해서 이전에 자신이 맡았던 의무와 책임에서 손을 놓을 수 있어야 한다. 다른 교직원에게 부여하기 적합하다고 생각되는 임무가 평범하고 불쾌한 일뿐 아니라 즐겁고 보상적인 일을 포함하는 것이 중요하다. 위임은 불쾌하고, 인기가 없으며 지겨운 임무를 단순히 제거하는 것이 아니다.

위임은 교직원과 그들이 전문가로서 책임감 있게 행하는 능력에 대한 확신을 포함한다. 하지만 위임을 방해하는 다양한 요소들이 있다. 이러한 것들은 유아교육 현장에서 우연히 듣게 된 전형적인 비평에서 나타난다.

나는 내가 일을 못해 낸다고 다른 교직원들이 생각하기를 원치 않아.

내가 이 일을 여러 해 동안 해 왔어. 아무도 나처럼 일을 할 수 없어.

만약 누군가 실수를 한다면 나는 비난만 받을 거야.

내가 하는 것이 시간이 덜 걸릴 거야.

이 일을 내 스스로 하지 않는다면 다른 교직원들이 나를 팀의 일원으로 보지 않을 거야.

Neugebauer와 Neugebauer(1998)는 '위임 공포증'을 평가하는 지침과 효과적인 위임을 위한 아이디어를 제시한다. 위임자는 우선 위임에 적합하다고 생각되는 여러 임무의 상대적 중요성에 대해 명확히 이해해야 하며 리더가 항상 지녀야 하는 주요 기능(평가, 정책 개발, 운영위원회에서의 발표)과 다른 사람들이 맡을 수 있는 의무들(비용 산출, 소액사용, 기관 내 프로그램 조직) 간의 차이를 구분할 수 있어야 한다.

위임에는 두 가지 중요한 논점이 있다. 위임받기 적당한 사람의 선택과 임무의 특성에 대해 상대방에게 전달하는 방식이다. 특별한 임무를 맡길 적당한 사람을 선정할 때, 유아교육 리더는 그들의 장점, 약점, 개인의 특성, 학습 유형, 일에 대한 야심을 잘 파악함으로써 교직원의 잠재성을 잘 알아야 할 필요가 있다. Maslow(1970)의 욕구 위계는 교직원들이 직장에 오는 이유, 뚜렷한 동기와 위임된 특별 임무를 맡을 잠재성을 이해하는 데 도움이 된다.

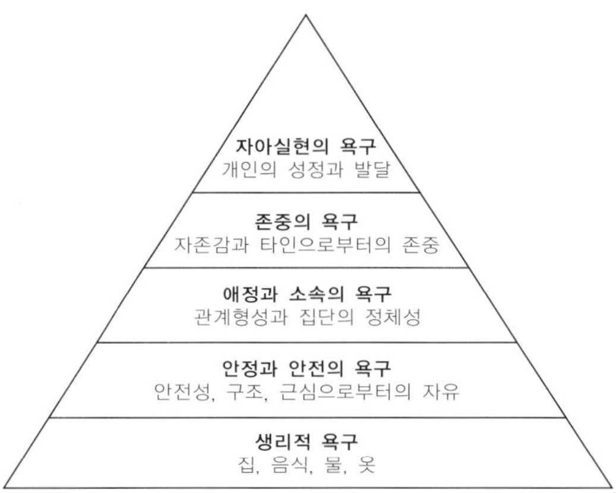

그림 5.1 Maslow의 욕구 위계

인간의 동기를 이해하기 위한 이 이론은 낮은 수준의 욕구가 충족될 때 더 높은 다른 욕구로 진행할 수 있음을 묘사한다. 가장 낮은 욕구는 음식, 물, 잠과 같은 생리적인 것이다. 취업을 통해 얻어지는 재정적 보수는 이러한 욕구를 충족시키고, 얼마를 받는 것과 상관없이 모든 교직원들을 위한 기본적 동기가 된다. 생리적 욕구가 충족되었을 때 개인은 다음 단계의 욕구인 안전의 욕구 충족을 추구할 수 있다. 이 단계에서 교직원은 안전, 안정, 구조, 법, 질서, 보호, 공포와 불안으로부터의 자유를 위한 욕구의 동기를 지닌다. 유아교육 현장의 일용직 교체자와 같은 계약직 상태는 이러한 욕구를 충족시키지 못하는 경향이 있다. 이러한 직원은 자신의 개인 안전과 안정에 기여할 수 있는 임무를 맡는 일에 관심이 있을 것이다. 최소한의 일에 대한 기대와 능력, 누가 어떤 임무를 맡아야 하는지의 상세 목록, 직장 환경에서 예측 가능한 다른 활동들과 고용의 지속성과 같은 것이 이에 포함된다.

Maslow의 세 번째 단계는 소속감과 애정의 욕구에 대한 특징들이다. 개인들은 집단의 일부가 되고, 사회관계를 확산시키며, 타인과 애정적 관계욕구를 충족시키기 위해 일하려는 동기를 가진다. 이런 개인들은 관계를 형성하고 유지하는 임무에 관심을 지닐 것이다. 크리스마스 파티를 준비하고, 교직원 회식을 제안하고, 교직원 송별회를 위해 티파티를 마련하는 사람들이 여기에 해당된다. 조화로운 관계를 위한 그들의 욕구는 직원 사이에 갈등이 생기거나 긴장 관계가 있을 때 중재자의 역할을 할 수도 있다.

Maslow 욕구 위계의 네 번째와 다섯 번째 단계는 중요한 책임을 효과적으로 위임하는 것과 관련된 동기의 유형 분류 체계를 묘사한다. 네 번째 단계에서 존중의 욕구는 일과 관련된 뚜렷한 동기 요인이 된다. 이것은 두 개의 하위 수준으로 나타난다. 첫째, 개인들은 숙달, 확신, 자발성, 자기 확신을 나타내고자 하는 욕구 동기를 지닌다. 그리고 둘째, 사람들은 인정받고 중요하다고 느끼고 다른 사람으로부터 존중받는다는 감정을 얻고자 하는 욕구를 가진다. 지위, 특권, 명성까지도 현저한 동기요소가 된다. 자신의 능력을 보여 주고 일을 잘 처리하여 대중의 인정을 받기 원하는 사람들은 위임에 잘 응한다. 특히 '나는 당신이 이 중요한 임무를 맡을 최선의 사람이라고 생각해요' 라는 말과 함께 임무가 주어진다면 흔쾌히 응할 것이다. 하지만 임무가 교직원 개인의 능력을 넘어서고 실패할 확률이 있다면 위임을 받으려 하지 않을 것이다. 이러한 상황에서, 필요한 경우의 지지와 지원을 보장해 준다고 한다면 교직원이 위임을 받아들이도록 설득하는 데 도움이 될 것이다.

Maslow 욕구 위계의 가장 높은 단계는 자기실현의 욕구이다. 이 단계에서 개인이 개인적 성장과 발전을 위한 욕구에 의해 동기가 생긴다. 이 단계에 이른 사람은 개인적 가능성을 발전시키기 위해 일하고 자신이 성취할 수 있는 최고의 단계에 이른다. 이 단계에서 개인 간의 차이가 가장 크고 분명하게 나타난다. 위임과 관련해 말하자면, 이 단계에 있는 개인은 진정한 의미의 평생 학습자이며 새로운 기술과 지식의 획득을 요구하는 도전적인 임무에 흥미를 느낄 것이다. 이 단계와 이전 단계 사이의 주요한 차이는 보여지는 능력과 대중의 인정 대 개인의 성취, 성공과 성장의 기준이다. 교직원의 기여도는 자기 외적인 요소라기보다는 내재하는 동기로부터 나온다.

효과적인 유아교육 리더는 교직원 개개인이 취업한 동기를 고려할 것이고 이것을 위임에 적합한 임무의 종류와 수준과 맞추어 볼 것이다. 특정한 임무를 위임해도 좋다고 결정하고 성격, 기술, 흥미와 동기 유형에 기준하여 잠재적으로 위임받을 사람을 선정했다면, 리더는 교직원이 임무를 맡도록 부탁해야 한다. 리더가 다음의 내용을 설명하는 것이 중요하다.

- 담당할 임무의 본질
- 임무를 완수해야 하는 마감일
- 임무를 맡았을 때 주어지는 권위와 책임의 수준
- 교직원이 이 일에 가장 적합하다고 생각하는 이유들

리더는 임무의 수행과 완성과 관련하여 교직원의 의견을 물어보아야 한다. 효과적인 위임을 위해 리더는 감시하기보다 지지와 촉진의 역할을 한다는 것을 명확하게 밝혀야 한다. 일의 평가를 위한 방법뿐 아니라 보고를 위한 스케줄과 과정이 결정되어야 한다.

유아교육 리더는 다른 교직원에게 임무와 의무를 위임할 때, 교직원들이 그 일을 평상시 일과는 다르게 접근하고 완수한다는 점을 명심해야 한다. 그러므로 만약 교직원들이 위임을 교직원 발달의 수단과 직업 만족의 경로로 인식한다면 다른 사람들의 합리적인 기대와 최종 결과를 가지는 것이 필수적이다.

실제 리더십에 대한 고찰

현장에서 최고의 리더는 항상 일을 가장 잘 수행할 수 있는 사람에게 의무를 위임한다. 이것은 그들이 교직원, 현장과 유아들을 알기 때문이다. 좋은 리더는 항상 다른 사람들이 아이디어를 나누도록 기회를 주는데 그것은 상대방이 어떤 흥미가 있고 무엇을 잘하는지 알도록 도와준다.

어린이집 교사

부적절한 위임은 교직원이 직장에서 착취당하고, 이해받지 못하고, 좌절감이 들도록 한다. 이것은 유아교육 리더들이 교직원과 자신에 대해 확신을 잃는 결과를 가져오고 '만약 당신이 일을 잘해 내기 원한다면 당신 혼자서 일을 하세요.' 와 같은 말로써 교직원을 비생산적인 위치로 물러서도록 한다. 위임은 리더가 일에 몰두하기에 충분한 시간이 있다고 확신을 갖게 할 뿐 아니라 전체 교직원의 사기와 성취가 증진되는 결과를 가져와야 한다. 만약 시간이 여전히 문제가 된다면, 시간 관리 전략을 살펴볼 필요가 있다.

시간 관리

오늘날 유아교육 교직원들이 직면하는 가장 절박한 문제 중 하나는 유아와 그 가족들에게 서비스를 제공하는 것과 관련된 책임 범위를 완성하기에 시간이 부족하다는 점이다. 하지만 시간 관리 문제를 유아교육 교직원에게 언급했을 때 반응은 회의적일 때가 많다. 유아교육 현장의 코디네이터와 원장이 해야 할 일은 지난 수십 년에 걸쳐 극적으로 늘어났고 현재도 변하고 있는데, 유아교육 현장에서의 이러한 경향은 계속될 것으로 보인다. 시간 관리는 유아교육 교직원이 직업적 역할과 의무에 대한 요구에 맞추어 얼마나 단기, 중기, 장기의 대응전략을 잘 발달시키느냐의 문제다.

유아교육 현장에서 '근무 시간' 이라는 개념은 정의하기 어려운데, 그 이유는 유아와 함께 일하는 것이 '보살핌의 의무' 를 포함하기 때문이다. 그것은 교직원이 공식적으로 근무 중이냐 아니냐와 상관없이 유아의 요구를 충족시켜야 하고, 교직원들의 연장 근무에 대한 규칙이 부재하거나 자유롭게 해석되는 경우가 많기 때문이다. 어떠한 유아교육 교직원 중 부모가 제 시간에 아이를 데리러 오지 않는다고 해서 유아를 기관 밖에다 버려 두고 떠날 사람은 아무도 없다. 분할근무 때문에 많은 유아교사들이 본인에게 할당된 시간 이외에 직원회의를 비롯하여 여러 회의에 참석하게 된다. 그러므로 많은 교직원들이 법정시간과 상관없이 시간이 얼마가 걸리든 일을 마칠 때까지 기관에 남아 있게 된다. 이것은 일과 생활의 균형에 압박감을 불러온다. 꽤 많은 유아교육 교직원들이 일을 정확히 해내기 위해 장시간 일하고 때로는 근무 시간을 예측할 수 없기 때문에 인간관계와 레저 활동에 무리가 온다는 점을 지적한다.

비록 문서 업무를 포함한 많은 일을 집에 가져가서 근무 시간 이외에 완수할 수 있다 할지라고 이러한 일들이 정기적으로 이루어진다면, 개인의 스트레스 수준을 증가시키고 개인적인 일과 가족 생활에 할애할 시간이 줄어들 가능성이 있다. 이런 방식으로 일을 마친다고 하더라도 종종 개인적 희생이 따른다. 바람직하지 못한 시간 관리의 영향은 다음의 스트레스 관리 부분에서 다뤄질 것이다.

시간 관리는 간단히 말해 일상에 놓인 모든 요구를 충족시키려는 유아교육 교직원을 돕기 위해 사용되는 전략이다. 저녁 시간과 주말에도 저녁 교직원회의, 주말 워크숍, 대규모 회의, 모금 활동, 보수 작업반과 같은 많은 활동이 있다는 것을 기억해야 한다. 일주일 40시간 근무는 유아교육 업무를 하는 사람들에게 일반적이지 않다. 또한 유아교육 직원들은 '공인'이기 때문에 고객이 그 행동을 관찰하고 있다. 다양한 요구를 제시간에 해내고 능력 있고 효율적으로 일한다는 이미지를 보여 주는 것이 필수적이다. 여기에서 '바쁜 것'과 '효율적인 것' 사이를 구분할 필요가 있다. '바쁜' 리더는 다른 적합한 직원에게 의무와 책임을 위임하려는 자신의 자발적 의지를 잘 분석할 것이다. 리더가 위임을 어렵게 여기는 것이 효율적 임무 수행과 리더십을 방해할 수도 있다.

시간 관리는 가능한 한 적은 스트레스로, 빨리 일을 마치는 수단일 뿐이다. 개인 생활과 직업 생활에서 목표를 세우고, 그 목표들을 성취하기 위해 맡은 임무들의 우선순위를 설정하는 것이 필수적이다. 유아교육 분야에서 시간 관리를 막는 주요한 장애물은 방해다. 그러므로 이 문제를 다루는 기술을 발달시켜야 한다. 이 장의 앞부분에서 논의했던 적절한 자기주장이 여기에 유용하게 사용된다. 만약 유아교육 리더가 시간을 효율적으로 관리한다면, 스트레스나 압박감 없이 세워진 목표를 성취하는 일에 시간을 더 많이 쓸 수 있어야 한다.

Schiller와 Dyke(1990)에 따르면 시간 관리는 다음 4가지의 주요 단계를 포함한다.

1. 목표를 세우라(일, 직업 발달, 개인 성장, 물질적 부분). 장기 목표와 단기 목표로 나누는 것이 유용하다.
2. 어떤 임무와 프로젝트가 특정한 목표에 이르는 데 도움이 될지 분석하라.
3. 임무와 프로젝트를 성취 가능한 단계로 나누라. 목표를 향해 전진하고 있다는

증거는 좋은 동기 요인이다.

4. 우선순위를 평가하라. 목표를 위해 어떤 임무가 첫 번째로 완수되어야 하는가?

여러 책이 시간 관리와 일반적 조직의 효율성을 다루는 데 도움이 되는 팁을 제시한다. Jorde-Bloom(1982)의 고전적 교재와 MacDonald(2004)의 책은 특별히 유아교육 교직원을 위해 쓰였고, Blanchard와 Johnson(2004)과 Covey(2004)의 책들은 일반적인 조직의 정황을 다룬다.

비록 이것이 진부한 전략으로 보일지라도 당신이 매일, 매주, 매달의 계획을 세우는데 목록 작성이 유용하다는 것을 기억해야 한다. 자신에게 "시간이 도대체 어디로 가 버렸지?"라는 질문을 하지 않기 위해 일반적인 제목을 붙이는 것이 효율적 시간 관리에 유용하다.

- 할 일들
- 만나야 하는 사람들
- 필요한 전화 걸기
- 참석해야 하는 모임들
- 마감 시간

우선순위에 기초하여 다른 제목을 붙일 수 있다.

- **긴급하고 중요한 일**—지금 하라
- **중요하지만 긴급하지는 않은 일**—오늘이나 내일 하라
- **이번 주**—다음 며칠 중에 하라
- **이번 달**—마감 시간을 기억하고 주의요망이라고 수첩에 기록하라
- **방학 / 방해받지 않는 자유 시간**—이 임무에 응답하도록 시간 내는 것을 잊지 않는다.

이러한 제목들은 시간적 요구에 주의를 집중할 수 있고 일을 위한 우선순위를 정하도록 도와줄 수 있다. 각 임무를 완수하면 목록에서 지워라. 만약 임무가 끝나지

않은 상태로 남겨진다면 왜 끝나지 않았는지 분석하라. 충분한 시간을 가졌는가? 너무 많은 방해가 있었나? 흥미를 갖지 못했나? 너무 어려웠나? 필요한 모든 정보를 가졌었나? 복잡한 리포트 작성을 위해 오후보다 오전이 나은가? 이 일은 위임했어야 했나?

효과적인 사무실 공간 구성은 효율적 시간 사용과 관련이 있다. 유아교육 리더의 사무실 공간은 창고, 교직원 사무실, 자료실, 부모실, 면담실, 타임아웃실 등의 다용도실로 사용된다. 완벽하게 정돈된 상태를 유지하는 것은 쉽지 않다. 하지만 사무실이 혼란스럽고 어지러울수록 효율적인 시간 사용은 어려워진다. 한편 일을 할 수 있도록 파일 시스템을 만드는 것은 유아교육 리더가 받는 많은 정보를 다루는 데 효율적이다. 컴퓨터는 행정적 부담을 덜어주는 필수장비이다. 초기에 컴퓨터를 배우기 위해 드는 시간은 특히 손으로 하는 문서 작성과 비교할 때 상당한 시간절약을 가져올 것이다. 컴퓨터의 효과와 정보 기술은 이 장의 마지막에서 검토될 것이다.

전화 통화는 유아교사에게 주요한 스트레스 원인이 된다. 전화는 특히 안전을 의식하는 현재의 환경에서 현장과 바깥세계 사이를 이어주는 중요한 연결고리이다. 부모들 또한 아무 때나 자신의 아이들에 관하여 교직원에게 연락할 권리가 있다. 전화 자체보다 사람들의 부족한 전화 기술이 문제가 된다. 가장 중요한 전략은 수신과 발신 통화를 짧게 하는 것이다. 통화의 목적을 정확하게 의사소통하였는지 확인하고, 일정 시간 동안 모든 필요한 전화 통화를 하며, 다른 직원이 받을 수 있는 전화인지 생각해 본다. 전화 응답하는 것에서 벗어날 방법을 찾고 중요한 임무를 방해 없이 완수할 수 있는 시간을 만드는 것이 필수적이다.

회의는 비효율적 시간 사용의 또 다른 원인이 된다. 유아교육 현장에서 회의가 많이 열리는 것 같다. 유아교육 현장은 회의가 많이 열리는 원무실에서부터 멀리 떨어져 있는 경우가 많기에 한 시간짜리 회의에 참석하기 위해 이동 시간을 포함하여 쉽게 두 시간이 소요된다. 시간을 효율적으로 사용하는 유아교육 리더는 기관의 목표를 위해 회의를 열고 참석할 필요를 평가할 것이다. 회의의 목적과 관련된 사람들만 불러야 하고 의장은 논제에 초점을 맞춘 논의가 이루어지도록 해야 한다. 단체 회의를 이끄는 기술을 배우는 것은 만약 회의가 당신 의무의 상당한 부분을 보충하고 효과적인 시간 관리에 상당한 도움을 준다면 가치가 있을 것이다.

유아교육 교직원이 맡아야 하는 역할과 의무가 증가하는 것은 분명하므로 사고방식의 변화가 필요하다. 유아교육 교직원은 일을 더 열심히 하는 것이 아니라 더 현명하게 하는 방법을 배울 필요가 있다.

스트레스 관리

시간 압박은 유아교육 현장 일과 연관된 스트레스의 요인 중 하나이다. 유아와 일하는 것은 신체적, 정서적, 지적으로 힘든 일이다. 현대사회 생활의 요구와 관련하여 가정이 상당한 압박을 받고 있기에 유아교육 교직원의 일은 아래와 같은 일을 포함하는 광범위한 책임 범위로 늘어났다.

- 부모 역할 하도록 부모 지지하기
- 교직원 훈련하기
- 훈육을 위해 다른 전문가들과 일하기, 그리고 유아와 가족의 요구와 연관된 기관들과 일하기
- 유아, 가족과 직업을 지키기 위해 행동하기

최근 유아교육 교직원의 역할과 의무에 많은 변화가 있었지만 다수의 유아교육 교직원들은 '근무 중 학습'의 일환으로 관련 교육에 참가할 수 있는 지원을 받지 못하고 있다. 유아교육 분야를 위해 정부 규제에서 정하는 교직원과 유아의 비율로는 직원이 유아교육 현장의 업무 시간 동안 행해지는 교육 코스에 참여하기 위해 일을 면제받거나 쉬는 시간을 얻기 힘들다. 그러므로 공부를 더 하거나 연수와 직전교육, 기초교육을 받기 위해 교육에 참가하는 유아교육 교직원은 개인 시간을 내어 참여하는 경우가 흔하다. 이러한 요구는 개인의 삶의 질에 영향을 줄 수 있고 스트레스 수준을 증가시키는 결과를 가져올 수 있다.

스트레스 자체는 좋은 것도 나쁜 것도 아니다. 어떻게 인식하고 경험하느냐와 개인의 대응 능력과 회복성에 따라 어떤 상황이 스트레스로 생각될 수 있다. 도전으로 인식된다면 스트레스는 우리에게 좋은 것이다. 인간은 하루하루를 살기 위해 특정한 양의 스트레스가 필요하다. 스트레스는 현대 생활과 일의 한 부분이며 스트레스를

제거할 수 있다고 기대하는 것은 비현실적이다.

성격 특성상 어떤 사람들은 다른 사람들보다 스트레스를 더 받는 경향이 있다. 이러한 사람들은 자신이 가지는 경향을 잘 살펴보는 것이 중요한데, 그들은 대부분 긍정적 용어를 사용하기보다는 상황을 스트레스로 인식하며 자신의 인식에 따라 상황에 대한 반응을 재구성하려 한다. Law와 Glover(2000;50)는 '우리 직업은 웰빙 또는 자아존중의 감정을 극대화시켜야 한다.' 고 말한다. 그들은 우리 직장에서 상황의 긍정적인 면을 바라보는 것 같은 '좋은 감정' 을 갖는 것이 스트레스를 줄일 수 있다고 제안한다. 높은 정서 지능을 지닌 유아교육 교직원은 생각, 감정과 반응 사이의 연결고리를 이해할 필요를 인식한다. 그들은 일반적으로 상황을 어떻게 인식할 것인가를 우리가 선택할 수 있고 다른 선택에 따라 결과도 달라진다는 점을 이해하며 이러한 직관력을 가지고 최선의 반응을 결정하는 데 이용한다. 결과적으로 그들은 때때로 스트레스가 상황을 변화시키거나 우리 스스로를 변화하는 것을 통해 관리될 수 있음을 이해한다.

스트레스는 우리 생활에서 발생하는 많은 요구와 우리의 능력 또는 이 요구를 충족시키는 자원 사이의 균형의 산물로 어느 정도는 스스로 유발한 면이 있다. 많은 유아교육 교직원의 경우 요구 사항들은 개인적 자원을 초과하고 스트레스는 이러한 불균형을 가져온다. 시간 관리와 위임이 직업 현장에서 스트레스 수준을 감소시키도록 돕는 한편, 우리 생활 전반에서는 더 포괄적으로 스트레스에 접근하는 전략이 유용하다.

스트레스 수준은 개인의 생활과 직업 생활 양쪽 모두에서 효율성을 결정한다. 너무 많거나 지나친 자극은 비효율적인 문제 해결, 낮은 자아존중감, 신체적 피로와 병을 만드는 경향이 있고 이 모든 것은 직장에서 작업의 질이 낮아지도록 한다. 이것을 소진이라고 하며 너무 많은 요구 또는 높은 수준의 긴장감과 적절히 반응하려는 개인적 자원 사이의 불균형을 야기한다. 스트레스가 부족하거나 자극이 너무 적을 경우는 지루함, 피로, 좌절과 전문적 효율성을 감소시키는 불만족을 가져와 대응 전략에 똑같이 부정적인 영향을 미친다. 이것을 도피라고 한다.

이러한 극단적인 어떤 것도 타인의 요구 또는 우리 자신의 요구를 충족시키지 못한다. 유아교육 교직원들은 최적의 자극 또는 도전 수준에서 합리적 문제 해결과 창의성을 보일 수 있다. 이것은 발전과 변화를 위한 긍정적 태도를 생산하고 자아존중감과 직업 만족을 향상시킨다.

이 같은 균형감을 지녀야 타인의 요구에 반응할 뿐 아니라 우리 자신의 요구를 충족하는 것이 가능하다. 하지만 균형감을 이루는 것은 일의 요구와 뛰어난 안목으로 두 가지 모두를 지키려는 지속적인 노력인 자아 인식을 필요로 한다.

개인과 직장의 활동 공간에서 스트레스를 관리하는 첫 번째 단계는 누가, 그리고 무엇이 스트레스를 야기하는가를 판정하는 것이다. 즉, 스트레스와 연관된 모든 사람과 상황을 열거하는 스트레스 목록을 기록하는 것이 필요하다. 스트레스 목록은 전형적인 대응 전략과 효율성 평가를 들여다보게 해 준다.

다음의 단계들은 스트레스의 주요 원인을 분석하는 데 도움이 된다.

- 간략하게 스트레스 상황을 묘사하라. 예를 들어, 유아의 용납되지 않는 행동에 대해 부모와 회의를 하는 것은 스트레스로 인식될 수 있다.
- 누가 상황에 포함되는지 확인하라.
- 이러한 상황이 얼마나 자주 일어나는지 확인하라. 부모와의 면담은 자주 생긴다. 어떤 부모와는 매주 면담을 하기도 한다.
- 당신이 관련된 상황과 사람들에게 미칠 수 있는 통제 정도를 결정하라. 이런 경우, 당신은 부모의 태도와 행동에 영향을 주는 능력을 지닌다고 여긴다.
- 상황에 반응하거나 다루는 전형적인 방법이 무엇인지 확인하라. 예를 들어 스트레스 상황을 만날 때 당신이 그것을 무시하는지, 문제가 알아서 해결되길 바라는지, 또는 부모에게 힌트를 줌으로써 직접적인 대면을 회피하는 경향이 있는지 살펴본다.
- 당신의 일을 성취하고 긍정적인 관계를 유지하기 위해 이러한 전략들이 얼마나 효과가 있는지 평가하라. 과거의 경험을 보며, 당신은 자기주장을 하지 않는 전략이 비효율적임을 발견하였지만 너무 불안하여 새로운 시도를 하지 못한다.
- 상황을 당신의 요구에 맞추어 더욱 건설적인 방법으로 다루기 위해 가능한 대안을 브레인 스토밍하라. 당신의 요구를 표현하고 상호적인 문제 해결을 실천하도록 돕기 위해 자기주장 훈련을 받는 것은 서로에게 혜택을 가져온다.

상대적으로 스트레스가 없는 작업 환경을 갖기 위한 우리의 요구를 충족시킬 때 고려해야 하는 2가지 측면이 있다. 얼마나 자주 상황이 발생하는가. 우리가 상황을 어느 정도 통제할 수 있는가.

만약 상황이 자주 일어난다면, 현재의 대응 전략이 부적합하고 재검토가 요구된다. 개인의 통제 부족으로 인해 상황이 변하지 않는다면, 상황을 바꾸려는 시도보다 개인의 인식과 생각을 전환하는 전략을 살펴보는 것이 더 생산적일 수 있다. 위의 예에서 부모 회의를 다루는 당신의 능력이 절망적이라고 생각하는 대신 '나는 부모와의 회의를 좋아하지 않지만 잘 처리할 수 있어. 나는 좀 더 자신감을 갖도록 도와주는 기술들을 배울 수 있어.' 라고 당신의 생각을 바꾸려 시도할 수 있다.

스트레스 관리 전략은 상황 또는 당신 스스로를 바꾸는 데 초점을 둔다. 만약 다른 선택권이 있다면 대부분의 사람들은 개인적 변화에 관여하는 것을 꺼려한다. 그러므로 상황을 변화시키는 전략이 첫째로 논의될 것이다.

유아교육 분야에서 직장 스트레스는 일을 분석하고 작은, 또는 보다 실질적인 변화를 가져옴으로써 감소될 수 있다. 만약 스트레스가 일의 요구와 연관되었다면 작업량을 재조직할 필요가 있다. 다음의 기법들이 도움이 되리라 보인다.

- 작업량을 줄여라. 타인에게 적합한 임무를 위임하라. 다른 직원들이 이익을 얻을 수 있고 새로운 기술을 배우는 기회를 가지는 것에 감사할 수도 있다. 리더가 어떤 이유로 직장에 있지 못할 경우를 대비하는 부가적인 장점을 제공한다.
- 당신에게 놓인 요구의 우선순위를 설정하라. 자기주장하는 것을 배우고 필수적인 요구만을 다루고 당신 역할에서 중요하지 않은 임무에 엮이게 되는 것을 피하라.
- 당신의 시간을 가능한 한 효율적으로 사용하도록 해 주는 시간 관리 기법을 사용하고 향상시켜라.
- 통제를 할 수 있다고 생각하라. 어떤 상황이라도 항상 선택권은 있기 마련이다. 상황을 회피하는 것은 어려움을 해결하지 못할 뿐 아니라 악화시킬 수 있다. 상황이 잘되기를 바라기보다는 선택과 결정을 하라.

- 새로운 일을 하기 전에 미완수한 임무를 끝내라. 완성했다는 느낌은 끝내야 하는 작업량에 대한 불안감을 빨리 중화할 수 있고 기분 좋게 느끼도록 촉진한다.
- 가능하다면, 변화를 최소화하고 일상화하라. 스트레스는 종종 변화에 대한 불확실성과 연결돼서 생긴다. 만약 스트레스가 최근 유아교육 현장에서 일어나는 만성적 변화의 결과라면 정기적인 하루 일과, 예측 가능성과 안정성은 자아존중감을 형성하고 안정감을 기를 수 있도록 한다.
- 서포트 그룹을 찾거나 형성하라. 동료, 또래, 친구로부터 멀리 떨어져 있거나 자신을 고립시키지 마라. 스트레스는 유아교육 교직원에게 흔한 경험이며, 직업의 요구와 변화로 인해 압도당하는 느낌을 받을 때 서로를 공감할 수 있다.

유아교육 교직원이 개인적으로 스트레스 상황을 거의 통제하지 못하고 스트레스 수준을 개선하지 못할 때, 상황을 인식하거나 보는 방식을 바꿈으로써 스트레스를 관리하는 것이 가능하다. 다음의 개인적 스트레스 대책은 우리가 스트레스 상황에 대해 생각하는 방식을 바꾸는 데 도움이 될 수 있다.

- 당신이 스트레스에 대해 일반적으로 가지고 있는 인식을 변화하라. 스트레스 상황을 인생에서 피해야 할 것으로 보는 대신 성장과 개인 발달을 위한 도전과 기회라고 보라. 상황이 아니라 어떻게 상황을 인식하느냐가 스트레스를 유발한다는 점을 받아들이라.
- 당신의 생각이 덜 비극적이고, 덜 극단적이고, 덜 양극화하고, 덜 스트레스받도록 하고 그 결과 더 긍정적이고 이성적인 생각을 하도록 변화하라. 높은 정서 지능을 지닌 유아교사는 상황을 정의하기 위하여 혼잣말을 한다. 혼잣말은 우리가 특정한 사건에 대하여 자신에게 보내는 내면의 메시지를 듣는 능력이다. '지긋지긋해! 더 이상 참을 수 없어.' 라고 생각하는 대신, '글쎄, 나는 이것을 별로 좋아하지 않지만 처리할 수 있어! 나는 …할 수 있어.' 라고 생각해 볼 수 있다. 이러한 방식은 기본적 정서 반응을 부인하지 않으면서 비이성적이고, 지나치게 감성적인 생각을 제한할 수 있다. 상황을 보다 현실적으로 인식하고, 이성적인 문제 해결 접근 방식을 채택할 기회가 제공된다.

- 유머 감각을 지녀라. 때로는 한 걸음 물러나 일을 조망하고 일의 재미있는 면을 바라보는 것도 필요하다. 웃음과 유머는 좋은 분위기를 만들고 상황의 다른 측면을 깨닫게 해 주고 문제 해결점을 발견할 수 있도록 유연하고 창의적인 생각을 할 수 있는 능력을 향상시킨다. Goleman(1996)에 의하면 나쁜 분위기는 생각을 '혼탁하게' 하거나 해친다. 웃음은 우리를 보다 바람직한 방향으로 움직이게 만드는 긍정적이며 유쾌한 감정을 자극한다.
- 인생의 불확실성을 견디도록 배우라. 모든 것을 통제하고, 지시하고, 계획하며 예측할 수는 없다. 때때로, 특히 사건을 통제할 수 있는 힘이 없을 때 '흐름에 따라가는 것' 을 배우라. 걱정은 상황을 개선시키거나 변화시키지 못한다. 단지 당신의 불확실감과 스트레스 수준을 증대시킬 뿐이다.
- 변화시키기에 너무 늦은 과거의 실수에 머물러 있지 마라. 대신 당신이 미래에 이런 상황을 어떻게 더 효과적으로 접근할 수 있는지에 초점을 맞추라.
- 변화를 예측할 수 있도록 배우라. '사람을 상대로 하는 직업' 분야에서 일한다는 것은 지속적인 변화를 피할 수 없다는 것을 의미하지만, 보통 변화나 곧 닥칠 변화의 요구를 경고하는 많은 신호들이 있다. 지각 있는 전문가는 임박한 변화의 신호에 맞추어 조율할 것이고, 변화를 계획하고 그것으로 인해 영향을 받을 스트레스를 최소화하기 위해 변화를 이행하도록 촉진할 것이다. 변화 관리를 위한 기술은 9장에서 다뤄질 것이다.
- 당신의 일을 효율적으로 수행하기 위해 필요한 기술을 배우라. 현직교육에 참여하고 직업에서 요구하는 최근 전문 기술을 지녀 당신의 자질을 향상시켜라.
- 스트레스 관리와 연관하여 특히 자기주장과 갈등 해결 기술과 같은 의사소통 기술을 향상시켜라. 당신의 감정을 적절히 표출하고 일이 발생하면 사건을 다루라.

유아교육 리더는 서로를 존중하는 의사소통이 일어나는 긍정적인 정서 환경을 조성하는 것의 중요함을 알아야 할 필요가 있다. 가치를 인정해 주는 것은 스트레스를 받는 사람이 본인이 느끼는 감정에 대해 보다 솔직할 수 있도록 돕는다. 이것이 스트레스를 없애지는 못하지만 직장에서 공식적 리더, 동료와 부모와 같은 타인들로부터 가치 있게 여겨진다는 느낌은 일의 요구와 개인적 자원 사이에서 지각되는 불균형을 보완하도록 도와준다. 가치를 인정해 주는 것은 동기, 협동, 팀워크를 향상시키도록 돕는다.

위에 언급된 기법에 더해, 개인과 직업 생활에서 스트레스 관리를 위한 두 가지 기본 전략이 있다. 첫 번째는 개인의 건강과 연관되고 두 번째는 휴식과 관련이 있다. 스트레스는 생리학적 요인이 저변에 깔려 있어 스트레스에 대한 감수성은 좋은 건강 유지를 통해 감소될 수 있다. 역할을 잘 수행하고자 하는 교직원은 균형 잡힌 식사를 하고, 카페인, 니코틴과 알코올을 포함한 약물 사용을 피하거나 최소화해야 하며, 규칙적인 운동과 적절한 수면을 취해야 한다. 이것은 유아교육과 같이 신체적, 감정적, 지적 힘을 요구하는 직업에서 특히 중요하다. 휴식을 취하고 레크리에이션에 대한 흥미를 발달시키도록 배우는 것은, 심리적인 건강과 힘을 가졌음을 의미한다.

전자 통신

통신과 정보 기술, 특히 이메일과 인터넷은 직장에 많은 혜택을 가져왔다. 이 기술은 반복적이고 시간 소비가 많은 행정적 임무의 압박에서부터 많은 직장인을 자유롭게 했고 교직원들이 여러 의사소통과 학습 유형에 접하도록 하고 있다(Law & Glover, 2000). 하지만 이러한 기술의 성장이 문제가 없는 것은 아니다. Cooper(2004)는 직장에서의 효과적인 관계는 단순히 전자 통신을 통해 이루어질 수 없으며 이메일을 통한 오해가 빈번함을 지적한다.

많은 유아교육 교직원들은 직장에 최신 설비가 없다고 불평한다. 직장에 있는 설비는 인트라넷이나 인터넷에 접속할 때 매우 느리며, 그들은 늘어나는 이메일 통신을 읽고 답장할 시간이 없다. 어떤 유아교육 교직원은 이 기술을 '전자식 까다로운 표현(electronic gobbledygook)' 이라고 불렀는데 이것은 현장에서 지니는 부정적 태도를 나타낸다.

전자 통신의 성장 발달이 유아교육 교직원의 직업 생활에 계속적으로 영향을 줄 것이라고 한다면, 그들이 더 확신을 가지고 이것을 적절히 사용하고자 하는 동기를 가지는 것이 중요하다. 보다 나은 설비와 교육에 접근할 수 있는 것은, 직장인이 기술을 적절히 사용함으로 얻게 되는 개인적 혜택을 이해하는 것처럼 필수적이다. 기술은 의사소통, 관계와 학습에 장애물로 작용하는 것이 아니라 사람들의 역량을 강화해야 한다.

이메일은 직장에서 중요한 의사소통 수단이 되었지만, 적절하고 책임 있는 방식으로 사용되어져야 한다. 이메일을 통해 쉽게 정보를 나눌 수 있다. 하지만 누군가에게 해야 할 일들을 이메일을 통해 퍼붓는 것이 최선의 결과를 가져오지는 않을 것이다. 발송인은 이메일의 형태로 정보를 받을 때 생기는 충격에 대해 생각할 필요가 있는데, 이러한 형태의 의사소통 유형에는 어떤 장애물이 존재하기 때문이다. 다음의 요인들을 고려해야 한다.

- 이메일이 가장 적합한 의사소통 형태인가? 사람을 통해 메시지를 전달하는 것이 보다 적합하지 않은가? 예를 들어, 이메일로 상대방을 비판하는 것은 전적으로 부적절하다. 이러한 유형의 의사소통은 직접 본인에게 전달할 필요가 있다. 평가, 멘토링, 불쾌한 메시지는 직접 얼굴을 대하는 접근법을 사용해야 한다.
- 사용된 언어가 다른 사람들에게 다른 해석과 의미로 전달될 수 있는가? 우리 모두는 우리가 듣고자 하는 것을 듣고 읽고자 하는 것을 읽으려는 경향이 있다. 이메일에서 메시지의 의도는 비언어적인 의사소통을 통해 명확해지거나 강조되지 않는다. 메시지의 의도와 의미가 정확하고, 명백하며, 수용할 수 있고, 이해할 수 있게 전달되어지는 것이 필수적이다. 예를 들어, 이메일로 전 직원에게 정책 결정을 설명한다면 다른 교직원들이 서로 다른 방식으로 의미를 이해하려는 결과를 가져올 수 있다. 매우 간략한 메시지는 무뚝뚝하고 거만하게 인식될 수 있다.
- 만약 반응이나 행동이 요구된다면 상대방이 이메일을 정말로 받았는지 확신할 수 있는가? 여전히 많은 이메일이 공중에서 없어지는 듯하다. 만약 수신인이 메시지에 응답하지 않았다고 발송인이 믿는다면 또는 만약 수신자가 어떤 의도를 지니고 통신을 받지 못했다고 주장한다면 갈등이 발생할 수 있다. 단지 당신이 누군가에게 이메일을 보냈다는 사실이 그들과 의사소통했다는 것을 의미하지는 않는다.

- 배달되는 메일의 수신인 목록이 포괄적인가? 누가 메시지를 받아야 하는지 생각하는 것은 중요하다. 어떤 메시지는 지원 인력과 보조 인력을 목록에 포함할 필요가 있다. 이메일 통신에 누가 포함되느냐에 따라 네트워크와 팀워크가 증진될 수도, 감소할 수도 있다.
- 만약 이메일이 제삼자에게 전달되었다면, 통신에 포함된 연쇄적인 이메일을 살펴보는 것이 필수적이다. 아마도 연쇄적인 이메일의 일부분인 메일 중에 자존심을 손상시키거나 상처를 주는 말이 있을 수도 있다.

언어적 의사소통으로 좋은 이메일 의사소통이란 가장 적절한 시간에 가장 적합한 방식으로 메시지를 보내느냐가 관건이다. 이메일은 의사소통을 향상시키는 도구이지만 메시지가 수신자에 대한 배려가 부족한 것으로 보이면 무기로 사용될 수도 있다. 부적절한 이메일 사용은 다른 사람에게 스트레스를 주고, 부담스럽게 만들고, 분노를 일으키는 중압감을 유발할 수도 있다.

어떤 유아교육 교직원, 특히 공식적 리더의 위치에 있는 사람은 이메일에 응답하는 데 필요한 시간이 스트레스의 원인이라고 지목한다. 몇몇 교직원은 이메일 '폭탄'을 맞았던 경험이 있고, 많은 내용이 그들과 상관이 없었다고 보고한다. 이러한 어려움을 감소시키기 위해 어떤 사람은 보통 하루의 늦은 시간 중 한 시간을 선택해 이메일을 읽고 응답하느라 중요한 시간이 소비되는 것을 막는다. 만약 가능하다면, 직장보다 집에서 이메일 답장을 한다고 보고한 사람도 있다. 이러한 전략의 단점은 개인 시간을 침해하는 것이다. 이메일을 다루는 것은 개인과 그들의 직장에 맞는 전략을 요구하는 시간 관리의 문제이다.

조직 내의 인트라넷과 조직을 넘어서는 인터넷은 정보에 접근하고, 정보를 나누고, 학습과 직업 발달을 위한 유용한 도구이다. 하지만 이메일은 직업과 관련하여 정당하게 사용될 필요가 있다. 이 기술이 직장의 협의 사항보다는 개인적 목적으로 주로 사용되는 경우가 있다. 설비에 대한 접근과 시간이 한정된 상황에서 기술은 직업적 요구와 기준과 질을 향상시키기 위한 목적에 맞게 사용될 필요가 있다. 직장에서 휴일, 대부금 이율, 새 직장을 찾아보는 것은 부적절하고 비전문적으로 기술을 사용하는 것이다.

휴대폰과 문자 메시지는 어디서나 어느 때나 즉각적인 의사소통을 하게 한다. 하지만 개인 휴대폰은 직장에서 적절하고 책임 있게 사용되어야 한다. 개인 시간에 사용해야 하고 근무 중, 특히 유아를 감독하고 있을 때에는 절대 사용해서는 안 된다. 부적절하게 사용될 때 휴대폰은 방해 요소가 되고 일의 질에 부정적인 영향을 미친다.

통신과 정보 기술에서 얻는 이득은 많다. 하지만 피해야 하는 함정 역시 많이 있다. 유아교육 리더는 통신과 정보 기술을 현장에서 잘 관리하여 시간을 절약하고, 힘든 임무로부터 교직원을 자유롭게 하고 포괄적인 의사소통을 향상시킬 수 있다.

요약

효율적인 유아교사는 사생활과 직장 생활의 균형을 이루어 본인의 요구를 충족시키면서 타인의 요구도 충족시킬 수 있다. 이러한 균형은 시간과 개인의 스트레스를 효과적으로 관리하는 능력뿐 아니라 위임하는 능력과 갈등에 건설적으로 반응하는 능력을 뜻하는 효과적 의사소통 기술의 결과이다.

Chapter 6

해결책과 차이 극복을 위해 협력하기

무엇을 해야 할 것인가에 대한 차이는 존재하지만, 리더라는 이유로 언제나 옳다는 것은 아니다. -보육교사

본 장의 탐구점

- 유아교육 현장에서 갈등 원인
- 갈등중재의 전형적 방법
- 갈등 해결을 위한 건설적 방법

사소한 혹은 중대한 논쟁 및 의견 불일치, 크고 작은 견해 차이, 마찰, 대립 등의 갈등은 유아교육기관에서 다양한 형태로 나타난다. 현장 교사들, 기관장 및 리더들에 의해 보고되어지는 다양한 대립들의 빈도와 강도를 고려할 때, 다양한 갈등은 유아교육기관에서 심리적 분위기를 나타내는 특징이다. 대립이 의미하는 것은 조직 내에서 의사소통의 단절과 개인 간 관계이다. 유아교육 분야는 사회적 상호 작용과 조화로운 관계에 기반하기 때문에 대립은 유아교육기관에서 중요한 문제이다. 집단 내 인간관계가 목표 달성과 관계가 있거나 인간관계가 서비스 제공을 위해 지속되어질 필요가 있는 업무에서는 대립을 관리하고 해결하는 기술이 필수적이다. 유아교육 교직원들은 갈등에 대해 긍정적인 태도로 접근하고 집단 내 관계를 강화하기 위해 갈등을 다루는 방법을 배울 필요가 있다.

질 높은 보육과 유아교육은 기관의 목표를 달성하기 위해 함께 생산적으로 일하는 교직원의 능력에 달려 있다. 집단의 리더는 교직원들이 목표를 위해서 함께 일할

때 생겨날 수 있는 문제들에 직면할 수 있도록 도와주는 기술을 습득할 필요가 있다. 공교롭게도 여전히 많은 유아교육 교직원들은 갈등이란 함께 합리적으로 일하면 생겨나지 않을 이례적인 사건이라고 간주한다. '왜 우리는 이러한 문제들을 가지고 있는가?', '우리 기관은 무엇이 잘못된 것일까?', '왜 우리는 일하면서 갈등을 멈출 수 없을까?' 와 같은 질문들은 그들의 기관에서만 문제를 가지고 있다고 믿는 유아교육 교직원들이 가진 전형적인 질문들이다. 이러한 종류의 질문들이 직장에서 나타나는 것을 부적절하다고 여기고, 갈등은 잘못된 현상이라고 설명하는 것을 이해할 수 없다. 차라리 갈등은 일과 삶의 자연스러운 부분이라고 여길 필요가 있다. 만약 갈등이 나타나지 않는다면 더 염려스러운 일이다. 실제로 갈등은 새로운 아이디어, 성장과 변화를 자극한다면 긍정적이고 기능적일 수 있다. 중요한 것은 갈등의 존재가 아니라 갈등에 접근하여 관리하는 방법이다. 유아교육 현장 교직원들은 '갈등이 직장 생활에서 자연스러운 부분이라면 우리가 어떻게 관리해야 하는가' 라고 질문할 필요가 있다.

유아교육기관에서 일어나는 갈등은 두 사람 이상의 대인관계의 상호 작용에서 일어나는 권리 주장, 신념, 가치관, 선호, 자원, 권력, 직위 혹은 다른 욕구 때문에 갈등하고 경쟁하면서 이루어진다. 영유아를 보육하고 교육하는 것에 대한 개인적인 철학은 개인의 경험에 근거한 주관적인 신념, 가치관, 그리고 선호에 의해서 이루어지기 때문에 갈등이 생긴다. 실제로 윤리적 갈등을 다루는 것이 직장에서 일어나는 중대한 긴장의 근원이라고 많은 유아교육 교직원들은 보고해 왔다(Clyde & Rodd, 1989). 교직원들과 부모들은 영유아를 보육하고 교육하는 것에 대해 무엇이 최선인가에 대한 나름의 견해를 가지고 있다. 그 기관의 철학을 얼마만큼 따를 것인지와 상관없이 개인의 주관적인 철학에 기반한 아동 권리는 부모와 교직원들의 감정적이고, 비이성적이며, 모순적인 논쟁으로 옹호된다.

직장 내에서 통제되지 않거나 만성적인 갈등이 작업의 질과 능률뿐 아니라 삶의 질과 그 기관 내에서의 인간관계에 해롭다는 것은 명백하다. 사람들은 유아와 부모를 위한 질 높은 서비스 및 자신들의 즐거운 직장 분위기를 위해서 협력이 필요할 때 싸움, 논쟁, 비웃음, 경쟁, 부적절한 자원 활용 등의 문제 있는 방법들로 에너지를 소모한다. 그러나 갈등 자체가 문제가 아니라는 것은 명심해야 한다. 갈등은 효과적으로 다루지 않을 때 해롭고, 비생산적인 것이 된다. 게다가 적절하게 관리되지 않은 갈등은 해결된 것처럼 보이더라도 집단 내에서 다른 긴장 상황 혹은 다른 형태로 다시 나타날 수 있다. 많은 유아교육기관장들이 지속적인 말다툼, 시비, 사소한 갈등과 긴장이 나타난다고 보고하는 것은 그들이 사건의 본질에 다가가지 않고 모호한 문제들의 현상만 관리하려고 시도하기 때문이다.

최근까지 직장에서 일어나는 갈등은 교직원들과 학자들에게 부정적이고 비생산이며, 가능하다면 피해야 하는 것으로 인식되었다. 부정적인 결과만이 갈등과 관계가 있다는 것이다. 업무에 부정적인 영향을 준다는 것을 의미하는 '마음을 다잡는데 시간이 걸린다.', 혹은 관계에 부정적인 영향을 의미하는 '시간을 주면 극복할 것이다!' 와 같은 말은 갈등을 집단의 퇴보로 여겼음을 의미한다. 분노와 경쟁에서 야기된 부조화는 관계를 약화시키고, 융통성을 저하시켜서 업무 수행 수준을 낮추기 때문에 개인적 발전과 직업적 발전을 방해하는 것으로 여겨졌다. 결과적으로 갈등은 건강하지 않은 것으로 간주되었다. 그러나 민감하고 창의적으로 부조화를 다룬다면, 집단을 위한 부정적 결과만을 야기하지는 않는다. 부조화는 직장에서 일어나는 갈등의 역할과 기능에 대한 이론적 재고(reconsideration)와 재개념화(reconceptualization)를 일으킬 수 있다.

다행히도 현재는 집단과 인간관계를 연구하는 이론가들이 갈등의 역할을 전보다 잘 이해하고 있고, 상황과 시기가 적절하다면 갈등은 업무 조직을 위해서 기능적이고, 심지어 긍정적인 측면을 가지고 있다고 주장한다. 갈등은 학습, 성장, 발전과 변화를 위한 자극을 제공하기 때문에 집단 내에서 피할 수 없고 필요한 부분으로 보인다. 갈등은 집단 내에서 삶과 활력이 있음을 나타내며 건전한 학습을 위한 기회를 제공한다. 또한 잠재된 긴장과 충족되지 않은 욕구를 표출시키고, 흥미와 호기심을 증가시키며, 의사소통의 새로운 교신을 생성하고, 적절하게 관리된다면 사건의 해결, 업무 수행에서 융통성의 증가, 그리고 집단 내 관계의 강화에 이를 수 있다. 갈등을 관리하는 방법에 따라 퇴보로 인식된 것을 조직을 위한 긍정적인 학습 경험으로 바꿀 수 있다.

유아교육 현장에서 갈등의 원인

갈등에 긍정적으로 접근하고 이를 효과적으로 관리하기 위해서, 유아교육 현장 교사들은 갈등의 기원을 이해할 필요가 있다. 갈등의 원인은 갈등을 적절히 관리하기 위한 지침을 제공한다. 의사소통 기술은 일반적으로 갈등 관리의 기반을 형성한다. 그러나 유아교육기관에서 일어나는 어떠한 갈등들은 구조적인 요소에 의한 결과이기 때문에 해결이 어렵다는 것을 알아야만 한다.

집단 구조

많은 유아교육 현장의 물리적 환경은 다른 업무 환경과 비교했을 때 갈등이 일어날 소지가 증가할 만한 구조적 한계가 있다. 무엇보다 교직원들은 일반적으로 각자 다른 보육실에서 작은 그룹으로 일하도록 배치되는데, 이것은 의사소통의 용이함에 영향을 준다. 영아반, 걸음마기 반, 유아반과 같은 하위 그룹에 따라 교직원들이 연대하기 때문에 집단 전체 사기가 저하될 수 있다. 다른 교직원들로부터 비교적 소외되어 두세 명의 멤버가 긴밀하게 일하는 것은 기관장의 편애에 대한 오해, 다른 교직원들이 받았으리라고 예상되는 편의와 특혜, 그리고 다양한 교실에서 이루어지는 수행에 대한 기관장의 태도에 관한 루머를 불러일으킬 수 있다.

많은 유아교육과 보육의 현장이 거의 매일 12시간씩 운영되고 소비자들은 더 융통적인 시간 운영을 요구한다는 것을 감안해서 유아교육 교직원들은 교대 근무를 해야 한다. 모든 교직원들이 함께 안건들을 토의할 기회가 거의 없기 때문에 의사소통에 영향을 미친다. 정보가 간접적으로 전해지면, 의사소통이 단절되거나 갈등을 일으키는 오해가 생길 가능성이 있기 때문이다. 영유아를 위해 최소한의 감독이 이루어지기 위해서는 교직원의 휴식도 계획이 있어야 한다. 따라서 다른 직장에서는 일상적인, 집단 전체가 의사소통할 수 있는 점심시간도 없다. 이러한 제약들에 더해서 비번일과 휴일까지 근무 당번표가 있고, 교직원 간에 효율적인 의사소통을 방해하고 의사소통의 단절과 갈등의 가능성을 증가시키는 다양한 요인들이 존재하는 것은 분명하다.

시간은 모든 유아교육기관에서 중요한 문제이고, 교직원이 회의에 참석하거나 계획된 시간 이후에 일하는 것으로부터 자유롭기 위해 대체 교사를 고용하는 데 필요한 자금은 부족하다. 이것은 교직원회의, 직무 교육, 혹은 특별한 교과 계획 회의와 같은 부가적인 일들이 여가시간인 저녁 시간이나 주말에 이루어져야 함을 의미한다. 자신만의 시간을 일부 일하는 데 헌신해야 한다는 일반적으로 인정된 기대가 있는 직장에서 모든 교사들이 프로근성을 개발하는 것은 아니다. 또한, 많은 교직원들은 가족에 대한 의무와 책임들을 지고 있다. 따라서 모든 교직원들이 정보를 공유하기 위해서 기관의 업무 시간 외에 만나기는 힘들다. 업무 시간 외에 만날 수 있는 교직원들은 일반적으로 일정이 촉박하고 가능한 빨리 회의가 이루어지길 바라며, 이러한 사정은 목표로 한 정보 공유 및 토의의 깊이에 영향을 미친다.

심지어는 업무 시간 동안에도 의사소통의 실패로 인한 갈등의 가능성은 높다. 교사들은 지속적이고 민감한 감독을 수반하는 영유아의 안전과 복지에 대한 책임을 져야 한다. 그래서 교사들이 회의에 집중하는 것이 어렵기 때문에 두세 명의 교사 사이에서 일과 중에 일어나는 쟁점들을 토의하는 것은 힘든 일이다. 다른 교사들의 의견에 집중하지 못하는 것은 의견을 받아들여서 실행하지 않는 이유에 대해 부정적인 설명으로 받아들여질 수 있다. 영유아에게 주의 집중하는 것은 때로는 성인인 교사들의 욕구는 충족될 수 없다는 것을 의미하고, 교직원들의 분노와 집단 내에서 부조화를 야기할 수 있다.

한편 등원과 하원 시에 이루어지는 부모와 교사 간의 교류는 다른 성인의 욕구를 고려하지 않는다면 갈등이 야기될 수 있다. 일반적으로 등하원은 부모와 교사가 다른 책임들을 수행해야 하기 때문에 빠르게 이루어진다. 교사들은 자녀의 발달에 대해서 의논하고자 하는 자신의 요구에 응답하지 않는 부모들에게 무시당하고, 환영받지 못하고, 착취당하는 기분이 들어 나중에는 퉁명스럽고 비난 섞인 태도로 부모에게 반응한다. 부모를 고정관념에 따라 평가하고 분류하며, 이 고정관념에 결부시킨다. 두세 번의 경험에 의해서 교사들이 모든 부모를 이러한 편견에 따라 일반화시키는 것은 결과적으로 그 기관을 이용하는 부모와의 관계를 불만족스럽게 만든다.

비슷한 사례로, 만약 어떤 교직원이 경청을 요구하는 부모에게 즉각적으로 반응하지 않는다면, 그 부모는 해당 교직원을 민감하지 않고, 애정적이지 않으며, 직업 정신이 부족하다고 평가할 것이다. 이러한 사항들을 다른 부모들 혹은 기관장과 이야기하게 되고, 부모의 이러한 반응에 대해서 교직원은 상처받고, 보호받지 못하는 기분을 느끼며, 화가 나게 된다. 등·하원 할 때는 부모나 교직원에게 적절한 시간이 아니거나 관심사를 상의할 수 있는 물리적인 상황이 아니라는 사실은 오해와 갈등으로 이어질 수 있다.

유아교육 현장이 조직된 방식은 의사소통의 문제들이 즉각적이고 효과적으로 관리되지 않으면 갈등 상황으로 쉽게 번질 수 있는 의사소통의 어려움을 제공한다는 것이다. 이를 교직원들이 명심할 필요가 있다. 집단 구조와 물리적 환경에 대해서는 할 수 있는 것이 거의 없고, 교직원과 부모들은 이러한 요인들이 양성할 수 있는 잠재적 어려움들에 대해서 경계해야 한다.

유아교육 현장의 목표와 정책

성공적인 팀은 모든 팀원들이 이해하고 받아들일 수 있는 성취 가능한 목표들을 가지고 있다. 기관의 성공적인 운영을 위해서 기관 안에서 분담된 역할과 책임 역시 마찬가지다. 유감스럽게도 많은 유아교육기관 교직원들은 기관의 목표, 정책, 그리고 직무 내용의 개발에 관여할 기회를 갖지 못하고 있다. 프로의식의 부족으로 인해서 일부 유아교육 교직원들은 이러한 영역을 그들의 책임 중 일부라고 생각하지 않는다. 그러나 모든 기관들은 철학, 임무, 목표, 그리고 기관 운영에 대한 정책을 가지고 있다. 문제는 모든 교직원들이 기관장이나 운영회에 의해서 부여된 이러한 철학, 임무, 목표, 정책에 동의하지는 않는다는 것이다.

목표와 정책에 관한 갈등은 표출되거나(교직원 혹은 부모가 공개적으로 특정 정책의 타당성에 대해 논의하는 기관), 내재된다(정책의 집행을 지지하거나 동의하지는 않지만 피상적 또는 암묵적으로 받아들이는 기관). 언어적으로 혹은 행동으로 기관의 목표와 정책에 대해 반대를 표출하면 갈등이 명백하고 문제 해결의 가능성이 있기 때문에 대처하기 더 쉽다. 동의하지 않는다는 것을 내재화하면 갈등이 있다는 것을 인정하지 않고, 토의를 거부하기 때문에 목표와 정책의 실행에 협조하지 않을 수 있다. 기관장은 이슈를 해결하기 위하여 그것에 관해서 기관장의 의사를 분명히 하고, 개방적인 문제 해결을 격려할 필요가 있다.

일부 유아교육기관에서는 문서화되지 않은 규칙들이 갈등의 원인을 제공할 수 있다. 많은 기관에서 교직원들의 이직률이 높다는 것을 고려하면, 일부 교직원들은 문제들에 대처하고 교직원들의 요구를 충족하는 다양한 방법들을 경험하게 될 것이다. '정신건강의 날(mental health days)' 이나 소위 상식이라고 불리는 문서화되지 않은 규칙 등 일부 관행의 수용에 대한 혼란은, 기관장과 교직원, 그리고 부모 간에 불평등과 차별, 갈등을 일으킬 수 있다. 그러한 상황에서 일어나는 잠재된 갈등은 될수록 정책의 다양한 측면을 교직원들에게 설명하고 자세히 조사할 수 있도록 하면 최소화될 수 있다.

목표와 정책으로부터 갈등이 생길 수 있는 이유는 이러한 것들이 가치관에 기반하고 있기 때문이다. 갈등과 관련된 리더십의 윤리는 기관장이 명확한 개인적, 그리고 직업적 가치관에 근거해서 의사 결정을 하고 실행하기를 요구한다. 유아교육과 관련한 직업관은 굳건한 정서적 요소를 포함하는 개인적인 믿음과 가치관, 그리고 견해들에 의해서 좌우된다. 모든 사람들은 기관의 목표와 정책을 받아들이거나 동의하는 경향이 있다는 것을 이해해야 한다. 또한 토의할 수 있는 기회를 제공하고 견해를 공유하고, 정기적으로 검토하는 것은 갈등을 최소화하기 위하여 필요하다.

가치관

유아교육 분야에서 대부분의 목표, 정책, 그리고 교수 방법은 가치관에 근거한다. 일부 가치들은 다른 사람들과 공유되지만 가치 체계는 개인적이고, 우리들 각자는 의사 결정하고 행동할 때 가이드라인, 혹은 기준으로 활용하는 독특한 가치관을 가지고 있다. 특히 어린 유아들과 가족들과 관련되면 각자가 유아에게 최선이라고 믿는 굳건한 개인적이고 정서적인 가치들을 고집한다.

유아교육자들의 개인적인 생각, 가치관, 그리고 믿음은 특히 초임 교사 시기에는 직업적인 가치체계만큼 교수법에 영향을 줄 수 있다(Vander Ven, 1988). 유아교육 교사들 사이에서 유아들의 행동 목표, 유아들의 요구, 그룹 관리, 계획과 조직, 교육적 과정, 교육적 놀이, 평가, 측정, 그리고 가정과 부모들을 위한 목표에서 그들의 가치체계와 관계가 교수법을 달라지게 할 수 있기 때문에 종종 갈등이 생길 수 있다(Spodek, 1987). 유아교육기관에서 리더는 유아와 가족들에 관한 의사 결정에서 개인적인 가치의 역할을 인정하면서 교수에 대한 가치 판단을 분명하게 하는 것을 돕고 직업적 가치의 적절성을 설명해야 한다.

리더십의 실천에 대한 반성

내가 원감으로 재직하고 있을 때, 두 명의 교직원이 업무에 관해 협조하지 않으려 했다. 그들의 업무와 가치관에 대한 다툼과 의견 충돌은 유아와 다른 교직원들에게 영향을 미쳤다. 나는 몇 번에 걸쳐서 두 명의 교직원과 함께, 혹은 따로 이야기를 나누었지만 그들의 차이를 극복하도록 할 수는 없었다. 그래서 나는 외부에서 갈등 해결을 해줄 수 있는 중재자를 초청하여 그들의 차이를 해결할 수 있도록 도울 수 있는지 알아보기로 결심했다. 두 교직원 모두 이직하기를 원하지 않은 나는 그들이 계속 다투는 것을 허용할 수도 없기 때문에 기꺼이 중재과정에 투자하고자 했다. 나는 두 교직원이 중재자와 몇 번 만나도록 했고, 차이를 완전히 극복하리라고 생각하지 않았지만, 그들은 최소한 업무를 협조적으로 하겠다고 동의했다. 나는 이러한 상황을 해결하도록 도와줄 수 있는 전문가를 필요로 한다는 것을 깨달음으로써 리더십을 배웠다.

유아교육 강사

오늘날 많은 국가에서 발견되는 다문화적인 사회의 가치관은 더 일반적으로 추종되는 사회 가치관만큼 존중받아야 한다. 유아교육 교직원들은 유아들이 그들의 문화적 배경과 가치체계를 보육 및 교육 환경에서 확인할 권리가 있다는 것을 인식하고, 부모들이 자녀가 유아교육기관에 재원하고 있더라도 그들의 문화권에 속한 성인들과 교류하도록 하고자 한다는 것을 인정해야 한다. 그러나 이것은 갈등이 생길 수 있는 잠재력이 많은 영역이다. 특정 문화의 가치는 종종 일반 사회적 가치 및 직업적 가치와 사뭇 다를 수 있다. 예를 들면, 어떤 문화에서는 여아보다 남아에게 직위와 특권이 주어지고, 특정 문화권 아버지들은 여성인 교직원들을 덜 존중하기도 한다. 이러한 문화적 차이들은 다양한 문화적 배경을 가진 교직원들 간에 갈등을 일으키거나 교직원과 부모 사이에 갈등을 일으킬 수 있다. 서로 다른 가치체계 때문에 일어나는 갈등에 대처하도록 도울 때 리더십을 흔쾌히 수용하는 것은 중요하다.

리더십 스타일

리더십과 운영 방식은 갈등을 야기하거나 악화시켜서는 안 된다(Said & Rolfe, 2001). 그러나 유아교육 현장에서 갈등의 정도는 보여지는 리더십 스타일과 관계가 있을 수 있다.

리더십 스타일은 간혹 성숙의 정도와 교직원의 경험 수준과 관계가 있다. 예를 들면, 어리고 경험이 적은 교직원은 성숙하고 경험이 많은 교직원에게 적용하면 적개심과 갈등을 야기할 수 있는 직선적인 스타일에 더 반응적일 수 있다.

권위적인 경향이 있는 리더는 민주적이고 운영에 대한 의사 결정 과정에서 교직원들의 참여를 격려하는 리더에 비해서 더 높은 수준의 갈등을 경험할 가능성이 있다. 이것은 대부분의 성인들, 특히 성숙하고 경험이 많은 성인들은 자신의 전문성을 인정하지 않는 다른 사람들로부터 무슨 일을 수행하고 생각해야 하는지 지시받는 것을 거부한다. 지시와 지도를 필요로 하는 미성숙하고 경험이 부족한 교직원은 권위적인 리더십을 가장 잘 수용하는 경향이 있다. 그러나 이러한 사람들이 자신감이 생기면 일반적으로 그들의 업무에 영향을 미치는 일들에 더 관여하고 싶어 한다. 참여에 대한 교직원들의 요구를 충족하기 위해서 자신의 스타일을 변화시키지 않는 리더들은 부주의하게 적개심과 반항심을 자극하게 된다.

권위적인 리더는 갈등에 관련된 당사자들 간에 갈등 대처를 용이하게 하기보다는 다양한 교직원들 간에 발생한 갈등 상황에서 중재자로서 책임을 지고자 할 수 있다. 논쟁을 해결하기 위해서 교직원 혹은 부모들이 리더에게 호소를 할 때, 일방 혹은 쌍방 당사자들은 그들의 요구가 적절한 주의를 얻지 못하고 해결이 외부로부터 강요되었다고 불만을 느낄 수 있다. 당장의 이슈는 해결된 것처럼 보여도 잠재적으로 남은 긴장은 다른 형태로 혹은 다른 기회에 다시 발생하는 경향이 있다. 유아교육 현장 교사들은 리더가 당사자들 스스로 성숙하고 받아들일 수 있는 해결에 이를 수 있다는 믿음을 보여주면 갈등은 당사자들에 의해서 해결되어야만 한다는 것을 이해해야 한다. 문제 해결 과정에서 적절한 의사소통 기술과 대안에 대한 논의의 모범을 보이는 것으로 지원을 제시할 수 있다.

무엇이든 괜찮다는 허용적인 리더십은 갈등을 피할 수 없다. 지시와 안내를 제시하지 않는 리더, 교직원들의 부족한 업무의 질을 받아들이는 리더, 생산적인 피드백을 제공하지 않는 리더, 그리고 교직원과 부모에 대한 높은 기대를 드러내지 않는 리더 역시 교직원과 부모들의 긴장, 적개심, 그리고 의견 차이를 경험하게 될 것이다. 이러한 종류의 리더십은 유아, 부모, 교직원, 그리고 직업을 위한 존중과 관심의 부족을 나타내지 않는다. 전형적으로 개인의 권리와 요구에 대한 관심 부족, 인내의 부족, 그리고 주관적인 선입견은 교직원과 부모를 위한 최소한의 기준이 없는 곳에서 갈등을 야기한다.

민주적인 리더는 갈등이 의사소통과 대인관계의 문제의 한 증상이라는 것을 이해하고, 문제 해결의 과정에서 관련된 교직원을 참여하도록 한다. 이러한 협력적인 리더십은 관련된 사람들이 문제를 더 키우기 전에 당사자들로부터 이야기를 들으면서 이슈를 끝내는 경향이 있다. 이러한 방식으로는 이슈가 발생했을 때 대처하기 때문에 대부분의 문제가 큰 갈등으로 번지지 않는다. 민주적이고 협력적인 리더십 스타일의 리더들이 있는 기관은 갈등이 적다기보다는 갈등에 다른 방식으로 접근하고 관리한다. 갈등의 효율적인 관리 방법은 본 장의 뒷부분에서 논의하고자 한다.

업무 기대와 요구

업무 기대와 요구에 관해 리더들이 어떻게 정의하느냐는 리더십 스타일의 중요한 요인이다. 과도한 업무 기대와 요구에 대한 리더의 지배는 교직원들의 동기와 주도성을 상실시킬 수 있다. 반면에 역할과 책임이 명확하게 정의되지 않고, 팀 조직 과정의 하나로 수용되지 않은 기관에서는 책임이 누구에게 있는지 명확하지 않아서 갈등이 일어날 수 있다. 업무에 대한 기대는 사전 경험에 근거해서 형성되거나 개인적인 선호와 가정에서 도출될 수 있다. 이렇게 도출된 기대는 적절하지 않거나 현재 상황에 상응하지 않을 수 있다. 그러나 리더는 교직원들에게 누가 어떠한 업무에 책임이 있는지 명확히 하고 타협할 수 있도록 기회를 제공해야만 한다.

업무 수행에 대한 기대를 명확하게 하지 않으면 긴장이 생길 수 있고, 결과적으로 '나는 그러한 방식으로 해야 하는지 몰랐다.' 혹은 '내가 일했던 곳에서는 이렇게 할 필요가 없었다. 관리자가 그러한 일을 했었다.' 고 교직원들이 주장할지도 모른다. 인간은 기대와 요구가 명확하지 않은 상황에서 스트레스를 경험할 수 있다. 리더가 그들에게 요구 사항을 적절하게 알려 주지 않았다고 교직원들은 리더를 원망할 수 있다. 그 결과 갈등을 피하기 위해서 수용적인 리더는, 모든 교직원이(필요하다면 부모들도) 그들로부터 기대되어지는 것이 무엇인지 명확하게 전달해야 할 것이다.

권위에 대한 고용인의 불신

일부의 유아교육 원장과 원감들의 독재적인 리더십 스타일은 고용인들이 리더가 집단을 위한 최선의 이익과 복지를 생각하지 않는다고 느끼도록 한다. 특정 행동들에 관한 리더의 동기가 불명확하면 리더에 대한 부정적인 태도를 야기하고, 결과적으로 교직원들의 협력이 어려워진다. 예를 들어, 교사들이 신뢰하지 않는 리더가 교원 평가를 도입하면, 교사들은 한두 명의 교사를 해고하려는 의도로 부정적인 인식을 할 수 있다. 실제로는 해당 리더가 집단의 목표를 바탕으로 교사들의 발전을 위해서 교원평가를 도입하고자 하더라도 부정적으로 받아들여질 수 있다.

리더와 그들의 동기를 불신하는 기관에서는 교직원들이 리더에 의해 제안된 사항들을 지지하거나 참여하고자 하지 않는 경향이 있다. 만약 갈등이 이러한 상황에서 발생한다면 교직원들이 정책과 실제적인 의사 결정에 관여할 수 있다는 것을 확신시키면서 근본적인 신뢰를 회복하기 위하여 노력해야 한다. 또한, 의사 결정 및 문제 해결 과정에서의 교직원들의 참여는 리더에 대한 불신을 극복하는 데 도움이 된다.

업무 수행에 대한 피드백과 비평 수용에 대한 어려움

효과적인 의사소통을 하는 사람들과 유능한 리더들의 공통된 특징은 교직원들의 업무 수행에 대한 긍정적인 피드백을 전달하는 능력이 있다는 것이다. 피드백이란 단어는 많은 사람들이 비평의 부정적인 측면에서 이해하지만, 칭찬과 격려라는 긍정적인 측면까지 포함한다. 다수의 리더들이 하는 실수는 비평하는 것에 집중하고 기대했던 결과를 달성하지 않은 것에 대해서 개인을 비난하는 의사소통을 한다는 것이다.

아마도 그들의 시간과 관심에 대한 요구 때문에, 리더들이 순조로웠던 일상, 교직원들의 장점, 기관에 대한 헌신 혹은 개선된 부분에 대해 지속적으로 언급하면서 교직원들을 격려하는 경우는 거의 없다. 예를 들면, '실외 활동에 대해서 적절한 정보를 제공하고 있지 않습니다.' 라고 말하는 대신에, '이번 주 계획안에 많은 노력을 기울이고 있다는 것을 압니다. 하지만 실외 경험에 대한 구체성이 부족해서 약간 염려가 되네요. 우리 이 부분에 대해서 함께 이야기할 시간이 있을까요? 라고 이야기할 수도 있다. 또한 리더는 '개별 유아를 위한 교육 목표를 작성하는 데 많은 시간을 할애한 것으로 압니다.', 혹은 '오늘 아침 교직원회의에서 다음 주 계획을 토의하는 데 적극적으로 참여해서 기쁩니다.' 와 같은 격려의 말들을 할 수 있다.

만약 리더들이 피드백을 격려보다 비평을 한다면, 교직원들도 피드백이라는 단어를 들으면 부정적인 평가를 연상하게 된다. 결과적으로 그들은 어떠한 피드백에도 자기방어적인 자세를 취하게 될 것이다. 교직원들은 그들 자신을 예상 가능한 리더의 공격으로부터 보호하기 위하여 자신이 한 업무에 대해서 왜 그렇게 해야 했는지 정당화해야 한다고 여길 것이다. 간혹 교직원들이 피드백 수용에 대해 어려워하는 것은 리더들로부터 과거에 피드백과 비평에 대한 부정적인 사전 경험을 했기 때문이다.

그러나 만약 리더가 교직원들이 방어적이 되지 않도록 피드백을 사용할 수 있고 심도 있는 의사소통을 할 수 있도록 한다면, 피드백은 논쟁의 요소가 아니라 발전을 돕는 수단이 될 수도 있다. 현장 교직원들은 다음과 같은 논평은 도움이 되고 수용할 수 있는 것으로 간주한다. 예를 들면 '선생님이 아이들이 즐거워하는 음악 교육을 계획했다고 생각합니다. 사이먼이 집중하지 않는 것으로 보이던데, 사이먼의 참여를 도울 방법을 함께 찾아볼까요?' 등이 있다. 이해할 만하고 지지적인 스타일의 건설적인 피드백에 교직원이 익숙해질 수 있도록 도와주면 리더가 자신들의 입장에 대한 이해와 공감이 부족할 것으로 생각되는 영역에 대해 교직원들과의 논쟁을 피할 수 있다.

직업적인 성장과 발전이 인정받고 더 나은 발전을 위한 목표를 설정하는 유아교육기관에서 리더와 교직원 모두를 위해서 정기적인 교직원 평가를 도입하는 것은 교직원이 피드백의 역할을 배우고 피드백을 효과적으로 수용하는 방법을 배우도록 돕는 한 가지 방법이다.

정보와 잘못된 정보

유아교육기관의 효과적인 운영을 위해서 정확하고 명확한 의사소통과 잠재적인 의사소통 장애의 중요성에 대해서 이미 강조하였다. 의사소통에 관한 영역에서 또 하나의 논점은 정보 공유, 즉 누가 특정 정보에 접근할 수 있는가 하는 것이다. 현장 교사들은 정보가 권력이라는 것을 깨달아야 한다. 특정 상황과 관련된 정보를 가진 사람들은 바람직한 결정을 하고 경쟁력 있는 업무 수행을 할 수 있는 우월한 입장에 놓이게 된다. 다시 말해서 정보는 사람들에게 권력을 부여한다.

어떠한 정보를 누구와 공유해야 하는지 윤리적으로 숙고할 필요가 있다. 유아교육 현장 교사들은 정보를 공유해야 하는지 아닌지에 관한 윤리적인 딜레마에 처할 때가 있다. 예를 들면 가정법원으로부터의 정보 요청, 부모의 신상명세에 대한 정보 요청, 혹은 깨물거나 친구를 때린 유아에 대한 부모들로부터의 정보 요청, 그리고 아동학대로 의심되는 경우에 관한 정보가 있다. 교직원들은 민감하고, 신중하게, 전문성을 가지고 윤리적으로 이러한 결정을 해야 한다. 인간관계에서 의혹이 없는 의사 결정은 드물고, 대부분은 심사숙고하지 않으면 갈등을 야기하게 된다. 모호한 상황에서 교직원들에게 지표가 되는 윤리적인 규범을 사용하는 것은 중요한 직업적 전략이다.

효율적이고 존경받는 리더들은 다른 사람들과 협력한다. 그들은 기꺼이 공개적으로 정보를 공유하고, 기관에서 권력을 휘두르기 위한 도구로 정보를 공유하거나 보류하지 않는다. 대부분의 정보는 누구와 어떠한 정보를 공유해야 하는지 결정했던 전임 기관장으로부터 받게 되기 때문에 정보 공유는 중요한 이슈가 된다. 자신의 역할과 책임을 완수하기 위해서 꼭 필요하다고 여겨지는 정보로부터 차단됐다고 믿는 교직원들은 리더에 대한 신뢰를 잃게 된다.

부모들은 자신의 자녀와 관계된 정보들에 대한 권리가 있다고 생각하며 자신들이 중요하다고 여기는 정보를 제공하지 않는 유아교육 교직원들에 대한 신뢰를 잃어버리게 된다. 유능한 리더는 다수의 부모가 유아교육 전문가들의 세심한 관찰에 대해 정확하게 해석하도록 훈련되지 않았다는 것을 고려해서 그들에게 어떠한 정보를 제공해야 할지 신중하게 생각한다. 예를 들면, 한 부모가 다른 유아들의 그림이 자신의 자녀가 그린 그림보다 더 정교하다고 말할 수 있다. 이런 경우에 발달적 지연 가능성이 있다고 말하기보다는 민감한 교사라면 유아들의 그림에 영향을 미치는 요인들에 대해 알고, 그 유아의 그림에서 보이는 장점에 초점을 맞춘다. 또 다른 일반적인 상황은 누가 자신의 자녀를 깨물었는지 부모가 알고자 하는 경우이다. 깨물기는 제재하기 어려운 행동이고 누가 가해자인지 교사가 모를 수도 있다. 어쨌거나 유아들에게 깨무는 아이라는 꼬리표가 붙거나, 다른 부모로부터 배척당하거나, 혹시 생길 수 있는 가해자 부모에 대한 피해자 부모와 다른 부모들의 정서적인 앙갚음으로부터 피해자 부모를 보호하기 위하여, 이러한 정보는 알리지 않는 것이 모두를 위한 최선이다. 직업윤리는 정보의 책임 있는 관리에 대한 가이드라인을 제시할 수 있다.

기밀을 유지하는 것은 정보 공유에서 민감한 사안이다. 기관 내 회의에서 교사들은 특정 유아의 발달과 유아에 관해 그 부모와 이야기했던 문제들이 어떻게 진행되고 있는지 토의하고자 할 수 있다. 그 교사는 유아를 위해 계획한 학습 내용을 발전시키기 위해서 그룹의 도움을 요청하고자 할 수 있고, 그러한 전문적인 토의들은 교사와 유아를 위해 바람직하다. 그러나 그러한 정보와 교직원회의에서 토의된 의견들은 비밀이 유지되어야만 하고, 다른 부모들에게 전해져서는 안 된다. 슈퍼마켓이나 쇼핑센터와 같은 부적절한 장소와 기관 밖에서 누구와도 유아들과 그들의 가족들에 대해 이야기하지 말아야 한다. 왜냐하면 경험에 의하면 부모들은 대체로 소문을 듣게 되고 신뢰가 깨지는 것에 대해서 정당하게 분노할 수 있다. 리더는 부모에게 신뢰를 약속해야 하는 의무가 있고 마찬가지로 교직원의 업무 수행에 대해서 토의할 때 이에 대한 기밀을 유지해야 한다. 부적절한 정보 관리로 일어나는 갈등은 리더와 부모, 교직원 간에 기본적인 신뢰를 무너뜨릴 수 있고 서비스의 질을 떨어뜨릴 수 있다.

성격 차이

유아교육기관의 구성원들 간에 이루어지는 갈등에 대해서 '성격 차이'라는 개념에 의해 설명되어 왔고, 때로는 서로 다른 개인이 연관되면 고착화된 본성으로 인해서 그러한 갈등은 피할 수 없고 해결될 수 없다고 무시되어져 왔다. 반면에 심리학 연구들은 인격은 대부분 유전되고 안정적인 특성을 띠지만(Berk, 2002), 개인적인 인격의 차이가 애초에 갈등이 생기는 이유와 서로 다른 개인들에 의해 왜 갈등이 지속되는지 충분히 설명할 수 없다고 제안한다. 두 개인이 의도적으로 협력하지 않고 그들의 차이에 대한 성숙하고 합의할 수 있는 해결점을 찾아서 직장의 요구에 부응하고자 하지 않는다는 것이 좀 더 논리적인 설명이다. 게다가, 갈등이 자연스럽게 공개되고 지속된다는 사실은 직장에서 개인 간 충돌을 유아교육기관에서 일어나는 사건에 대응하는 하나의 방법으로 받아들이고 심지어 미묘하게 조장하고 있음을 시사한다.

직장에서 개인들에 의해 지속되는 갈등은 교직원의 사기를 저하시킬 수 있고 어린 유아들에게 상호 작용과 문제 해결에 대한 나쁜 모델을 제시할 뿐 아니라 부모의 교직원에 대한 신뢰를 깨뜨릴 수 있다. 인격 충돌에 대한 편견은 그들의 차이를 해결하기 위해서 노력할 의도가 없거나 갈등에 대한 책임을 개인들로부터 면제시키고자 하는 사람들에 의해서 야기되는 것으로 보인다. 협력하려 하지 않고 업무 수행을 지속하고자 하지 않는 개인들에 의해서 유아교육기관에 야기된 분열의 최종 결과는 갈등의 주인공들 중 한 명이 직장을 관두게 되는 것이다. 이러한 결과는 한 명 혹은 두 명 모두 사직을 택하거나 기관장이나 운영위원회에서 지속적인 갈등이 서비스의 질에 부정적인 영향을 미쳐 관련된 교직원들을 해고하겠다는 결정을 내리게 된다.

선입견과 편견에 대한 융통성 없는 고집

일부 사람들은—아마도 개인적 성향 때문에—반대의 증거가 나왔을 때조차 융통성 없이 그들의 선입견과 고정관념을 고집한다. 영유아들과 가족에 대한 이해와 지식 기반이 변화하고 복합적인 분야에서는 교직원들이 새로운 아이디어와 기법을 기꺼이 받아들이고 융통성을 발휘할 필요가 있다. 프로페셔널한 관계가 상호 작용에 기반하고 있어서 만약 교직원들이 심리적으로 오래된 가정과 고정관념에 제한되어 있다면 제대로 관계가 지속될 수 없다.

유아에 대한 태도와 적절한 유아교육 실제에 대한 이해가 극적으로 변화되어 왔기 때문에 한때는 받아들여졌던 일부의 태도와 교육 실제는 현대에는 시대에 뒤처지고 부적절한 것이 되었다. 예를 들면, 1960년대까지 신체적인 체벌은 순종적인 태도를 강화하는 것이라고 믿었다. 최근 연구들은 이것이 사실이 아니라고 제안한다. 같은 방식으로 교직원에 대한 엄격한 권위주의적 감독은 교직원들이 업무에 대한 의무를 다하도록 하는 데 필요하다고 생각되었다. 그러나 이러한 태도는 고용인들의 직업에 대한 주도권과 동기, 의무감에 부정적인 영향을 미친다고 알려져 있다. 한 부모

가정의 유아들은 한때는 불리한 처지를 타고난 것으로 간주되었다. 현재는 유아들의 경험의 질은 다양한 요인들에 좌우된다고 생각한다.

유아교육 분야에서 새로운 발달을 고려할 필요성에 대해 무감각하면 시대에 뒤처진 이론과 사고에 의한 정책과 실제를 유지하고자 하는 교직원과 최신의 지식, 이해, 그리고 기법을 업무에 통합시키고자 하는 교직원 간에 갈등이 조장될 수 있다. 최신 연구 결과들을 알고 있는 것은 지속적으로 이루어져야 하는 직업적 책임으로 간주된다.

변화에 대한 저항

유아교육에서 변화라는 이슈는 지속적인 전문인이 되기 위한 중심에 있으며 10장에서 구체적으로 논의되어질 것이다. 어쨌든 변화에 대한 고용인과 피고용인의 태도와 변화에 대한 저항은 갈등의 원인이 될 수 있음을 인지해야 한다. 유아교육 서비스는 사회적, 문화적, 경제적, 그리고 정치적 변화들에 반응적이어야 한다. 리더나 교직원이 변화를 성장을 위한 기회보다는 위협으로 간주하고 변화의 적용을 용이하게 하기보다는 저항하는 데 에너지를 쏟는 기관에서는 변화에 대한 요구를 이해하는 사람들이 느끼는 긴장과 좌절이 갈등의 원인이 될 수 있다.

유능한 리더는 변화가 대부분의 사람들에게 위협적이며, 변화에 대한 저항은 정상적인 반응임을 이해한다. 그럼에도 불구하고, 리더는 갈등 상황을 가속화시키는 변화에 대한 불확실성을 허용하기보다는 건설적인 방법으로 저항을 극복하기 위해 자신과 교직원들 내부에 긍정적인 태도를 발달시키고자 애써야 한다.

유아교육기관에는 갈등의 잠재적 요인들이 많고 논의는 일부에만 초점을 맞춘다. 다른 갈등의 잠재적 요인들에 대해서 Ebbeck과 Waniganayake(2003)는 호봉, 높은 이직률, 위급상황, 보호와 교육의 이분법, 정책의 적용과 직업적 발달에 대한 무능 등을 꼽았다. 유능한 유아교육 리더는 잠재적 갈등의 원인들을 제거하기 위하여 자신들이 일하는 기관을 분석하고, 갈등의 잠재성을 줄이기 위한 구조적인 변형이 필요한지 평가할 것이다. 그러나 갈등은 집단의 성장을 위해서 피할 수 없고 필요하다. 다음 단계는 건설적으로 갈등을 관리하기에 관해서 논의한다.

갈등 중재의 전형적 방법

갈등을 다루는 일반적인 접근법들은 결과와 효과가 다양하다. 유감스럽게도 가족은 대부분의 사람들에게 훈련장이 되어 왔다. 여기서는 관찰과 개인적 경험을 통해 갈등을 다루는 비효과적이고, 새로운 방법들이 표준이 된다. 사람들이 갈등 관리에 대한 기술을 별도로 습득하지 않는다면 개인적인 인간관계에서 사용된 방법들은 직업적인 상황에서는 대체로 부적절하다. 그래서 유능한 리더들은 갈등에 대응하는 자신들의 스타일을 점검할 것이고 기관과 교직원들의 도의에 대한 관점에서 결과물을 평가할 것이다.

갈등에 대처하는 다음의 전형적인 방법들은 많은 유아교육기관에서 관찰할 수 있으나 대체로 리더와 교직원 모두를 위해서 비생산적이고 부정적인 결과를 나타내는 경향이 있다.

부인과 철회

갈등에 대응하는 보통의 방법은 그것의 존재를 부정하는 것이다. 예를 들면, 리더가 새로운 근무표를 발표한다. 제인은 아침 당직을 한 주 더 하게 된다는 것을 알았다. 그녀의 긴장된 몸짓과 목소리 톤으로 새로운 근무 상황이 만족스럽지 않음을 나타내며, "또 이렇다니까! 내가 꼭 최악의 당직을 해야 해. 원장이 나에게 유감이 있는 게 분명해!"라고 중얼거린다. 이러한 불평을 엿들은 원장은 새로운 근무표에 불만이 있는지 제인에게 묻는다. 제인은 강하게 자기주장을 하지 않고, "아니에요. 아무 문제 없어요."라고 대답하고 가 버린다. 이러한 부인은 잠재적 문제를 토의로 표출할 때조차 의견의 차이가 있음을 인정하고 무엇이 차이인지 정의하거나 가능한 대안을 토의하는 데 방해가 된다. 문제가 존재함을 부인함으로써 제인은 스스로 불만족한 상황에 고립되었으며 5장에서 논의된 비단정적이 됨을 연상시키는 문제들을 경험하게 될 것이다.

이러한 사례에서, 제인은 또한 걸어 나가 버렸다. 그녀는 그러한 상황으로부터 철회하였으며 그녀의 행동은 새로운 근무표의 게시에서 발생하는 어떠한 토의에도 참여할 의사가 없음을 나타낸다. 당사자들 중 한 명이 침묵하거나 그러한 상황에서 나가 버리면 갈등을 해결하는 것은 불가능하다. 만약 다른 사람이 나간 사람을 쫓아가서 기꺼이 적극적으로 대할 용의가 있지 않다면, 그 이슈는 해결되지 않을 것이다. '침묵 대응법' 은 교묘하고 인간관계와 생산성에 해로울 뿐 아니라 해결되지 않은 긴장은 이후에 문제가 과장되면서 폭발하거나 부당한 조치에 대한 사례를 들어 설명하면서 다른 과거의 이슈들이 불거져 나오게 된다.

부인과 철회는 갈등을 해결하지 못하고, 역기능적인 긴장은 표면 아래 묻힌다. 문제는—애초에는 사소했던—이후에 다른 형태로 재등장하거나 리더가 대처해야 하는 더 큰 문제로 나타난다.

화를 참고 달래기

이러한 갈등 관리 접근에서는 당사자들이 갈등이 존재한다는 것을 인지하지만 갈등의 중요성을 가치절하한다. 새로운 근무표에 대한 위의 사례에서, 제인은 새로운 교대 근무 조정에 대해서 불만족하다고 인지하였으나, '뭐 아침 당직을 다시 하고 싶지는 않지만 상관없어, 이제 익숙해졌으니까.' 라고 말하며 자신의 솔직한 감정을 억누르려고 했다. 리더는 '장기적으로 보면 잘될 거예요, 제인. 우리 모두 이른 당직을 해야 합니다. 아마도 다음번에는 내가 해야 될 거예요.' 라고 말해 줌으로써 그 문제로 인한 불화를 가라앉히려고 했을 것이다.

화를 참고 갈등을 해결하는 또 다른 방법은 당사자 간에 차이점을 최소화하는 것이다. 훈육방법에 대해서 의견이 다른 교사들은 다음과 같이 말할 수도 있다. '나도 잘 알고 있지만 나라면 다르게 할 거야.' , 혹은 '기본적으로 우리는 같은 관점을 가지고 있어. 단지 나는 좀 다르게 접근할 거야.'

화를 참고 달래는 방법의 목적은 최대한 빨리 문제로부터 벗어나서 다른 관점에 대한 탐색을 허용하지 않는다는 것이다. 결과적으로 당사자들은 다른 사람의 관점을 이해하지 못하고 서로 받아들일 수 있도록 교수법에 대해 협의하지 못한다. 그러나 모두들 자신이 옳다고 느끼기 때문에 긴장을 야기할 수 있는 교수법을 지속할 것이다. 그 문제는 다음에 다른 형태로 다시 나타나고 사람들이 각자의 관점을 더욱 견고히 하기 때문에 더 다루기 힘들어진다. 화를 억누르게 되면 다른 관점을 배우고 직업적으로 성숙할 수 있는 기회를 잃게 된다.

권위와 지배

갈등 상황에서 권위를 사용하는 것은 다른 편에 대한 기본적인 존중이 부족함을 드러내는 것이다. 권위는 서열에 따른 자신의 위치로부터 과시될 수 있다. 예를 들면, 연공서열제나 자격증 소유라는 관점으로 볼 때 행정하는 사람들과 반대편에 서 있는 각 반 담임들과의 집단 통합을 통해서 파생된 권한을 가진 합법적인 권위자인 원장, 원감 혹은 대리로 권위 있는 2인자에 의해서, 또는 그들이 없다면 보육의 가장 기본적인 요구와 기준을 충족시킬 수 없는 조리사 혹은 청소원 같은 직원들이 큰 목소리로 대화를 지배하거나 다른 사람의 말을 방해하고, 말을 끝내지 못하도록 하거나 울거나 비언어적인 위협을 통해 권위가 행사될 수 있다.

제인과 새로운 근무표에 관한 사례를 들자면, 제인은 화를 내면서 공격적인 자세를 취하거나, 새롭게 근무표를 수정해 달라고 요구하면서 리더에게 맞서거나, 자기주장이 강하지 않은 다른 교사에게 근무 시간을 바꿔 달라고 압박할 수도 있다. 또는 다른 사람들을 방해하고 원하는 것을 얻기까지 원감의 사무실을 떠나지 않거나, 혹은 운영위원회나 연합회와 같이 더 높은 권위에 호소하겠다고 위협함으로써 다른 교사들 위에서 권위와 지배를 행사할 수 있었다. 이러한 방식으로 제인의 행동이 근무표를 변화시키는 목적을 달성했을지라도, 다른 교사들로부터의 존경과 인간관계라는 비용을 지불하게 될 것이다. 그리고 교사가 공격적인 폭발을 동반하는 다른 혼란에 대처하느라 교육의 질이 떨어질 것이다.

다른 사람들을 평화와 화합을 위해 억지로 복종하게 하면 그 문제가 해결된 듯 보일 수 있지만 분개, 분노, 씁쓸함을 만들어 내고 결국은 집단의 직원들의 반항과 태업을 나타나게 한다. 권위는 갈등에 반응하는 공격적인 방법이고 갈등을 해결하기보다는 권위와 지배는 장기적으로는 갈등을 증가시킨다. 다른 교직원들이 한 사람이 이러한 방식으로 자신의 목적을 이루는 것을 수용할지라도, 결국은 착취당한다고 느끼게 되며 리더가 무기력하다고 여기고 권위와 지배가 자신의 목표를 달성하기 위한 공식적인 수단이라고 해석하게 될 것이다. 특정한 목표를 성취하기 위해서 사용되어진 권위를 허용함으로써 문제는 해결되었지만 리더는 이러한 방식을 갈등 해결의 효과적인 방법이라고 인식하는 교직원들에 대처해야 한다는 것을 깨닫게 된다.

갈등 해결을 위한 건설적 방법

관련된 모든 사람들에게 긍정적인 결과를 줄 수 있는 다양한 갈등 관리 방법들이 있다. 갈등 해결의 기본적인 전제는 이해 당사자들이 모두 자신이 이해받고 인정받는다고 여길 수 있도록 효과적인 의사소통 채널을 열고 지속하는 것이다.

명확한 주장, 협상, 그리고 문제 해결의 3단계는 유아교육기관에서 리더들이 쉽게 적용할 수 있는 단순하고 쉬운 방법이다.

명확한 주장

어떠한 사건이 잠재적으로 갈등으로 발전할 여지가 있다고 인식되어질 때, 가장 중요한 첫 단계는 그것을 해결되어야 하는 문제로 인식하는 것이다. 만약 리더나 그 사건에 관여된 당사자가 적절하게 그 행동, 문제, 업무 수행, 이슈 혹은 활동, 그리고 함께 수반된 감정을 표현하여 확실히 말할 수 있다면, 이것은 다른 당사자는 그 사건을 다르게 인식할 수 있다는 조짐을 보이는 것이다. 예를 들어, 제인이 새로운 근무표를 읽고 리더에게 '내가 또 다른 한 주 동안 아침 당직을 해야 한다는 것을 확인했을 때, 아침 당직을 끝낸 지 얼마 되지 않았기 때문에 굉장히 화가 났습니다. 다음 주에는 오후 당직을 하고 싶습니다' 와 같이 리더에게 명확히 언급할 수 있었다.

이러한 상황에서 명확하게 자기주장을 하는 것의 장점은 자신의 이해관계와 관련한 특정 이슈를 설명하고, 적절한 방법으로 감정을 표출했으며, 자신의 요구가 수용될 수 있는 방법으로 상황을 처리할 수 있도록 자신이 선호하는 선택을 제안했다는 것이다. 다른 이점들은 제인이 적임자에게(그 근무표에 대한 책임이 있는 리더) 제안을 했고 상황이 일어났을 때 반응했기 때문에 감정적인 긴장을 쌓아두지 않고 리더에게 맞서는 것에 대한 염려를 피할 수 있었다는 것이다. 제인은 해당 이슈에 집중하고 인성을 비난하거나 초점을 맞추지 않았다. '나' 전달법의 사용은 그 문제의 소유에 대한 책임이 제인에게 있다는 것을 암시한다. 명확하게 주장해서 비록 제인이 원하는 근무 교대가 이루어지지 않더라도, 합리적인 태도로 자신의 요구를 주장했다는 만족감을 갖게 된다.

다음은 개인적인 관점에 대해 의사소통하는데 유용한 주장 방법이다.

- 언제(상황, 이슈 등에 대한 묘사)
- 내가 느꼈다(감정과 정서에 대한 묘사)
- 왜냐하면(중요성과 관계성에 대한 설명)
- 나는 ~을 선호한다(대안 제시)

이와 같이 말하면 반대와 차이를 조정하고 더 중대한 논쟁을 피하는 데 도움이 된다. 만약 명확하게 주장을 해서 원하는 목적을 달성하지 못한다면, 더욱 확고하게 이야기함으로써 당신이 다른 사람들의 입장을 이해하지만 여전히 그 이슈에 대한 조정을 요구한다는 것을 다른 사람들에게 알릴 수 있다. '무슨 말씀인지 알겠지만 저는 여전히…' 와 같은 말은 그 문제에 대해서 심도 있게 논의하고 싶다는 의도를 알리는 것이다. 수차례 확고하게 주장하는 것을 되풀이하더라도, 이 방법이 그 문제를 해결할 수 없다는 것을 인식해야 하는 시점이 온다. 또 다른 전략을 선택할 필요가 있다.

협상

만약 확고하게 주장해서 성공적인 갈등 해결을 하지 못한다면, 협상을 시도하는 것이 필요하다. 이 단계에서는 서로 상호 간에 수용할 만한 해결점을 찾고자 하는 동기와 함께 갈등 상황의 불만족한 특징이 강조된다. 조화로운 인간관계를 유지하는 것을 목적으로 해야 한다. 갈등을 지속하는 데 드는 대가와 갈등을 해결해서 생기는 이점에 초점을 맞춤으로써, 협력하려는 의도로 의사소통하는 것이 필수적이다.

갈등에 대해 협성할 때, 계획과 시점은 중요하다. 이슈에 대해 논의하기 위한 회의는 두 당사자가 여유롭고 충분한 시간을 가지고 해결할 수 있는 시점에 이루어져야 한다. 첫 단계는 정확하고 과장되지 않게 갈등을 함께 정의하는 것이다. 모든 당사자들은 다른 사람의 관점과 감정을 충분히 인식하고 이해하고 있다는 것을 전달해야 한다. 논쟁적인 접근과 위협은 피해야 한다. 명확한 결과와 대안에 집중해야만 한다. 합의점에 이를 때, 서로 수용할 수 있는 것이어야 하고 우위에 있는 편이 원하는 결과가 아니어야 한다. 협상안에 도달하기 어려운 상황에서는 이후에 각자의 행동방식과 합의가 이행되지 않을 때 대처할 방법과 합의된 사항이 양쪽의 요구를 얼마나 잘 충족시키는지 확인할 방법을 명확히 할 필요가 있다.

휴식시간에 예정대로 복귀하는 것은 어떻게 협상한 합의내용이 지켜지는지 보여주는 사례이다. 예를 들어, 수잔은 아침 휴식시간 마다 늦게 반으로 돌아오는 팸에게 분명하게 이야기했다. '아침에 선생님이 늦게 와서 아이들이 점심 준비가 늦어져 화가 났어요. 11시까지는 반에 입실하기를 바랍니다.' 라고 명확히 했다. 그러나 이렇게 해도 문제가 해결되지 않았다. 그래서 수잔은 협상에 들어갔다. '나는 아침 일과에서 점심 식사로 넘어갈 때 어떻게 해야 할지 염려됩니다. 수요일에 우리 회의에서 언급하고 싶어요.' 라고 말했다. 회의에서 수잔은 팸의 입장에 공감했다. 예를 들어, "아침에 커피를 사러 다녀올 때 서두른다는 것을 압니다. 커피 한잔할 시간도 남지 않지요. 그러나 선생님이 제시간에 돌아오지 않으면 아이들을 준비시키고 교실을 점심 식사를 위해 준비하는 데 어려움이 있어요. 내가 받는 스트레스가 우리의 업무에 영향을 미친다고 생각합니다. 우리가 이 문제를 해결할 수 있다면, 우리 모두 아이들과 함께 여유 있는 점심 식사 시간과 오후 일과 시간을 보낼 수 있겠죠. 우리가 어떻게 해야 한다고 생각해요?" 라고 말할 수 있다. 타협할 만한 합의점에 도달하면, 팸이 시간 안에 돌아오겠다고 동의할 것이고, 합의를 이행하지 않으면 어떠한 결과가 생길지 이해할 것이다. 수잔과 팸은 회의 시간에 어떻게 아침 일과에서 점심시간으로 자연스럽게 일과를 진행할지 토의할 것이다.

문제 해결

한편이 갈등 해결을 위한 합의를 위해 협상하기를 거부하거나 협상한 합의를 이행하지 않는 경우에는 문제 해결 전략을 재빨리 사용한다. 확고하게 주장하기, 협상하기, 문제 해결하기의 세 단계는 한 번에 사용될 수 있다. 그러나 대개 수차례의 확고하게 주장하기와 협상하기를 시도하고 나서 문제 해결 접근을 사용한다. 확고한 의사소통 방법은 갈등이 해결되어야 하는 상호 간 문제임을 확인하고 문제 해결 전략을 사용할 때 적합하다.

문제 해결 접근을 사용할 때 다음과 같은 단계를 거치게 된다.

- 명확히 하라. 무엇이 정말 문제인가? 각각 그 문제에서 어떠한 입장을 가지고 있는가?

- 필요한 사실과 정보를 수집하라.
- 브레인 스토밍을 통해 가능한 대안을 산출하고 계발하라.
- 최선의 해결안을 결정하기 위해서 대안을 평가하고 우선순위를 정하라. 모든 대안을 고려해서 결과를 창출하라.
- 일정기간 동안 적용하고 가장 수용할 수 있는 해결안을 평가하기 위한 방법을 계획하라.
- 첫 번째 해결안이 효과적이지 않다면(이것은 정말 가능성이 있다), 첫 번째 단계로 돌아가서 위 과정을 다시 시작하라.

문제 해결 접근법은 갈등에 대한 협력적인 관점을 수용한다. 만약 어떤 개인에게 문제가 있다면, 집단 전체에 문제가 생긴다. 그에 대한 책임은 모두 함께 져야 한다. 이것은 모든 당사자들이 발생한 문제를 해결하는데 전문성을 가지고 있다는 것을 인정하는 것이다. 이것은 특정 입장을 방어하도록 허용하기보다는 해결해야만 한다는 의도를 강조하는 것이다. 문제 해결 접근법은 모든 구성원의 요구가 존중받아야 하고 협력해야 하며, 그 이슈의 해결에 기여해야 하는 'win-win' 방법이다. 리더에 의해 교직원과 부모에게 전달된 '우리가 함께 해결할 수 있다.' 는 태도는 신뢰, 지원적인 관계와 집단과 직업에 대한 더 큰 참여를 격려할 수 있다.

리더와 갈등 해결에 관여한 사람들은 Armstrong(1994)의 추천을 수용하기를 권한다.

- 적극적으로 경청하라.
- 비언어적인 단서와 정보를 찾아 관찰하라.
- 글 문제를 이해하고 정의하기 위하여 관계된 사람들을 도와주라.
- 감정을 표현하도록 허용하라.
- 대안적 해결 방법을 찾아라.
- 합의된 해결 방법을 잘 수행할 수 있도록 갈등에 관련된 사람들을 격려하라.

중재: 갈등을 협력으로 바꾸기

다수의 리더들은 유아교육기관에서 갈등을 해결하는 데 중재가 효과적임을 인정한다. 중재는 논쟁을 해결하기 위한 초기 전략이 아닌 협상과 문제 해결하기가 어려울 때 사용되는 경향이 있다(Ebbeck & Waniganayake, 2003).

중재는 해결되지 않는 토의로 혼란에 빠진 사람들에게 그 상황과 이해관계가 없는 제3자를 영입함으로써 의견 차이를 해결하고자 한다. 그러나 특정 상황에서는 리더가 중재자의 역할을 맡을 수 있다. 이렇게 하면 조직원으로써 업무를 수행하는 것이 중요하다는 것과 리더의 시간과 에너지를 투자할 가치가 있는 일이라는 것을 증명할 수 있다.

Noone(1996)에 의하면, 중재자의 역할은 다음과 같다.

- 의사소통을 원활하게 하라.
- 이해를 증진하라.
- 토의하고 있는 그 문제에 관여된 사람들에 집중하라.
- 창의적인 문제 해결을 격려하라.
- 합의된 해결법에 이르도록 관련된 사람들을 도와라.

갈등 상황에서 중재의 방법을 강요하지 않고 자발적으로 참여하도록 하는 것이 중요하다. 중재의 이점, 해결되지 않은 갈등에 수반되는 어려움들, 공정한 중재자의 역할, 진실하고 개방적으로 존중하면서 의사소통하기 위해서 용기를 갖는 것이 중요하다는 것과 해결 과정에서 기밀을 유지하는 것이 중요하다는 것을 이해한다면 유아교육 현장 교직원들은 중재에 동의하는 편이다. 유능한 중재자들은 객관적인 피드백을 제공하고 협력적으로 해결 과정에 집중하며 관련된 개인들의 권한과 자존감을 증진시킨다.

성공적인 중재는 일반적으로 문제의 본질과 정도를 파악하기 위한 예비 회의와 다양한 관점을 듣기 위한 follow-up 회의를 포함하여 공통의 입장을 확인하고 해결점에 이르도록 수차례의 회의가 필요하다. 집단 윤리와 업무 생산성이 위협받고 있을 때 유아교육 리더들이 중재자의 역할을 수락하는 것은 중요하다. 리더들은 협력적 갈등 해결의 방법에 대해 다른 사람들에게 모범을 보여줄 수 있다.

간혹 역량 있는 중재자를 고용할 필요가 있기 때문에, 중재는 다른 갈등 해결 접근법이 성공적이지 않을 때 마지막 방법으로 사용되는 경향이 있다. 그러나 갈등 상황에 처하기 쉽다는 것을 인정하는 유아교육기관에서는 중요한 방법이다. 갈등에 적절히 대처했을 때 결합력이 증진되고 문제를 해결하려는 분위기가 조성된다. 이는 기관의 질을 증진하는 데 중요하다.

요약

유능한 유아교육 리더는 갈등에 대처하기 위한 기술을 계발하고 교사들이 갈등을 정상적이고 개인적 성장과 직업적 성장에 자극제임을 가르치기 위해 애쓴다. 그들은 논쟁을 다루기 위해서 승인된 관리 방법을 적용하고 교직원들이 그들 자신의 문제에 대처하는 책임감을 갖도록 격려한다. 또한, 리더들은 동료들이 다른 사람의 전문성을 인정하고 이해하며 개인차를 존중할 수 있도록 격려한다. 리더는 갈등을 건설적으로 관리해야 하는 자신의 윤리적 책임을 기꺼이 받아들이고, 집단의 발전을 위해서 갈등의 역할을 인정해야 할 것이다. 그리고 더욱 생산적인 업무 관계를 위해서 그 집단이 개선되도록 도와야 하는 책임을 져야 할 것이다.

Chapter 7

의사 결정하기

리더는 유능한 의사 결정자이며, 거리낌 없이 말할 수 있는 권한이 있다고 느낀다. -유아학교 원장

본 장의 탐구점

- 결정적인 리더십 기술로서의 의사 결정
- 의사 결정의 유형
- 의사 결정의 방법
- 문제 해결
- 전문가 윤리와 의사 결정
- 의사 결정의 가이드라인

의사 결정은 리더십의 난제이며, 리더가 유아교육기관의 목표를 달성하기 위해서 계획하고, 조직하고 구성원들을 관리하기 위한 수단이다. 이러한 기술은 다수의 리더들에게 어려워 보이고, 특히 신규 원장들에게 어렵다. 그러나 결정된 사항들은 유아, 부모, 교직원, 지역사회, 그리고 전체 교직원들에게 영향을 미치기 때문에, 유아교육기관장들에게 의사 결정 기술은 매우 중요하다.

의사 결정은 직업적인 기준에 의해 두 개 이상의 대안 중에서 한 가지 선택을 필요로 하며, 목표지향적인 조직에서는 문제 해결의 과정의 한 단계로 생각할 수 있다(Robbins, 2004). 업무의 질(예: 업무 수행)과 삶의 질(예: 조직 윤리)은 리더십의 윤리적 관점에 의해 영향을 받기 때문에, 의사 결정의 질은 기관에서 제공하는 서비스의 질에

영향을 미칠 것이다.

평범한 리더와 유능한 리더를 구분하는 것은 일반적으로 의사 결정의 질이다. 다음의 조건을 만족시키면 효과적인 결정이다.

- 조직의 자원들이 최대한 사용되었다.
- 시간이 잘 활용되었다.
- 결정은 정확하고 우수하다.
- 관련된 조직원들은 모두 그 결정을 따른다.
- 조직의 문제 해결력이 증진되었다.

유아교육기관과 같이 인간의 욕구를 충족시키는 것에 중점을 둔 조직에서는 결정은 일상의 중심이 된다. 매일 이루어지는 많은 의사 결정들은 사소한 것들인 반면에, 다른 의사 결정들은 그렇지 않아서(Rand, 2000), 교육과정, 메뉴, 게시판에 공지해야 하는 정보 결정, 부모 참여, 재정, 정책, 그리고 윤리적인 이슈들에 관한 복잡한 의사 결정을 요구한다.

리더는 일반적으로 유아교육기관의 효율적인 운영을 위해 필요한 대부분의 의사 결정에 대한 책임이 있고, 설명해야 할 의무가 있으며 의사 결정은 다양한 방법으로 이루어진다. 의사 결정은 판에 박혀 있거나, 문제 해결을 위한 것이거나, 혁신적인 성격을 가진다. 결정해야 하는 안건의 성격, 바라는 의사 결정의 수준, 의사 결정에 의해서 영향을 받는 사람들이 수용하는 정도와 내려진 결정을 현장에 적용하기 위한 지원의 수준에 의해서 리더가 의사 결정하는 방법이 선택된다.

의사 결정 스타일은 다음과 관계가 있다.

- 개인적인 성격과 리더의 스타일
- 집단의 성격
- 결정해야 하는 안건의 성격
- 결정의 맥락

최근에는 리더가 이성적이고, 지적이며, 객관적인 의사 결정을 하도록 돕는 것에 중점을 두고 있다. 정보 관리와 정보의 조직적인 분석에 기초한 정교한 컴퓨터 시뮬레이션과 수학적 모델의 사용은 인간적이고 감성적이며 주관적인 요소가 있는 의사 결정의 과정을 무시하는 예이다. 그러나 좋은 의사 결정은 종종 이성과 감성, 사실과 지각, 객관과 직관을 모두 포함하기 때문에, 의사 결정에서 인간이라는 투입 요소를 무시할 수 없다. 지각, 사고, 기억, 문제 해결에 대한 감성의 영향과 관련해서 뇌에 관한 새로운 정보들은 리더십의 본질과 의사 결정에 관한 통찰을 제기한다(Dickman & Stanford-Blair, 2000).

Hasenfeld(1983: 29)는 리더들이 의사 결정을 할 때 과거 경험, 선택적 자극인지, 친밀한 대안들에 기초하여 실재에 대한 간략화 된 모델을 만들어서 만족할 만한 해결을 추구해야 한다고 제안한다.

문제 해결에 대한 새로운 접근들은 상상력이 풍부하고, 참신하고, 독창적인 해결책들이다(de Bono, 2004a, 2004b; Turner, 2003). 본질적으로 이러한 전략들은 새로운 아이디어, 일반적이지 않고 기대하지 않은 가능성들과 해결책을 찾기 위해 리더가 수평적이고, 창의적이며, 상상력이 풍부한 사고를 하도록 요구한다. 이러한 사고 방법으로, 리더는 '큰 그림' 을 볼 수 있고, 실험을 할 수 있으며, 위기를 감수하고, 새로운 전략들을 시도할 수 있다. 만약 리더가 이러한 사고방식을 사용할 용기가 있고 교직원들도 이와 같이 격려한다면, 팀의 아이디어와 혁신으로부터 얻어지는 것이 있다. 이러한 조합과 전략은 유능한 의사 결정자와 무능한 의사 결정자를 구분하는 창의적 의사 결정의 측면을 자극한다(Robbins, 2004).

다수의 리더들이 적절한 정보를 수집하고 정보에 근거한 선택을 하는 합리적인 의사 결정 접근법을 사용한다고 주장할지라도, 유아교육기관에서 일어나는 어떠한 문제들은 쉽게 합리적인 의사 결정을 하기 어렵게 한다. 예를 들면, 품행 관리, 윤리적인 딜레마와 직원 고용, 지식의 부족, 시간 압박, 조직적인 구조 혹은 정서 등의 요인들은 합리적이 되는 데 영향을 미친다.

Goleman(1996)은 정서가 이성적으로 사용되지 않으면 의사 결정이 쉽게 어긋난다고 주장한다. 정서는 사고를 방해할 수 있다고 지적한다. 예를 들면, 스트레스가 많은 상황에서 종종 '우리는 객관적으로 생각할 수 없다.' 고 말하곤 한다. 격한 감정에 대처하는 데 무능하면 평범한 문제들에 대한 의사 결정조차 악화시킬 수 있다.

잘못된 논리, 분석적인 기술 및 능력의 부족과 상황을 혼란스럽게 하는 정서적인 문제에 대한 허용은 불만족한 의사 결정을 야기시킬 수 있다. NAEYC(the National Association for the Education of Young Children)와 AECA(the Australian Early Childhood Association)와 같은 국가적인 유아교육협회들은 어려운 의사 결정을 할 때 유아교육 교직원들에게 도움이 되는 윤리 지침을 개발했다. 이러한 방편들이 충분히 인정받지 못하고 있으며, 많은 유아교육 유아교사들이 합리적인 의사 결정을 위한 가치 있는 자원을 충분히 활용하지 못하고 있다.

의사 결정의 유형

의사 결정은 두 개의 유형, 즉 프로그램화 된 의사 결정과 프로그램화 되지 않은 의사 결정으로 분류할 수 있다.

프로그램화 된 의사 결정은 일과, 정규적으로 일어나는 상황들이나 이전에 경험해 본 상황을 위해 적절하고, 의사 결정자의 분별력을 최소로 요구한다. 프로그램화 된 의사 결정 과정에서는 과거에 같은 상황에서 성공적이었던 접근을 적용한다. '만약 이러한 일이 발생한다면, 이와 같이 하세요.' 라고 할 수 있다. 예를 들면, 어떤 부모가 제시간에 자녀를 데리러 오지 않았다면, 의사 결정자는 규정을 따를 것이고 다른 사람들이 같은 상황에서 할 수 있는 행동을 할 것이기 때문에 프로그램화 된 의사 결정이라고 할 수 있다. 모든 유아교육기관 교직원들은 매일 프로그램화 된 의사 결정을 한다. 예비 교직원 교육과 보수교육에서는 자주 일어나는 상황에 적용할 수 있는 예정된 반응의 목록을 알려 준다. 이와 같은 의사 결정은 목적과 목표, 규칙, 정책, 그리고 과정에 따라 명시한다.

프로그램화 되지 않은 의사 결정은 기관에서 아직 정책이나 대처 과정에 대해 명시하지 않은 비교적 새롭고, 애매하고, 구조화 되지 않은 충동적인 상황에서 사용된다. 일반적인 문제 해결 접근방법은 특정 상황에 따라 해결책을 맞추도록 요구된다. 예를 들면, 프로그램과 교육과정 개발처럼 대리인이나 보육실의 리더를 선출하는 것은 예정되지 않은 의사 결정이다. 프로그램화 되지 않은 의사 결정은 리더의 판단, 직관, 창의력에 기초하고 결과적으로 유능한 의사 결정자를 필요로 한다. 유아교육기관의 리더는 프로그램화 되지 않은 의사 결정을 위한 특별한 책임을 가지고 있다. 유아, 교직원, 그리고 부모들을 위한 행정적인 의무가 덜 일상적이고, 더 모호하고,

프로그램화 된 의사 결정의 제한을 덜 받는 곳에서는 리더들은 효과적인 의사 결정을 위한 기술을 취득해야 한다.

Carlisle(1979)에 의하면, 세 가지 유형의 의사 결정이 있다.

- 직관적 의사 결정
- 판단적 의사 결정
- 문제 해결 의사 결정

직관적인 의사 결정은 이성과 논리보다는 감정과 정서에 기반한다. 약간의 객관적인 정보가 의사 결정하는 데 도움을 주더라도, 정보와 조언은 정반대임에도 불구하고 그 결정에 대한 느낌이 맞기 때문에 직감, 직관, 감정이 리더에게 가장 영향을 많이 미친다. 경험이 많은 리더들은 직관적인 접근을 사용하더라도 좋은 의사 결정에 이를 수 있다. 그러나 관점의 부족과 중요한 정보의 가치절하 같은 약점들은 리더가 설명할 수 없고 방어할 수 없는 부적절한 의사 결정에 이르도록 할 수 있다. 직관적인 의사 결정은 교직원을 채용할 때 지원자들의 자격 조건이 같다면 특정 지원자가 현재 팀에 적합하다는 단순한 느낌을 가지고 이루어질 수 있다. 특히 상처받기 쉬운 부모를 대할 때, 리더는 직관적으로 그 유아의 늦은 발달에 대한 정보 공유가 부모의 웰빙을 저해할 수 있다고 느낄 수 있고 당분간 정보를 보류해야겠다고 결정할 수 있다.

리더십의 실천에 대한 반성

나의 경험으로 리더십은 새로운 원장님이 오셨을 때 알 수 있었다. 새로운 원장님은 어린이집을 일하기 즐거운 곳으로 바꾸어 놓으셨다. 원장님은 의사 결정을 하고, 우리에게 어떠한 일이 일어날지 이야기한 후에 일을 처리하셨다. 원장님의 의사 결정은 밝고 에너지가 넘치는 환경으로 완전히 바꾸어 놓았다. 나는 일하러 오는 것이 즐거워졌다.

보육교사

판단적인 의사 결정은 전문적인 지식과 경험에 근거하고, 이러한 경우에는 리더가 특정 행동과 의사 결정의 결과를 정확이 예측할 수 있다. 그 문제를 이전에 경험하고 성공적으로 다루었기 때문에 곰곰이 생각할 시간이 거의 필요하지 않다는 것을 의미한다. 빠른 판단이 정확할 수도 있다. 그러나 기본적인 가정과 감추어진 것들이 변할 수 있어서 더 이상 결정과 상응하지 않는 상황은 언제나 올 수 있다. 판단적인 의사 결정은 유아교육기관이 어떤 교직원이 어느 반을 담임하게 될 것인지, 부모가 연락이 안 되는 유아의 의료적 치료와 관련된 결정 등에 관한 지자체의 규제를 잘 준수하고 있는지 점검하기 위해서 적절할 수 있다.

문제 해결 접근법은 이성적인 방법이고, 다수의 해결 방법이 가능한 복합적이고 이전에 경험하지 못한 문제들을 해결하기 위해서 체계적이고, 객관적인 단계들을 수행한다. 더 많은 정보가 필요하고 연구하고 분석하고 곰곰이 생각할 시간을 필요로 하는 상황에서 유용하다. 예방적인 의사 결정은 문제 해결 접근법에 포함되어지며, 리더가 정보와 현 상황에 기초하여 앞을 내다보고, 무슨 일이 일어날지 예견한다. 그러나 리더가 구할 수 있는 정보의 양이 중요하지는 않다. 정보의 홍수에 빠지는 것은 문제 해결 과정을 더디게 할 수 있다. 질 낮고 적절하지 않은 정보는 수준 낮은 의사 결정을 생산할 것이다. 리더가 평가해야 하는 것은 정보의 양이 아니라 의사 결정에서 그 정보가 실마리가 되는가이다. 의사 결정을 위한 접근으로써 문제 해결 방법은 정책 입안, 프로그램 관리 혹은 운영시간 결정, 교직원 채용이나 프로그램이나 교과 과정에 대한 부모로부터의 항의에 대한 반응 등 기관에 중대한 변화를 위해서 적절할 것이다.

직관적이고 판단적인 접근법은 모두 개인들에 의해서 사용되어질 것이고 리더의 전문 지식에 기초해서 스태프와 부모에 의해서 수용되어진다. 그러나 만약 그 의사 결정이 부적절하고 효과적이지 않다고 입증되면, 리더는 집단의 불만족, 후회, 도덕성 하락을 참아내야 한다. 문제 해결 접근법이 한 개인에 의해서 수행되어질 수도 있지만, 상황의 성격과 정보를 수집하고 분석하고 가능한 해결책을 개발하는데 필요한 시간을 고려하면, 집단의 소속원 간에 이러한 과정에서 책임을 공유하면 높은 수준의 더 빠른 의사 결정이 가능하다. 유아교육 현장 교직원들은 직관적이고 판단적인 접근법들의 고유한 제한점 때문에, 이러한 방법들을 사용할 때 조심해야 한다. 이러한 제한점들은 10장에서 의사 결정을 위한 정보원에 대한 좀 더 심도 있는 토의의 일부분으로써 논의될 것이다. 직관과 판단보다 사용 가능한 정보원의 범위를 아는 것은 필수적이다. 왜냐하면 정보의 출처를 아는 것은 가장 적절한 해결책을 떠올리기 위해서는 해결할 문제와 사용할 방법 간에 보다 나은 일치점을 찾을 기회를 제공하기 때문이다.

의사 결정의 방법

Johnson과 Johnson(2003)은 개인과 집단의 투입에 따라 다양화되어지는 의사 결정 방법들을 개론적으로 설명하였다. 집단 의사 결정에 대한 문헌들은 일부의 상황에서 집단 의사 결정이 개인에 의한 것들보다 우월할 수 있다고 보고한다. 그러나 Robbins(2004)은 다음을 지적한다.

- 집단 의사 결정은 집단에서 의사 결정을 가장 잘하는 개인보다 좀처럼 더 잘하기 어렵다.
- 집단은 더 많은 자원을 소모하기 때문에 집단 의사 결정에서 향상된 효율성은 다른 부분에서 발생한 비효율성을 상쇄할 수 있어야 한다.
- 상황의 유형은 집단 내에서 인간관계만큼 집단 의사 결정의 질에 영향을 미칠 수 있다.

다음에서는 개인과 집단의 투입과 관련한 몇 가지 의사 결정 방법을 알아보도록 한다.

지명된 리더에 의한 개인적 의사 결정

이 방법은 리더가 집단과는 무관하게 의사 결정하는 곳에서 사용하는 방법이다. 리더가 선호하는 유형은 아닐 수 있지만, 집단의 반감 혹은 리더의 전문성과 권위, 그리고 책임의 정도에 대한 집단 구성원의 편견 때문에 리더는 이 방법을 써야 할 수도 있다. 많은 유아교육 현장 리더들은 집단에 의해 의사 결정이 잘 처리될 수 있는지와 상관없이 그들이 지명된 리더이기 때문에 대부분의 의사 결정을 하기를 기대하는 집단 규범에 대해서 불평해 왔다. 다른 구성원들은 의사 결정에 참여하는 것을 자신의 역할이나 의무라고 생각하지 않으며 대신 이 역할을 리더가 해 주기를 기대한다. 이러한 접근법의 단점은 다음과 같다.

- 그 결정의 적용에 대한 집단의 헌신 부족
- 교직원이 동의하지 않을 가능성
- 의사 결정 과정에서 부족한 참여로 인해 분노와 적대감
- 그룹 내 자원의 활용 부족

교직원과 부모, 그리고 리더 사이에 명백한 혹은 미묘한 갈등을 야기하는 불만족한 의사 결정을 리더가 할 때까지 교직원과 부모가 리더의 의사 결정을 잘 따르는 것은 흔한 일이다. 이러한 개인 의사 결정 방법은 그 집단이 의사 결정을 위한 기술이 부족하거나 집단 구성원이 참여할 시간이 충분하지 않은 상황에 적합하다.

지명된 전문가에 의한 개인적 의사 결정

이 방법은 위에 설명한 방법과 흡사하지만 특정 분야에 대한 전문성을 인정받은 집단의 개인 구성원이 의사 결정을 할 권위를 부여받는다. 음악 분야에 가장 적격자이며 경험이 많은 교직원에게 악기 구입의 권한을 위임하는 것은 이 방법을 적절히 사용한 예가 된다. 의사 결정에 관한 연구는 높은 수준의 전문성이 개인에 의한 높은 수준의 의사 결정에 이르게 한다는 것을 지지한다. 그러나 만약 그 결정을 수용하는 것이 집단 구성원에게 중요하다면, 집단 구성원들이 의사 결정 과정에 참여하도록 해야 한다. 집단의 자원을 활용한다는 이점을 가진 것 외에, 이 방법의 장단점은 위에 언급한 첫 번째 방법과 같다.

개인들의 의견을 평균한 의사 결정

이 방법을 사용하면, 집단 구성원들은 개인적으로 혹은 회의에서 각자 어떻게 생각하는지 파악하기 위해서 의견을 말하게 될 것이다. 최종 의사 결정은 가장 인기 있는 선택이거나 구성원에 의한 대안에 기초한다. 예를 들면, 연례 회의에서 연설자를

위한 주제를 결정하는 것은 이러한 방법으로 수행되어질 수 있다. 이 접근 방법에 수반되는 어려움은 다음과 같다.

- 집단 토의와 상호 작용의 부족
- 이후 집단 의사 결정에 영향을 미치게 될 해결되지 않은 갈등
- 자기주장이 강하지 않은 구성원들이 자신이 정말 생각하는 것을 말하기보다는 리더가 듣기 원하는 것을 말하거나 개인적으로 리더로부터 승인받을 수 있을 것이라고 믿는 것을 말할 가능성

어쨌든 이러한 접근법은 시급한 의사 결정을 해야 하거나 회의를 위해 집단 구성원을 모으기 어려울 때(유아교육기관에서 당직 때문에, 혹은 다른 기관에 있는 교직원들 간에 회의가 필요할 때), 효과적인 의사 결정의 수행을 위해 교직원 혹은 부모의 참여가 필요할 때, 다른 방법으로는 의사 결정을 할 기술이나, 동기, 화합이 부족할 때 유용하다.

집단 토의에 따른 리더의 의사 결정

이러한 방법에서 그 집단은 문제에 대해 토의할 기회를 갖게 되지만 최종적인 의사 결정의 권한은 리더에게 있다. 리더에 의해서 집단은 조언을 받게 되고 투입을 제공할 기회가 있지만 최종 의사 결정을 위한 의무는 없다. 연간 보고서에 포함될 내용을 정하거나 예산 지원에 관해 자문하는 것은 이 방법이 적절하다.

이 방법에서는 토의의 수준이 중요한 요인이 될 것이며, 리더는 개방적이고 진실한 토의가 이루어질 수 있도록 섬세한 의사소통 기술을 사용할 필요가 있다. 이 방법을 사용하면 집단 토의로부터 오는 이점이 있지만, 개인의 의견들을 평균한 의사 결정이 최종 의사 결정에 영향을 줄 수 있다는 단점이 있다.

소수에 의한 의사 결정

리더는 의사 결정의 권한을 집단이나 적절한 지식과 기술을 가진 개인들로 이루어진 위원회에 위임할 수 있으며, 위임을 받은 사람들은 문제를 숙고하고, 의사 결정을 하여 집단 전체에 보고한다. 이러한 방법은 다음과 같은 상황에서 유용할 수 있다.

- 일상적인 의사 결정
- 의사 결정 과정에 모두가 참여할 필요가 없는 문제
- 두세 명의 구성원이 관련한 자원을 소유한 경우

기관 중심 프로그램이나 연말에 하는 프로그램의 조직은 교직원과 부모로 이루어진 작은 집단에 의해서 적절하게 처리되어질 수 있다. 부모 핸드북의 발행은 이러한 방법이 알맞다. 역시 많은 집단 구성원의 참여가 부족하기 때문에 이전에 논의된 의사 결정 방법들의 내재된 단점이 이 방법에도 역시 적용된다.

다수의 투표에 의한 의사 결정

집단 토의를 하고 나면, 투표가 공개적으로 혹은 비공개적으로 이루어진다. 그리고 다수가 선호하는 대안이 수용된다. 이것은 유아교육기관에서 이루어지는 일반적인 의사 결정 방법이며, 집단의 재원을 활용할 수 있을 뿐 아니라 집단 토의와 상호 작용을 할 수 있다는 이점을 가지고 있다. 많은 일상적인 의사 결정들(예: 식자재 구입과 교구 청소, 일과 중에 특정 스피커 사용에 대한 선택, 논쟁과 고충처리와 같은 문제 해결을 위한 의사 결정들)은 토의에 이어지는 투표에 의해서 처리되어질 수 있다. 다시 한 번 말하면, 토의의 생산성은 의장을 맡은 사람의 의사소통 기술과 토의를 이끌어 가는 기술에 달려 있다. 사실, 모든 구성원이 참석하지 않고 좀 더 주장이 강한 구성원들에 의해 결과가 달성될 수 있다. 이 방법 역시 욕구와 이익이 마지막 의사 결정에서 무시된 소수를 소외시킬 수 있어 그 의사 결정에 대한 의무와 실행이 어려워진다. 다수의 투표에 의한 의사 결정은 집단을 위한 최선의 이익을 가져다줄 수 없는 특정 의사 결정에서 이익을 얻을 수 있는 개인들에 의해서 표결로비가 이루어질 수 있다.

합의에 의한 의사 결정

이 방법은 혁신적이고 창의적이며 높은 수준의 의사 결정을 이루어 내는 가장 효과적인 방법으로 여겨진다. 이 방법에서는 관여한 사람들이 모두 수용할 수 있는 합의점에 도달할 때까지 모든 집단 구성원이 참석하여 이슈들에 대해 철저하게 토의한다. 모든 구성원이 의사 결정에 대한 책임이 있고 결정을 효과적으로 실행하기 위해서 부분적으로 책임이 있다. 훈육 방침, 기관의 목표, 교육철학과 교육과정에 대한 일반적인 이슈들이 이 방법을 사용하여 처리될 수 있다. 합의에 의한 방법은 다음과 같은 이점을 포함한다.

- 집단의 모든 자원의 활용
- 심각하고 복합적인 문제들에 대한 해결책을 실행에서 전원 참여
- 집단의 미래 의사 결정에서 신뢰 증진

이 방법의 단점은 합의점에 도달하기 위해서 시간을 낭비할 수 있고, 높은 수준의 동기와 심리적인 에너지를 필요로 하며, 긴급하고 압박감이 있거나 스트레스가 많은 맥락에서는 부적절하다는 것이다.

집단 사고(Groupthink): 동조를 통한 합의

'집단 사고' (West, 2004)라는 현상은 합의를 통한 의사 결정의 질에 영향을 미친다고 알려져 왔다. 집단 사고란 합의를 위한 그들의 열망이 문제를 사실적으로 평가할 수 있는 능력을 넘어설 때, 혹은 실행을 위한 폭넓은 대안적 절차를 고려할 능력을 넘어설 때 집단의 개인 구성원들이 추론을 하게 됨을 의미한다. 비판적인 사고는 합의와 만장일치를 위해 희생된다. 사람들은 집단의 다수가 좋아할 것으로 보이지 않는 의견을 제시하는 것을 삼가게 되고 집단의 방향과 같을 것으로 보이는 관점을 나타낸다. 결과적으로 혁신적이고 창의적이며 문제 해결을 위한 의사 결정을 할 수 있는 능력에 대한 집단의 신뢰를 떨어뜨리는 낮은 수준의 의사 결정을 하게 된다.

West(2004: 120)는 직접적인 스타일의 리더들은 반대의 관점을 탐색하고 표현하는 것을 막는 경향을 보인다고 주장한다. 게다가, 자신의 관점을 강요하는 리더들은 의사 결정의 질을 떨어뜨린다. 그러나 과묵하고 표현을 잘 하지 않는 구성원들의 참여를 적극적으로 독려하고, 두드러지게 눈에 띄는 구성원들의 기여를 거절하는 리더는 더 높은 수준의 의사 결정 권한을 위임하는 것처럼 보인다. 유능

한 리더들은 리더십 스타일이 의사 결정의 질에 영향을 줄 수 있다는 것을 인식한다.

리더들은 집단 사고라는 현상에 친숙해질 필요가 있으며, 집단 사고로 인한 파문을 피하기 위하여 공평한 입장을 채택하고, 선의의 비판자를 지목하며, 대안이 될 수 있는 시나리오를 개발하고, 사전에 제외된 대안을 재검증하며 남아 있는 의심과 염려를 표현할 수 있도록 두 번째 회의를 여는 등 단계를 밟도록 한다. 이러한 방법으로 합의에 의한 의사 결정은 사고의 중압감보다는 진정한 합의를 반영할 수 있을 것 같다.

개인적 의사 결정의 한계

집단 의사 결정의 단점을 요약했는데 유아교육기관에서 리더에 의해 고려될 필요가 있는 개인적 의사 결정도 몇 가지 한계점이 있다.

첫째, 어떤 리더들은 효과적으로 수행하기에는 너무 늦게까지 의사 결정을 미루는 경향이 있다. 그래서 기회를 잃거나 문제가 커져서 쉽게 해결되지 않는다.

둘째, 어떤 리더들은 의사 결정의 일정 때문에, 너무 늦게 수행하지는 않는 반면에, 의미 있는 진전을 이루기는 어렵도록 한다. 균형은 유지되어야 하고, 조직은 제대로 운영되어야 한지만 변화와 혁신은 좌절된다. 이러한 리더의 유형은 의사 결정과 관계된 세 가지 중요한 요인에서 기술을 입증하지 않는다.

- 심판
- 감수해야 할 위험
- 더 좋은 의사 결정을 하는데 필요한 정보

위험을 감수하는 리더들은 가장 효과적인 의사 결정을 하는 것 같다. 왜냐하면 그들은 다음과 같은 경향이 있기 때문이다.

- 의사 결정이 이루어져야만 하는 시기에 만연한 분위기를 점검하라.
- 위급함의 정도와 의사 결정에 부득이하게 동반하는 위험요인을 평가하라.

◦ 이용할 수 있는 정보를 활용하라.

유아교육 리더들은 개인적인 성향을 평가하고 의사 결정에 대한 훈련과 경험을 얻을 필요가 있다. 그래서 판단력, 시기적절함, 그리고 비평적인 분석 기술을 함양할 수 있다. 의사 결정과 수용할 수 있는 위험을 감수하기 위해 신뢰감은 훈련을 통해 강화되어야 한다(Hill & Ragland, 1995). 의사 결정에서 어느 정도의 기술이 습득될 때까지, 유아교육 리더들은 집단 의사 결정 과정의 이 점들을 고려해야 한다.

의사 결정에서 질적 수준에 영향을 미칠 수 있는 또 다른 문제는 장의존적 대 장독립적인 인지 과정 스타일이다. 장독립적인 개인들은 정보를 처리하는 과정에서 안내 지침으로 그들 자신의 내면적인 규준과 가치관을 활용하는 경향이 있다. 즉, 그들은 현장으로부터 객관성을 분리하고 추출하며, 재구조화하거나 다른 맥락에서 나타난 문제 해결 기술을 활용할 수 있다. 반면에, 장의존적인 개인들은 외적 기준에 초점을 맞추고 정보처리 과정을 위한 가이드라인을 제공하는 권위에 의존한다. 장의존성은 다른 사람들과의 감정이입적인 관계의 형성과 관계가 있다. 직접적인 보육과 부모 및 교직원과의 상호 작용에 중점을 둔다. 그러나 장독립성의 더 논리적인 속성들은 좋은 의사 결정과 문제 해결을 위해 필요한 인지적 융통성과 관계가 있다. 대부분의 인간이 두 가지 스타일의 정보처리 과정의 특성의 일부를 소유하고 있는 반면에 유아교육기관의 리더들은 리더십 역할에서 전문적 업무 수행을 강화하기 위하여 장독립적인 속성을 개발할 필요가 있다.

전문가 윤리와 의사 결정

의사 결정은 실무뿐 아니라 윤리에 기초하기 때문에 리더십은 건전한 의사 결정을 수반한다. 유아교육 현장 교직원들은 지속적으로 목적, 의미, 실제와 관계에 관한 선택들에 직면한다. 그리고 이것은 그들이 본질적으로 윤리적인 의사 결정을 한다는 것을 의미한다(Moss, 2001). 유능한 리더들은 분명하게 윤리적인 원칙을 의사 결정에 적용해야 하고 팀 구성원들이 똑같이 하도록 격려해야 한다(Newman, 2000). 윤리적인 리더가 된다는 것은 12장에서 논의될 것이다. 어쨌든 직업적인 의사 결정을 가이드하기 위한 윤리체계의 타당성은 서비스를 운영하고 수행할 뿐 아니라 서비스를 받는 소비자와 어떻게 상호 작용하는가에 관한 상당한 고유 권한을 가지고 있는 유아교육 교직원들과 같은 직업군의 구성원에게 강조되어야 한다.

직업윤리 규범은 현장 교직원들의 실무에 대한 규약과 직업적 행동에 대한 지침, 직업적인 신뢰와 능력을 강화할 수 있는 윤리적인 일이 나타날 때 적절하고 뚜렷한 의사 결정을 위한 안내를 제시한다. 윤리 규범은 매일 일과에서 지켜야 할 의무와 책임에 관한 의사 결정을 위해 원칙을 제시할 수 있고(Stonehouse & Creaser, 1991), 직장 내부와 외부에 있는 사람들에 의해 수용될 수 있는 행동의 기초를 제시하기 때문에 의사 결정을 용이하게 할 수 있으며(Feeney & Kipnis, 1991), 전문화에서 중요한 역할을 할 수 있다. 즉, 직장 내에서 규준의 확립 및 유지에 필요하다(Coady, 1991).

윤리 규범은 유아교육 현장 교직원들이 유아와 부모를 위한 질 높은 서비스를 제공하기 위하여 지켜야 할 것들에 관한 가이드라인을 제시한다. 현재 있는 윤리 규범이 관례적이거나 복잡한 의문들과 유아교육 현장 교직원들이 직면하는 윤리적 딜레마에 '옳은' 답을 알려 주지 않더라도, 편의적이고 단순히 실용적인 것보다는 무엇이 옳고 그른지 알도록 돕고, 유아교육 현장 교직원들이 절대로 연류되거나 묵과해서는 안 되는 태도와 행동을 지적한다(Stonehouse & Creaser, 1991). 이와 같이 윤리 규범에 대한 지침은 유아교육 현장 교직원들이 해야 할 것과 하면 안 되는 것들에 관한 일상적인 의사 결정과 장기적인 의사 결정을 처리할 수 있도록 돕는다(Rodd & Clyde, 1991).

의사 결정의 가이드라인

많은 저자들은 의사 결정의 질을 향상시키기 위하여, 리더들이든, 집단이든 초보자부터 경험이 많은 의사 결정자들에게까지 활용될 수 있는 일련의 지침을 만들었다.

- **상황, 문제, 목표를 정의함으로써 의사 결정을 위한 수요를 규명하라.** 불만족한 상황이 존재하는가? 현재 상황과 이상적인 상황 사이에 차이가 있는가? 누가 상황을 수용할 수 없나? 그 상황이 수면 밑에 있는 또 다른 문제의 징조인가? 만약

있다면, 숨은 의도는 무엇인가? 그 상황을 정의하기 위하여 유능한 리더는 가능한 그 상황의 실재에 가까운 사실과 정서를 알고자 시도할 것이다.

- **의사 결정의 기준을 정립하라.** 이것은 의사 결정을 할 때, 관련된 의견, 사실, 정보를 수집하여 연구할 때, 의사 결정 기준에서 우선순위를 밝혀내기 위하여 각 기준에 중요도를 배정하여 어느 기준이 우선이고 어느 기준이 의사 결정에서 중요하지 않은지 밝힐 때, 중요한 듯 보이는 특징들을 규명하는 것을 의미한다.
- **대안적인 해결책을 개발하고 선택들을 체계적으로 진술하라.** 모든 가능한 대안들을 규명하고 이 단계에서는 평가를 피하는 것이 중요하다. 공평하고 지적인 의사 결정을 위하여 모든 가능성을 탐색하는 것은 리더의 책임이며, 대안들이 드러나지 않았을 때 선호와 기대를 공식화 하는 것을 억제해야 한다.
- **방향을 정했을 때 생길 수 있는 결과에 대해 대안들을 평가하라.** 각 대안의 장점과 한계가 2단계에서 수립했던 상대적인 무게에 따라 비교되어야 한다. 각 대안에 대해서 언제, 어디서, 어떻게, 누구와, 무엇을 등과 같은 질문들에 응답해야 한다. 편견을 갖고 있고 특정 대안에 대해 이성적인 판단이 달라질 수 있기 때문에 각 대안에 대한 정서가 이 단계에서 고려되어질 필요가 있다.
- **최고의 대안을 선택하라.** 가장 적절하게 보이고 타당한 해결책을 선택하라는 것이다. 늦장 부리고 의사 결정을 미루지 마라. 리더와 집단의 체계적이고 객관적인 노력에도 불구하고 선택을 잘못할 수도 있기 때문에 당시에 최고의 대안은 주관적인 선택이고 이후에 부적절한 것으로 판명될 수도 있다는 것을 기억하라.
- **의사 결정을 수행하기 위하여 지원을 지속하라.** 이것은 의사 결정을 수행하고 지속할 사람들에게 개인적인 지원을 제공하라는 의미이다. 후원과 실행을 위한 충분한 시간을 확보하고 의사 결정의 성공을 위하여 책임과 의무를 공유하고 의사소통하면서, 그 과정에서 흥미와 열정을 자극하는 것을 포함한다.
- **최초의 문제를 해결할 때 그 결정의 효율성을 평가하라.** 첫 번째 선택이 부적절한 경우에 융통성 있고 개방적인 사고를 하는 것이 중요하다. 최초의 결정을 기꺼이 수정하거나 새로운 대안을 찾도록 정보를 활용하여 의사 결정 과정을 반복하라.

문제 해결

일반적인 문제 해결 과정에서, 같은 단계를 사용한다. 상황은 이기고 지는 사태가 아니라 해결해야 할 공통의 문제로 정의될 수 있다. 갈등은 감정적인 반응을 촉발하기 때문에, 적절한 win-win 태도를 통해 감정적인 에너지를 건설적인 방향으로 사용하는 것이 중요하다. 문제 해결에서, 참여자들이 해결책에 이르는 과정에서 수반되는 긍정적인 결과에 집중하도록 하는 것이 좋다. 집단 구성원들은 갈등에 대한 특정 태도를 만들어 나갈 필요가 있다. 그래서 갈등을 건강하고 정상적인 것으로 받아들이고 이슈에 관해서 서로 진실하고 개방적으로 의사소통할 필요가 있다. 갈등의 해결은 6장에서 자세히 논의되었다.

요약

유아교육 현장 교사들에게 리더십의 어려움은 협력을 유지하는 동시에 기관의 목표를 달성하기 위해 기관을 끌고 나갈 효과적이고 윤리적인 의사 결정을 하기 위해서 비전과 주장을 발전시키는 것이다. 리더는 큰 그림에 관심을 기울여야 하고 일상적인 일들에 몰두해서는 안 된다. 프로그램화 되지 않은 의사 결정을 할 수 있는 기술이 필요하고, 판단과 직관, 그리고 계산된 위험 감수는 리더가 목표 도달과 어느 기관에서나 발생할 수 있는 상황과 문제들에 대한 창의적인 접근법들을 만들어 낸다.

Chapter 8

팀 구축과 이끌기

유능한 리더는 모두가 자신의 기여가 중요하다고 느끼도록 팀을 구축한다.
-유아교육 팀 리더

본 장의 탐구점

- 질적 교육을 위한 협력
- 유아교육에서 팀이란
- 다양한 전공 팀으로 일하기
- 팀 개발의 한계
- 팀 리더십
- 팀 구축의 기초

유아교육기관의 행정에서, 효율적인 리더십의 중요성은 상당히 강조되어 왔다. 리더의 자질과 자격은 높은 수준의 공급을 보증하도록 돕고(Sylva & Siraj-Blatchford, 2003), 다른 교직원에 대한 기준과 기대를 높게 한다. 그러나 집단 업무에 대한 다수의 연구들은 목표 성취와 조화로운 관계에 대한 요구를 성공적으로 충족시킨 집단에서는 리더십 의무가 한 개인에게 있지 않고 폭넓게 공유된다고 주장한다.

실제로 대인 서비스 업무에서 모든 교직원들은 전화에 응답하고, 요구 사항에 대처하고, 프로그램화 된 의사 결정을 하고, 자신의 문제들을 처리하며 일어날 수 있는 상황에 대한 욕구들에 응답함으로써 운영과 행정 업무에 기여한다. 집단의 공통된 목적과 목표를 달성하기 위한 연합된 활동에 참여하기 위해서는 개인의 이익과 욕구가 하위에 있어야 한다. 특히 사람들과의 관계, 그리고 감정이 관여하는 유아교육기관에서는 팀워크가 모두에게 중요하다.

질 높은 교육을 위한 협력

유아교육 서비스 공급의 복잡한 네트워크의 요구들을 충족시키기 위해서 팀 접근법은 가장 적절한 것으로 여겨지고 있다. 예를 들면, 현재 제공하고 있는 유아교육 서비스의 효과적인 일과 운영을 위해서뿐만 아니라 조직의 비전, 정책, 계획과 운영 과정의 개발을 위해서 팀 접근법이 적합하다. Ebbeck과 Waniganayake(2003: 195)는 효율적인 팀을 구축하는 것은 유아교육 실제에서 필수적이라고 논평하였다. 결집력이 있는 팀은 유아를 위한 질 높은 보육과 교육을 제공하기 위한 핵심 자원이다. Whalley(2001: 140)에 의하면,

"팀으로 일하는 것은 기술이 아니라 과정이다. 임파워먼트(empowerment)의 이념과 성인들이 자신들의 삶을 통제하도록 격려하고, 유아들에게도 똑같이 하도록 허용하는 것에 근원을 두고 있다."

유아교육기관은 본질적으로 '유아들이 학습의 즐거움, 어려움, 만족감을 발견하고 어른들은 이러한 것들을 재발견하는' 학습자들의 사회이기 때문에 리더들은 지역사회에 대한 마인드가 있어야만 한다고 다수의 유아교육 현장 교사들은 생각한다(Law & Glover, 2000: 149). 팀들은 작은 사회와 같고, 효과적으로 직무를 수행하기 위해서 리더에 의해 양성되어야 한다. 유능한 리더들은 강력한 팀을 구축하기 위해 권한을 부여하는 역할을 한다.

> 리더는 그 집단의 정체감을 구축할 필요가 있다.
>
> 유아교육 컨설턴트

효율적인 리더십과 집단적인 책임감, 즉 팀워크는 서비스 제공의 질에 중대한 영향을 미칠 수 있다. 여러 연구들은 영유아 발달과 유아교육기관에서의 안정적인 돌봄 사

이에 관계가 있다고 입증한다. 불안정한 돌봄은, 기관을 자주 바꾸거나 기관 내에서 교직원이 자주 바뀌는 경우의 결과로, 영유아 발달에 부정적인 영향을 미칠 수 있다(Hennessy et al., 1992). 근무 상황은 높은 이직률에 이를 수 있는 교직원의 반응성과 민감성의 부족을 초래할 수 있다. 효율적인 리더십과 팀워크는 자아 정체감, 높은 근무 만족도와 교직원 윤리를 증진시키고 스트레스를 감소시키며 교직원의 소진을 감소시킨다.

어떤 사람들은 직무의 초점이 유아와 함께 일하는 자율적 성향에 있다고 가정하며 여전히 유아교육 분야에 진입하고 있지만, 유아교육기관의 현실은 다방면에 걸친 업무가 증가하면서 다양한 학문 영역에 걸친 팀의 구성원들로써 유아교육 현장 교직원들이 다른 성인들과 효과적으로 상호 작용할 것을 요구한다. 현장 교사들이 자신의 기관에서 교직원에 관해 이야기할 때, 팀이라는 용어가 종종 사용된다.

> 기관 전체에서 리더십을 공유하고 팀워크를 강조하는 것은 중요한 리더십 속성이다.
>
> 유아교육 컨설턴트

대부분의 유아교육 리더와 교직원들은 팀워크가 기관의 근무 여건을 위해서 중요하고 팀의 구성이 다양하게 이루어질 수 있음을 이해한다. 예를 들면, 유아학교에서 팀은 두 유형의 성인, 즉 원장 혹은 리더와 보조 교사로 구성된다. 종일반에서 팀은 전체 교직원 집단이나 한 보육실 혹은 특정 집단의 유아들과 함께 일하는 교직원들로 구성될 수 있다. 가정 보육에서 팀은 코디네이터, 현장 교직원, 사무실 근무자, 그리고 중앙집권화된 행정으로부터 물리적으로 고립된 독립적인 공급자들로 구성된다. 팀이라는 개념에 따르면 부모는 더 큰 정의에 포함될 수도 있다. 정의된 개념과 관계없이 팀의 본질은 같은 목표를 달성하기 위하여 효과적으로 함께 일하는 모든 참여자들이다.

팀의 크기는 중요한 것으로 보인다. 두세 사람으로 이루어진 작은 팀은 다섯부터 일곱 사람으로 이루어진 더 큰 팀에 비해 창의적인 문제 해결에 기여할 지식, 기술, 그리고 경험에 접근하는 것이 더 어렵다(Law & Glover, 2000). 유아교육 서비스가 더욱 복잡해지고 다양한 학문에 걸쳐질수록, 영국의 Sure Start처럼 조직 아래에 중앙집권화 될수록 유아교육 팀들은 더 큰 집단으로 성장할 것이고 효율과 효과를 위한 더 훌륭한 자원들을 제공할 것이다.

여성들이 팀에 많을수록(여성으로만 이루어진 팀이 아니라), 팀으로 일하는 것에 관해서 팀 구성원들이 더 긍정적이다. 남성들은 해야 할 업무에 집중하는 경향이 있는 반면에, 여성들은 사회적인 소속감에 집중하는 경향이 있다. 남성과 여성으로 구성된 유아교육 팀들이 더 효과적인 것 같다.

팀워크는 유아교육 서비스에서 중요한 이슈로 생각되어지고 있으며 팀원으로서 일할 수 있는 능력은 직무분석표에 열거된 고용 기준의 하나이다. 팀워크는 참여 관리와 분산된 리더십의 가치에 관한 현재 신념과 관계가 있다.

팀들은 역량을 통합하여 업무를 실현시키고 특별한 이점을 제공하는 것으로 여겨지며(Woodcock, 1979), 다음을 포함한다.

- 도움과 지원
- 개인 활동의 조화
- 증가된 의무
- 소속감
- 직업적인 자기개발 요구의 인식
- 학습 기회들
- 향상된 의사소통
- 만족스럽고 고무된 즐거운 근무 환경

팀은 소진에 이를 수 있는 피로, 스트레스, 긴장을 완화하는 사회적 지원을 제공할 수 있다. 대인 관계는 지원과 만족감, 그리고 자극의 원천이 될 수 있고, 그 때문에 일반적인 집단 윤리를 강화한다. 각 구성원이 팀에 기여할 수 있는 독특한 전문성과 자원을 활용함으로써, 동기와 직업 만족도는 증가되며, 이것은 업무의 효과적인 성취를 끌어낼 것이다.

전 세계적으로 다수의 유아교육 현장 교사들이 팀워크의 장점을 인정하는 반면에, 유아교육 서비스에 종사하는 어떤 사람들은(리더와 스태프) 자주 팀이 제대로 유지되고 의사 결정을 하며 문제를 해결하는 것은 리더의 일이라 여긴다. 분명히 유아교육 현장 교직원들은 아직 팀워크의 개념과 자신의 기관에 적용할 방법을 완전히 받아들이지 않았다.

유아교육에서 팀이란?

이 책의 개정판에서, 연구 결과들은(Rodd, 1998: 100-4) 호주와 영국의 유아교육 현장 교직원들의 팀워크에 대한 이해에 대해 보고하였다. 연구 결과는 유아교육 교직원들이 팀과 팀워크에 대한 충분한 인식을 가지고 있다고 보고하였다. 팀이란 일반적으로 다음과 같이 정의된다.

> 지속적으로 개인적 욕구와 이익을 고려하면서 공통의 목적과 목표를 추구하기 위해서 함께 협력하는 사람들의 집단.

연구는 현장 교직원들이 팀과 함께 다음의 개념들을 지속적으로 협력한다고 제안한다.

- 공통의 철학, 이상과 가치의 추구
- 이슈를 해결하기 위한 의무
- 책임의 공유
- 개방적이고 진실된 의사소통
- 지원 체계에 대한 접근

Whalley(1994)는 유아교사들이 한 팀으로 일함으로써 강해지는 것을 배웠다고 논평한다. 즉, 권위를 부여받게 되었다는 것이다. 교직원들은 팀으로 일하는 것의 장점을 지속적으로 인정하고, 독재적인 리더십이 경쟁을 부추기고, 존중의 결핍, 분노, 고립, 그리고 의무감의 약화를 키움으로써 효과적인 팀워크를 억제한다고 믿는다.

> 연수를 계획하는 것은 나의 책임이라고 들었지만 원장님은 본인이 먼저 확인하지 않으면 편지 한 장도 발송하지 못하게 합니다. 나는 원장님께 보고하지 않고는 의사 결정을 할 수 없어요. 제게 곤란한 일이 생기지

않도록 원장님 스스로 하시려는 것 같아요.

어린이집 교직원

이러한 요인들은 유아교사들의 직무를 완수하는 능력을 저하시키고 직장에서 긍정적인 관계를 유지하도록 한다고 여겨진다.

팀워크라는 개념은 일반적으로 긍정적이고 낙관적인 것으로 그려지고 많은 교직원들은 그러한 관점에서 참여에 관한 자신의 기대를 드러낸다. 그러나 Law와 Glover(2000: 72)에 의하면, 실제는 그러한 미사여구와 항상 일치하지 않는다. 유감스럽게도, 팀에서 일하는 경험은 기대와 항상 일치하지 않는다.

교직원들은 팀에서 일하는 것을 자신이 좋아한다고 말하고 일이 잘될 때는 팀으로 일하는 것에서 긍정적인 점들을 얻는 것으로 보인다. 그러나 종종 해결되지 않는 어려움들과 차이점들이 있다.

어린이집 원감

팀은 한 직장에서 일하는 집단들보다는 더 큰 의미를 가지고 있으며 업무 중에 만나는 집단이 모두 팀은 아니다. 효과적인 팀워크는 적절한 리더십에 의해서 일하는 집단에서 팀으로 변모한다. 유아교사들이 보고한 부정적인 경험의 정도를 보면, 실제 업무에서 팀워크는 이론과는 상당히 다를 수 있다.

많은 교직원들이 기관의 행정에서 팀워크 접근법을 가치 있게 여기더라도 개인 구성원들로 이루어진 집단을 팀 구성원으로 변화시키고(즉, 팀 구축), 일단 이러한 에너지가 자극되면 팀 정신을 유지하는데 다소의 문제점들이 존재하는 것으로 보인다.

리더십 스타일은 유아교육기관에서 팀 접근을 개발하는데 중대한 영향력을 행사하는 것으로 인식된다. 그러나 리더는 목표를 달성하는데 전적으로 책임이 있는 것은 아니다. 팀 구성원들은 팀의 생존과 목표 달성을 위해서 특정 역할과 책임을 수행하도록 기대된다.

리더십은 원장이 그 팀이 임무를 완수하도록 할 때 수행된다.

유치원 교직원

대부분의 유아교육 교직원들은 팀워크가 매일 일터에 나오는 것 이상이라고 이해한다. 팀워크는 리더와 팀 구성원 모두가 역할과 책임을 이해하는 것을 필요로 한다.

리더를 위해서, 팀워크는 상사로서보다는 조력자로서 행동하는 것을 의미한다. 교직원을 위해서는 지시와 가르침을 수동적으로 따르기보다는 적극적인 역할을 수행하는 것을 의미한다. 팀워크로부터 얻는 이점은 리더와 팀 구성원 모두를 위해서 생기는 것으로 인식된다.

리더십의 실천에 대한 반성

주임 교직원은 교직원들에게 그가 매년 학기 초에 무엇을 기대하는지 설명하기 위해서 회의를 소집합니다. 그가 의견을 공유하도록 격려하고 그룹 활동을 통해 우리를 돕기 때문에 사기를 높여 줍니다. 서열이 아닌 집단에 초점을 맞추기 때문에 우리와 리더십을 공유합니다.

보조 교사

기대와 팀워크에서 실제 간에 불일치는 유아교육 리더들이 팀을 구축하고 이끌어 가는 기술을 아직 개발하지 않았음을 의미한다. 팀 개발과 팀 리더십의 단계를 탐색하는 것은 효과적인 팀워크에 대한 이슈들의 일부를 명확히 할 수 있다.

다양한 전공 팀으로 일하기

Edginton(2000: 2)에 의하면, 유아와 가족을 위한 서비스들은 교육학, 사회복지학, 보건학과 같은 전공을 한 전문가에 의해서 개발되고 지역사회, 사단법인 혹은 자원봉사로부터 예산을 받고 조직되기 때문에, 유아교육 교직원들은 항상 다양한 전공의 맥락에서 일하게 된다. 그러나 다양한 전공을 한 전문가들은 고유한 가치관, 철학, 협의 사항, 전문용어, 유아와 그 가족의 요구에 접근하는 방법을 가지고 온다. 이러한 차이점들은 파트너십 접근을 개발하는 것을 방해하고, 협력하거나 팀으로 접근하는 것은 최근에야 이루어진 일이다. Whalley(1994)는 유아와 그 가족과 함께 일하는 것에 대해 공유해야 할 가치관으로부터 합의를 만들어 내는 총체적인 접근을 주장한다.

정부와 다수의 서비스 공급자들이 현재 유아교육에서 더욱 통합된 서비스의 이점을 알고 제공하기를 기대하고 있기 때문에 유아교육 교직원들은 사회복지사, 건강가정사, 교육 심리학자, 경찰, 특수교직원, 언어치료사, 놀이치료사, 학습지원자, 의사, 심리치료사, 간호사, 그리고 연구자들과 같은 다른 전공 영역의 전문가 및 보조원들과 가까이 일하게 될 것이다.

> 유아의 의료적, 교육적, 그리고 사회적 요구들을 분리하는 것은 효과적인 서비스를 제공에 있어서 부적절하고 협력하여 일하는 것이 비용을 절감함을 깨달았다(Whalley, 1994: 12).

관계 부처 간 협력과 다양한 전공 간 협력이 증가할 때 다수의 교직원들은 유아교육 분야에서 다양한 전공 팀으로 일하게 될 것이다. 이러한 팀의 구성원들은 전문적 협력을 효과적으로 하고 공유할 비전, 가치, 철학, 목표, 질적 서비스 보장과 평가계획을 개발하기 위하여 장벽을 극복할 필요가 있다. 각자의 전공에서 하는 접근을 고수하기보다는 Abbott과 Hevey(2001)가 '다학문적 정신(a multi-disciplinary ethos)' 이라고 부르는 것을 창조하기 위하여 차이점을 이해하고 화합하기 위해 일할 필요가 있다. 이러한 팀에 소속된 교직원은 통합된 방법으로 다양한 사람 및 기관들과 합의할 수 있는 원칙 및 우선순위를 확립하기 위해서 적극적으로 참여해서 일해야 한다. Abbott과 Moylett(1997)은 다양한 전공에 의한 팀워크는 유아교육에서 받아들여지는 이해와 연속성을 개발하기 위한 해답이라고 제안한다.

팀 개발의 단계

팀 개발은 쉬운 임무가 아니다. 합의가 있어야 하고 각 구성원의 지속적인 노력이 필요하며, 시작부터 성숙하기까지 팀을 이끌어 갈 리더의 더 큰 노력이 필요하다. 몇몇 학자들은 함께 일하는 집단이 거치게 될 팀 개발의 순서를 밝혔다. 각 집단은 특정 단계에서 요구되는 것을 달성하고 다음 단계로 넘어가는 속도는 리더의 기술과 관계가 있다. 결론적으로 유아교육기관에서 리더는 그 집단이 현재 기능하는 팀 개발의 단계를 알고 팀 개발의 더 높은 단계로 최대한 빨리 이동하도록 그 집단을 도울 기술을 가지고 있어야 한다(Walker, 1995).

많은 점에서 팀 개발의 단계는 일반적인 집단 개발과 유사하다. 형성기, 활성화기, 규범 체화기, 실행기, 쇠퇴기(Curran, 1989). 다음 단계들은 직무와 관계의 필수요건에 대한 관점에서 정리된 것이다.

1단계: 연결하기-한 팀으로 모이기

팀 개발에서 첫 번째 단계는 한 집단이 함께 일할 것을 인식할 때이다. 새로운 기관이 설립되었거나 완전히 새로운 집단이 함께 일하기 위해 고용되었을 때가 될 것이다. 대체로 새로운 사람들이 기존 집단에 참여하거나, 한 사람이 사직하더라도 교직원과 유아의 비율을 어기지 않는 한 대체되지는 않을 것이다. 집단의 구성이 달라질 때마다 새로운 팀의 시작을 알리게 된다. 리더는 교직원이 생산적이 되고 팀 개발의 첫 단계에서 편안함을 느끼도록 직무와 관계에서 요구하는 바를 명확히 해야만 한다.

직무에 대해서, 중대한 관심은 정보 공유, 역할과 책임의 조직, 그리고 목표 세우기와 같이 구조화된 활동들이 중요하게 여겨지는 업무에 대한 예비 직무 교육이다. 왜냐하면 이러한 활동들은 수행할 업무에 대한 적성, 변화와 불안에 대한 구성원들의 염려를 완화시킨다. 교직원은 기관의 방향에 대한 청사진을 제공하기 위해서 권위의 지명된 형태에 관심을 모으게 되고 다양한 질문들을 하게 될 것이다. 예를 들면, '우리는 어떤 일을 해야 하나요?', '이제 무슨 일이 일어날까요?', 그리고 '우리의 목표는 무엇인가요?' 등이 있다. 리더의 접근과 일치하면 도전은 거의 없을 것이다. 리더는 이 시점에 명확한 제시와 지침을 제공해야 할 필요가 있고, 비전과 가치관, 교직원의 참여에 대한 기대와 일반적 목표, 그리고 그 기관의 목표에 대한 교직원의 헌신을 높이기 위한 팀 내에서의 신뢰감에 대해 전달한다. 교직원들이 지속적인 자기평가의 수단으로써 개인적인 목표를 세우도록 격려해야만 한다.

인간관계와 집단 윤리 측면은 이 단계에서 다루기 어려울 수 있다. 왜냐하면 다수의 교직원들이 소속감, 포함되거나 거부됨에 관해 염려하고, 일부는 그들의 개인적인 관심과 단점들을 기꺼이 노출하지 않기 때문이다. 익숙하지 않은 상황으로 인식되면 자기 방어에 관심을 갖는 경향이 있어서 감정을 감추고 다른 사람에 대한 관심을 거의 보이지 않으며 자신의 욕구가 중요하기 때문에 효과적으로 경청하지 않는다. 기관의 분위기는 서로에게 공손한 특징이 있으며 갈등에 이를 논쟁의 여지가 있는 이슈를 피하고자 한다. Woodcock과 Francis(1981)는 교직원들이 집단 내에서 다른 사람과 친숙해지고, 다른 사람들의 장점과 단점을 평가하며 명문화되거나 그렇지 않은 규칙들을 결정하기 위해서 일반적으로 상황을 시험해 보는 것에 집중하기 때문에 이것을 '코를 킁킁거리는 것' 이라고 불렀다. 리더가 교직원들이 서로 공적으로나 사적으로 친숙해질 기회를 제공할 필요가 있다. 함께 커피를 마시거나 교직원회의 전에 식사를 함께하는 것과 같이 비공식적인 모임을 도입하는 것이 집단 내에서 다른 사람에 대한 이해와 수용을 용이하게 돕고 초기 관계의 형성을 도울 수 있다. 리더는 만날 수 있어야 하고 접근 가능해야 하며, 위협적이지 않고 상호 작용 패턴과 스타일에 주의를 기울여야 한다.

사람들과 업무에 대한 신뢰와 안정감이 어느 정도 형성되었기 때문에 집단 구성원들이 약간의 편안함을 서로 느낄 때, 직무에 대한 도전적인 측면과 직무 수행을 하는 다른 사람들의 전문성의 관점에서 볼 때 위험을 감수하는 현상이 나타날 수 있다. 갈등이 일어날 조짐을 알아차려야 한다. 이제 팀 개발의 다음 단계로 넘어갈 과도기에 있다.

2단계: 팀 내에서 갈등에 직면하기

잘 지내는 것처럼 보였던 집단이 공개적으로나 은밀하게 서로에 대한 반감, 논쟁, 불화, 그리고 부조화를 나타내면서 붕괴될 때 리더와 팀 구성원 모두는 일반적으로 당황하게 된다. 팀 개발의 관점에서 좋기만 했던 시기는 이제 끝났다. 두 번째 단계에서 팀 구성원들에게 서열을 세우고, 역할과 의무에 대한 타협을 하는 것이 도전이 된다. 리더의 지시와 행동들은 평가되는 경향이 있고 집단 내에서 자신의 입지에 대한 자신감을 느끼는 팀 구성원에 의해 도전받을 수도 있다.

팀의 직무 수행 측면에 대해서는 교직원들이 기관의 행정적인 조직 측면에 관심을 갖게 된다. 규칙과 과정, 정책, 그리고 협의 사항에 대한 관심은 누가 방향을 제시하고 통제하고 행정적 구조를 바꿀 것인가에 대한 질문들과 함께 집중된다. 그 집단의 목표에 대한 헌신은 교직원들이 전체적인 방향과 목표에 대해 논쟁할 때 감소하는 것으로 보인다. 구성원들이 서로 더 잘 알아갈수록, 그들은 다른 사람들의 장점과 한계를 알 수 있다. 이 점은 비평이 특징인 조직 분위기를 만들어 갈 수 있는 가치관, 신념, 그리고 적합한 실제에 대한 대처를 가져올 수 있다. 교직원들이 권력이 기관에서 누구에게 있는가를 규명하려고 시도할 때, '무슨 자격으로 이러한 결정을 합니까?', '여기서 규칙은 누가 만드나요. 교직원인가요, 원감인가요?', '내게 왜 이래라 저래라 합니까? 나는 원장님의 지시를 받겠습니다.', '왜 내 일을 평가합니까?', 그리고 '위원회가 내게 명령할 수 없습니다.'와 같은 질문과 진술들을 교직원으로부터 듣게 될 수 있다.

두 번째 단계에서, 구성원 간에 인간관계는 더욱 중요해지고 새로운 집단 차이점들을 처리하는 방법에 영향을 미칠 수 있다. 자신의 기여에 대한 인정을 원하는 교직원들은 성숙한 지지와 존중이 있는 분위기에서만 만날 수 있다. 이러한 개인적 요구들과 이후에 전체적인 집단 윤리는 비평적인 분위기에서 침해된다. 자아 정체감을 확고히 하기 위하여, 교직원은 자신의 요구를 충족시키기 위해서 리더와 다른 교직원을 압박할 파벌과 협력 관계를 형성할 수도 있다. 내부의 다툼, 권력 투쟁, 논쟁과 파괴적인 비판이 적절히 처리되지 않는다면, 유아와 부모를 포함한 기관과 관련한 모든 사람들이 스트레스가 증가함을 경험하게 된다.

유아교육 리더들은 갈등과 갈등의 조직 내 역할을 완전히 이해할 필요가 있다. 이 부분은 6장에서 다루어졌다. 본질적으로 다른 개인들로 이루어진 집단이 결속력 있는 팀이 되는 과정에서, 갈등은 피할 수 없으며 정상적이고 건강한 것이다. 갈등은 그 집단이 성장하고 있다는 증거이다. 팀의 입장에서 건설적으로 차이점을 해결하는 것은 더욱 협력적이고 생산적인 시도를 위한 길을 열 수 있다. 이 단계에서 갈등을 무시하고 회피하는 것은 더욱 진화하고 조화로운 개발의 단계로 가는 팀의 발전을 방해할 것이다. 집단에서 갈등과 대립이 해결되지 않으면, 의사 결정과 문제 해결 능력이 저하되고, 소속감이 떨어지며, 구성원들이 집단의 일부라는 것을 즐겁게 여기지 않는다. 심리적 혹은 육체적으로 위축될 수 있고, 이것은 팀의 생산성을 떨어뜨릴 것이다.

자신의 팀이 두 번째 단계에 있다면 유능한 리더는 사람들이 더 수용하고 신뢰하고 업무에 헌신하도록 하기 위해서 갈등을 관리하는 섬세한 의사소통 기술을 사용할 것이다. 적극적인 경청, 단호한 의사표현과 갈등 관리 기술은 필수적이며 리더는 직업적인 태도에서 교직원들 간에 차이점을 조정하기 위한 지침을 제공할 필요가 있다. 또한, 리더들은 그러한 상황을 건설적으로 관리할 수 있는 자신의 능력을 신뢰하고, 집단 내에서 다른 사람들을 존중하면서 이슈에 대한 관심을 명확히 할 수 있는 능력에 대해 교직원들에게 신뢰감을 전달한다. 개인적 만남과 소집단 및 대집단 회의를 이끌어 가면서, 정보, 기준, 그리고 기대를 명확히 하고 설정된 목표에 집중하는 것은 이 시점에 매우 유용할 수 있다.

유아교육기관의 다수의 리더들은 자신들의 팀이 갈등 주기에 고착되어 관련된 모든 사람들이 스트레스가 높아지고 윤리의식과 의무감이 적어지고, 이직률이 높아지는 결과에 이른다고 보고했다. 갈등이 생기기 쉬운 환경에서 리더들은 교직원 해임 및 교직원 대체와 같은 이슈들에 반응할 일이 생긴다. 이러한 상황에서는 리더들이 이미 지나간 일에 대해서는 끝난 일로 받아들이고, 팀이 재형성될 것이라는 사실을 팀이 받아들이도록 해야 한다. 팀은 첫 단계로 되돌아갈 것이고, 다시 한 팀으로써 함께해 가는 과정을 시작할 것이다. 만약 리더가 갈등에 대처할 자신감과 기술을 습득하고 있지 않다면, 새로운 팀이 두 번째 단계에서 갈등에 직면할 때 같은 과정을 되풀이하게 될 것이다. 유능한 중재가 없다면, 그 팀은 갈등이 일어나기 쉽거나 불화의 부정적인 주기에 갇혀 있다는 인식과 함께 악순환이 계속된다.

두 번째 단계가 연장되면서 중대한 문제점은 해결되지 않는 갈등의 결과로 높은 교직원 이직률을 경험하는 유아교육기관이 교직원들의 훈련과 경험을 이용하지 않는다는 것이다. 부모와 교직원이 기대하는 서비스의 질적 수준은 이직률이 높을 때는 기대하기 어렵다. 교직원 개인은 대체하기 어려운 전문성을 시간이 흐르면서 개발한다. 새로운 교직원이 독립적으로 역할을 할 때까지 리더들이 지속적으로 교직원 교육과 관리에 관여해야 하기 때문에 더 많은 부담이 된다. 그래서 리더는 높은 수준의 서비스를 제공하기 위해 다른 중요한 것들에 기여할 시간이 부족하다. 게다가 계속되는 교직원 이직은 리더에게 팀의 성장과 발전을 위하여 더 많은 투입을 요구하면서 지속적으로 낮은 수준에 머물게 된다.

만약 리더가 두 번째 단계에서 도전들을 적절히 관리한다면, 그 팀은 개인적 불만을 해결하기 시작할 것이고 기관의 목표를 달성하기 위해 활동과 수행을 증진시키는 데 초점을 맞추게 될 것이다. 팀은 이제 세 번째 단계로 나아간다.

3단계: 한 팀으로서 협력하기

합의와 협력을 입증하기 시작한 어떤 집단이 이제 한 팀으로써 일하고 있다는 가정은 일반적으로 정확하다. 그 집단이 더욱 활동적으로 운영되는 것처럼 보일 수 있지만, 일부 구성원들은 아직 통합적으로 혹은 조직적으로 일하고 있지 않다. 그러나 전 단계들에서 중요한 일부의 이슈들이 완전히 해결되었기 때문에 팀은 이제 위험을 기꺼이 감수하고 새로운 교수법을 실험하고 가치관과 가정에 대해 논의하고 운영 방법을 검토하며 관리와 리더십에 대한 이슈들을 토의할 수 있다. 이전에 갈등을 해결함으로 해서 얻은 새로운 자신감은 새로운 아이디어와 위험 감수에 대한 수용적인 감성을 만든다. 만약 리더가 처음 두 단계에 잘 대처했다면, 그 팀은 재빨리 세 번째 단계에 진입한다.

업무 수행을 둘러싼 도전들은 정보 공유, 문제 해결에 대한 win-win 태도, 그리고 계산된 위험과 도전을 기꺼이 받아들이는 데 집중한다. 이러한 업무와 관련한 활동들은 갈등 해결을 통해 발전된 새로운 수준의 신념에 기초한다. 개인들은 그들 자신과 다른 집단 구성원들을 신뢰한다. 이러한 신뢰는 이전에 수동적이었던 교사들이 더 넓은 범위의 책임에 관여하도록 동기를 부여한다. 이 단계에서 신뢰가 침해되면 팀의 발전을 역행할 것이고 팀이 이전 단계로 되돌아갈 가능성이 있다. 리더와 팀 구성원들의 의사 결정과 문제 해결 기술은 이 단계에서 팀의 잠재력을 이용하기 위하여 필요하다. 지명된 리더에 의해서 보이는 리더십 스타일은 중요하다. 그 집단은 이 단계에서 기여와 참여에 관심이 있다. 그래서 교직원의 요구를 충족시키기 위해서 참여적이고 민주적인 스타일이 적절하다. 일부 구성원들은 리더와 책임을 공유하는 것에 관심이 있을 것이다. 그래서 효과적인 위임이 중요한 기술이 될 것이다.

세 번째 단계에서 팀의 중점은 지속적인 관계에 있다. 갈등에 의해서 산산이 부서진다면, 구성원들은 이제 결속을 달성하는 데 관심을 둔다. 교직원이 지속적으로 자신과 동료들을 팀으로 부른다면, 팀 정신의 시작임이 명백하다. 팀 구성원들은 더욱 사고가 열려 있고 기꺼이 경청하고 타인을 지원하고자 하며 자신의 욕구보다 집단의 욕구에 집중할 수 있다. 상호 간에 합의한 집단 규준은 업무와 인간관계를 위한 지침이 되기 시작한다. 기관의 행사들을 의논할 때, '우리' 라는 단어는 종종 '나' 혹은 '당신' 보다 더 많이 사용된다. 교직원들은 편안한 태도로 농담과 유머를 하기도 한다.

갈등과 불화가 여전히 일어날지라도, 이런 것들이 교직원에게 위협적으로 인식되지 않으면 다르게 처리될 것이다. 그 팀이 그룹의 결속력과 긍정적인 인간관계를 보호하고자 하기 때문에 갈등에 대한 문제 해결 접근과 의사 결정은 명확하다.

세 번째 단계에서 리더는 합의와 협력을 증진시키는 역할을 한다. 리더는 목표 설정, 규정 개발, 그리고 그것의 실제적인 적용에서 교직원의 참여와 관여를 지원할 필요가 있다. 적극적으로 잠재적인 문제를 인식하고 표현하는 것이 중요하다. 개방적 의사소통, 건설적인 피드백과 집단에 대한 기여의 인정은 합의와 협력을 용이하게 할 것이다. 그 집단이 성취에 대한 자부심을 갖기 시작하면, 진실로 한 팀이 되고 있으며 네 번째 단계로 나아가는 것이다.

4단계: 효과적인 팀으로서 협력하기

이 네 번째 단계를 시작할 집단의 비율은 전 단계를 통해 과도기를 용이하게 하는 리더의 효율성에 달려 있다. 4단계 전까지는 첫 단계에서 함께 일하기로 한 집단이 효과적인 팀으로 운영된다고 이야기할 수 없다.

이 단계에서 모든 팀 구성원들은 자신만의 방식으로 똑같이 업무에 기여한다. 팀은 질적 서비스의 효율적인 운영을 위한 책임을 리더와 함께 공유한다. 목표, 규정, 그리고 실제에 대한 정기적인 점검과 평가는 서비스의 지속적인 향상을 위해 수행된다. 리더와 함께하든 혼자 하든 평가는 전문성 개발을 위한 수단으로 받아들여진다. 팀은 창의적인 문제 해결 접근을 도입하고 예방적인 의사 결정을 하도록 한다. 변화는 예견되고, 계획되어지며, 팀은 적용 단계를 위해 준비되고 포함되어진다. 성취와 자부심을 연결 지음으로써, 수행에 대한 보상을 한다.

팀의 인간관계 측면은 성숙한 존중과 지원에 기반한다. 팀 구성원들은 독립성뿐 아니라 상호 의존성을 인정한다. 다른 구성원들에 대한 관심의 표현은 따뜻함과 친숙함이다.

팀은 효율적으로 일하고 있고 구성원들은 자신의 업무를 즐긴다. 리더는 여유를 가질 수 있고 이전에 들인 노력의 결과를 누릴 수 있다. 그러나 리더들은 다양한 팀과의 가까운 접촉을 지속해야 할 필요가 있고 질적 수준 통제를 위한 조정이 이루어지고 공유되도록 한다. 집단 밖의 관계를 위한 기회도 있어야 하고 외부 자원의 도움은 환영해야 한다. 팀은 기꺼이 기관의 경계 밖으로 에너지를 확장해야 한다. 리더들은 멘토링 과정을 통해서 교직원들의 개발을 돕고, 미래의 또 다른 리더를 키우는 데 기여할 수 있다. 이 부분은 9장에서 논의하도록 한다.

성숙한 발달단계에 이르게 된 팀은 효과적으로 일하는 방법들을 확실히 하고 인간관계를 유지하는 데 애쓰는 한 오랜 시간 생산적으로 운영될 수 있다. 자기평가는 모든 교직원들이 집단에 소속되면서부터 하도록 격려되어야겠지만, 팀과 팀의 업무수행에 대한 공식적인 평가는 이 단계에서 도입될 필요가 있다. '어떻게 해 나갈까?', '다음에는 어떻게 할까?', '현재 우리는 무엇이 필요한가?' 와 같은 질문들은 팀이 운영의 효율성을 극대화시키기 위하여 확실히 명시되어야 한다. 그러나 만약 교직원이 사직하거나 팀이 분열하는 등 상황이 조금이라도 변한다면, 집단의 목표가 더 이상 존재하지 않기 때문에, 그 팀은 팀 개발의 마지막 단계인 분리와 종결에 접어든다.

5단계: 종결

마지막 단계는 팀을 더 생산적이고 긍정적인 단계로 이끌어 가기 위해 서두르는 과정에서 지나온 자취 및 존재를 축하하거나 속상해 하는 팀의 요구를 인정할 수 없는 많은 팀 리더들에 의해 무시되어지는 경향이 있다. 팀 내 변화 혹은 팀의 해체는 팀 개발의 어느 단계에서나 일어날 수 있다. 민감한 리더는 그 팀이 종결의 형식을 경험할 기회를 갖도록 할 것이다. 그래서 구성원들이 이후에 일할 때 긍정적인 접근을 방해하는 미결된 일들을 처리할 수 있도록 할 것이다.

한 팀이 기능을 멈출 때 구성원들은 두 가지 이슈를 떠올린다, 업무로부터의 해방과 인간관계로부터의 분리 혹은 종결을. 일반적으로 이러한 이슈들을 해결하는 데 일정 시간이 걸린다. 팀이 경험에 대해 보고하고 경험을 종결하는 방법을 보장하는 것은 리더의 책임이다. '제니가 있던 때를 기억하나요? 제니는 어떻게 할 줄 알았을 텐데.' 혹은 '모든 것이 변하기 전에 우리는 일을 함께 잘하지 않았었나요?' 라는 언급들은 교직원들이 이전 팀이 소멸할 때 충분한 시간을 갖지 못했음을 의미한다. 이러한 향수 어린 기억들은 새로운 팀에 대한 소속감과 새로운 구성원에 대한 수용을 방해할 수 있다.

팀이 업무를 잘 수행했고 관여한 사람들이 만족할 만한 경험을 했다면 교직원은 개별적인 발전, 업무 수행, 그리고 관계에 대해 점검하고 평가하면서 팀의 마지막을 축하할 수 있을 것이다. 팀은 성취를 인정하고 축하해야 하며 그 과정에서 만족감을 표현해야 한다. 종결에 대한 팀 구성원들의 감정적인 반응들은 인정되어야 하고 우대해야 한다. 약간의 좌절과 분노가 리더에게 표현되어질 수 있고, 리더는 분리에 대한 정상적인 과정의 일부임을 이해한다. 팀의 성취에 대해 행복하고 만족함을 느끼고 팀의 해체에 대해 슬프고 분노하면서 동요하면서 감정적인 반응들에 대한 혼란이 다소 있을 수 있다. 팀의 종결에 수반되는 스트레스는 질적으로 낮은 수준의 업무 수행을 야기할 수 있다. 그러나 리더는 이 시점에 업무와 관계된 측면들에 집중할 필요가 있고 새로운 팀을 만들기 위한 준비 과정에서 구성원들의 사회적 정서적 필요를 충족하는 데 집중해야 한다.

만약 팀이 해체되는 시점에 성취가 부족하고 관계가 나쁘다면, 종결 과정에 참여하는 것이 더욱 어렵다. 팀이 효과적으로 운영되는 것을 방해한 문제점들을 규명하기 위하여 집단의 전반적인 활동성뿐 아니라 각 구성원들의 기여도를 조사하고 평가해야만 한다. 이러한 방법으로 리더와 팀 구성원들은 새로운 팀 경험을 위한 계획의 기반을 다져야만 한다.

팀 리더십

유아교육에서 유능한 리더가 되기 위해서는 다른 분야의 리더들은 거의 하지 않는 독특한 어려움들을 경험하게 된다. 일부 서비스 분야(예: 보육)에서 리더들은 행정적인 리더의 입장부터 직접적인 보육에 대한 책임이 있는 보육실의 구성원까지 매일의 일상에 적응해야만 한다. 리더의 시간은 행정 업무, 직접 보육, 그리고 리더와 구성원들이 팀 내에서 끊임없이 변화하는 리더의 입장에 적응하도록 가르치는 데 할애된다. 이것은 리더가 무리할 수 있도록 한다. 리더가 직접 보육을 하거나 팀을 가르칠 때처럼 동등한 구성원으로써 일할 때는 리더의 권위를 포기해야 하고 행정적인 기능을 수행할 때는 권위를 되찾고 통솔해야 한다. 팀 구성원들은 직접 보육할 때와 팀의 역할을 가르칠 때 리더와 어떻게 상호 작용해야 적절한지 혼란스러울 수 있다. 리더와 팀 구성원 간에 끊임없는 변동은 리더에 의한 민감한 관리를 요한다. 팀 리더십은 이러한 입장에 처한 유아교육 리더들을 위해 다소의 이점이 있다.

팀과 관련해 리더의 역할을 알아보면, 비전을 제시하고, 전달하며, 조직 문화를 개발하고, 목표를 설정하고, 팀의 성취에 대해 팀 및 관련된 인사들에게 알려 주고, 개인의 발전을 용이하게 하고 격려하는 것이다. 이러한 기능들은 2장에서 논의한 리더십의 다양한 스타일을 활용하여 달성할 수 있다. 그러나 더 나은 결과를 달성하기 위해서 팀의 문화를 강화하는 데 특별한 노력이 필요한 '팀 리더십' 의 과정에 관여하기 위하여, 리더는 다른 리더십 스타일과 팀 리더십을 차별화 할 다음의 사항들을 제시할 필요가 있다. 유능한 팀 리더는,

- 선도하기 위하여 인성을 활용한다. 그래서 특정한 팀 문화를 자극한다.
- 혁신적이며 팀 윤리와 생산성을 증진함으로써 업무를 발전시키는 것으로 인정받는다.
- 건설적인 관계가 수립되고 교직원들과 동료들 간에 유지되도록 보장한다.
- 개인 자체보다는 행동과 상황에 집중한다.
- 정체감 및 팀 구성원의 자신감을 함양한다.
- 팀 구성원들의 업무 수행이 증진되도록 돕는다.

특정 가치들과 접근법들은 이러한 팀 리더십의 방침을 개발하는 데 수반되어진다. 이러한 것들은 리더십 스타일과 교사의 욕구와 상황적인 요구를 연결시킨다. 유아교육 교직원들은 다음의 특징들이 팀 리더십의 요구를 충족하는 데 유용하다는 것을 알게 될 것이다.

- 융통성 있는(반응적이고 혁신적이 될 수 있는 능력이 있다)
- 에너지가 넘치는(일에 대해 활동적이고 헌신한다)

- 사람 지향적(사람을 존중하고 개방적으로 의사소통한다)
- 질적 수준에 민감한(우수성에 대한 기준과 소비자의 요구 및 기대에 반응한다)
- 통합적인(공동의 목표를 명확히 하고 협력의 가치를 증진한다)
- 기업가적인(자율적이고 서비스의 독창성을 명확히 할 수 있다)
- 집중하는(자기 훈련적이고 예측할 수 있다)
- 비형식적인(여유 있고, 사람과 상황에 대해 직접적인 접근을 한다)

이러한 사항들은 유아교육 리더들이 교직원과 부모의 참여를 증진시킬 수 있도록 하는데 매우 기초적이다. 팀을 구축하고 이끌어 가려는 시도를 할 때, 리더들은 팀 리더십이 함께 일하는 개인들의 집단에 긍정적인 영향을 줄 수 있음을 의식할 필요가 있다. 리더의 개인적인 스타일뿐 아니라, 체계적이고, 단계적인 팀 구축과 유지에 대한 접근은 팀의 생산성 증진을 도울 수 있다.

팀 구축의 기초

팀 개발의 단계에서 이전에 논의하였듯이, 개인들로 이루어진 한 집단이 결속력 있는 팀이 되도록 자극하는 과정은 빨리 고통 없이 끝나는 과정이 아니다. 한 팀이 되기 위해서는 집단의 모든 구성원들의 노력이 요구되며, 리더는 집단과 관계를 형성해야 한다. 어쨌든 팀으로 발전할 개인들로 이루어진 한 집단을 돕는 것은 리더에게 매우 보람 있는 일이다. 유아교육기관에서 팀을 구축하기 위해서는 이질적인 기술, 다른 이익 및 가치관, 그리고 물리적 기관과 교대 근무를 통해 일어나는 교직원의 분열 등 다수의 장애들이 존재하지만, 교직원들이 만족감에 관한 피드백을 제공하도록 격려하면서 그 과정이 점차적으로 적용될 수 있다.

팀 구축 과정은 기본적으로 팀의 두 가지 차원, 즉 교직원 윤리와 업무 요구에 집중한다. 팀 윤리를 구축하기 위하여, 그 집단은 대인관계의 요구를 위한 사회적 지지를 제공할 수 있어야 한다. 이것은 감정적이고, 정보를 제공하는, 수단이 되는 혹은 평가적인 지원으로 구성된다. 리더는 구성원들이 서로 어떻게 도움을 주고 지원할 수 있을지 규정하여 집단에 도움을 주어야 한다. 업무의 성취는 업무 요구와 리더와 동료들의 기대에 기초한 역할 개요의 개발에 대한 분석을 필요로 한다. 리더는 의사 결정에서 증가하는 교직원들의 참여와 어떻게 작업을 수행할 것인가에 관한 증가하는 개인적 통제에 반응하게 될 것이다. 이렇게 두 가지 차원에 대한 관심은 지지적인 분위기에서 업무를 수행할 수 있는 결속력 있는 집단을 만들어 갈 것이다(West, 2004).

기관에서 팀 접근을 격려하고자 하는 리더들은 팀 구축을 위한 다음의 5단계를 지침으로 삼을 수 있다(Neugebauer and Neugebauer, 1998).

- **팀의 구성원들이 합의한 달성 가능한 목표를 설정하라.** 주장이 명확한 교직원이 특히 교직원 회의 시간에 토의하면서 그 과정을 장악하지 않도록 보장하라.
- **역할을 명확히 하라.** 팀 구성원들은 자신의 역할이 모두에게 명확하고 갈등이 없어야 가장 효과적으로 일한다. 각 구성원들은 누가 어느 업무에 책임이 있는지 알고 있어야만 한다. 완수되어야 하는 공식적인 역할은 규정하기가 더 쉬운 반면에, 조직 내에서 내부적인 기능과 관련한 비공식적인 역할은 절대로 잊어서는 안 된다(Johnson & Johnson, 2003). 리더는 누가 팀 업무(제안하기, 정보 수집하기, 의견 수렴하기, 명확히 하기, 설명하기, 격려하기, 요약하기, 그리고 의견일치 확인하기)와 팀 유지의 역할들을(격려하기, 화합하기, 관찰하기와 규정준수) 책임지고 있는지 확실히 하기 위하여 집단을 분석해야 한다.
- **지원적인 관계 구축하기.** 피드백을 제공하기 위한 기회를 만들고, 신뢰를 형성하고, 협력적인 팀 정신을 자극하기 위해 자원을 제공하기. 지지받고 있다고 구성원들이 느끼는 팀들은 역할의 모호함, 역할 갈등과 집단 갈등과 같은 문제들에 잘 대처하는 경향이 있다.
- **개인 구성원들의 지식과 기술을 활용하기 위하여 적극적인 참여를 격려하라.** 수용적인 분위기에서 팀 구성원들은 자신의 아이디어와 의견, 그리고 에너지를 기여하도록 격려받을 것이다. 협력적인 모험의 일부가 되는 것은 팀 구성원들에게 동기를 부여할 수 있고 생산성을 높이게 된다.
- **팀의 효율성을 모니터링하라.** 만약 팀이 효과적으로 목표를 달성하지 않거나 그 과정에서 팀원이 불만족하다면, 시간과 에너지를 팀 리더십과 팀 구축에 쏟을 이유가 없다. 리더가 목표 달성의 정도와 한 팀으로서 팀 구성원들이 얼마나 일을 함께 잘했는지 평가할 수 있는 정기적인 기회를 제공할 필요가 있다. 이러한

점검 과정은 문제를 인식하도록 돕고 미래의 계획뿐 아니라 원인을 찾을 수 있게 한다.

팀 접근의 성공은 개방적인 의사소통, 민주적인 조직, 그리고 효과적인 문제 해결 기술에 달려 있다. 유능한 팀은 참여와 지원을 위한 교직원들의 욕구를 충족시켜야 하고, 효율적이고 효과적인 업무에 대한 접근을 이끌어 내야만 한다.

요약

팀 구축과 유능한 팀 리더십은 일반적으로 팀 구성원들과 리더 간에 높은 수준의 상호 작용에 기인하며, 신뢰와 개방, 대인관계의 발달, 목표 설정의 연대, 역할과 책임의 명확성, 그리고 팀의 목적과 관계한 적절한 과정들의 분석을 증가시킨다. 팀 접근법은 질 높은 서비스를 위한 지원과 헌신의 배경을 제공하기 때문에, 유아교육기관에서 일할 때, 팀 접근법은 교직원 개발과 변화의 도전을 마주하는 것을 돕는다.

chapter 9

전문적 발달 지원하기: 장학, 멘토링, 코칭

리더십 발달 프로그램을 설정하는 것은 필수적이지만 훈련 과정이 필요함을 의미하는 것은 아니다. 리더십의 잠재력은 건전한 사람들과 함께 장학하고 멘토링하는 모임을 가짐으로써 길러질 수 있다. -어린이집 선임 주임교사

본 장의 탐구점

- 장학에서 리더의 역할
- 성인 학습자를 지원하기 위한 지침
- 멘토로서 리더의 역할
- 코치로서 리더의 역할
- 유아교육 팀에서의 리더십을 발휘할 수 있는 원감의 특별한 기회

유아교육의 질은 임명된 리더에서부터 교직원에 이르기까지 훈련받은 사람이든 아니든, 경험이 있는 사람이든 아니든, 그 일에 종사하여 유아들과 함께 일하는 사람의 질과 직접 관련이 있다. 현재 유아교육 현장은 계속되는 재정적 압박에 교사의 낮은 임금, 교직원의 이직, 인력 부족이 가중되어 운영되기 때문에 유아교육 리더들은 어려운 상황에 직면하고 있다. 어떻게 리더는 교직원들의 사기를 유지시키면서 기관의 목표를 달성할 수 있도록 전문적 지원의 책임감을 다할 수 있을까?

이러한 책임감을 달성하기 위해 리더에게 열려 있는 몇 가지 선택 사항이 장학, 멘토링, 코칭이다. 많은 교사들은 형식적인 훈련 기회를 늘리는 것보다 현장에서 사람들로부터 훨씬 더 잘 배울 수 있다고 제언하였고, 전문적 발달을 위한 이러한 전략의 효율적 수행이 점차 중요시되고 있다.

유아교육기관에서 리더십이 확산되면서 교직원들은 정해진 역할 외부의 일에도 책임을 다 하도록 격려될 것이다. 이들 교직원들은 리더십의 도전에 성공적으로 대처할 수 있도록 지원하고, 안내하며, 발달할 수 있는 기회에 초점을 둘 필요가 있다.

리더가 사용하는 구체적인 접근은 교직원이 자신의 수행에 대해 자기평가적이고 반성적이 되도록 돕고, 또한 유아를 위한 질적인 교육과 보육을 제공하는데 동기화된 유아교육자들에게는 자신감이 발달하도록 돕는 것이다.

장학

장학은 교직원 구성원들이 매일의 일과 수행에 자신의 지식과 기술을 효율적으로 사용하고, 전문적 철학과 가치에 대한 이해를 심화시키도록 돕는 유아교육 리더의 전문적 책임이다. 리더의 장학 책임의 범위는 복잡하며 전문적 팀 구성뿐 아니라 개인적 자기 발달의 문제 모두가 해당된다(Whalley, 2001). 효과적인 장학은 교직원들로 하여금 자신의 수행을 비판적으로 평가하고 반성하는 것을 배우게 하며 건설적인 피드백을 수용하고 경청하도록 돕는 전문적 지원이다.

장학은 교직원에게 전문적 발달 문제에 관한 제언과 선택 사항을 제공하고 필요한 교육에 대한 정보, 수행에 대한 건설적인 비판, 긍정적인 피드백 제공 등을 포함한다. 장학은 예를 들어, 부적절한 복장, 개인의 위생 수준, 부모와의 부적절한 상호작용이나 수용되기 어려운 수행 등과 같은 어려운 문제에 대해서도 신뢰 속에서 개방적으로 논의되어야 한다. Whalley(2001: 139)는 장학에는 '대상 설정, 목표, 재검토가 포함되기 때문에 질을 조절하는 장치가 됨' 을 관찰하였다.

효과적인 장학은 유아교육 교직원들이 관찰을 통해 증거를 수집하고 협력적인 대화에서 자신의 실천을 예시하고 평가하는 과정에서 이루어지는 반성적인 대화의 특징을 띤다(Anning & Edwards, 1999). 이러한 대화는 통찰력을 공유하고, 정보를 상호교환하며, 지식을 구성하며 역할과 책임감을 탐색하고 이해를 얻을 수 있기 때문에 전문적 학습과 이해 및 실천을 촉진한다.

효과적인 장학은 자신들의 실천이 무엇이며 왜, 어떻게 하는지를 자세히 조사하고 새로운 가능성에 대해 반성하고 이야기하게 함으로써 리더와 팀이 연결되게 하므로 유아교육 교직원이 고립되지 않게 한다.

리더십의 실천에 대한 반성

특히, 유아교사들로 하여금 리더십의 자질과 행동을 보일 때를 인식하게 하고, 자신들이 소속되어 있음을 이해하도록 돕는 장학사가 있는 곳에서 유아교육 교직원들은 리더십의 역할 수행을 잘해 낼 수 있다.

장학위원

어떤 리더들은 전문적 발달의 초기 단계부터 장학에 참여하도록 요구되며, 스스로 장학 지원의 필요를 느끼기도 한다. 지금까지, 유아교사들은 이미 학부에서부터 미래 교직원이 감당해야 할 장학에 대한 책임감뿐 아니라, 유아교육에 대한 철학을 가지고 실천에 임해야 하는 훈련받지 않은 교직원, 준 전문인이나 다른 전공 분야의 전문인을 안내해야 하는 큰 비중의 책임감을 느껴 왔다. 그러나 그들 대부분은 훈련이 거의 또는 전혀 없었으며, 과정 중에 발생하는 문제에 대한 보완과 지원에의 접근이 제한되어 있는 수준에서 현재 장학에 참여하고 있다. 이에 더하여 인가와 자질 보수 체제의 도입은 유아교육 리더들이 교직원의 현직 훈련, 발달, 장학뿐 아니라 부모 역할을 위해 부모를 지원하고 교육을 강화해야 할 책임감을 떠맡게 될 것임을 의미한다. 그것은 장학에 대한 책임감이 커지고 있다는 증거이다.

지각 있는 리더들은 장학 책임감에 대한 자신의 태도와 능력을 반성해야 한다. 많은 사람들은 장학을 의심이 수반된 과정으로 본다. 이러한 인식은 유아교육 서비스의 질에 책임을 가진 리더들에게는 장애물이 될 수 있다. 리더든 교직원이든 장학 프로그램에의 참여가 내키지 않는다는 것은 통제, 감시, 감독과 관련된 장학의 전통적 관점을 반영하는 것이다. 오늘날, 장학의 가장 중요한 목표는 교직원의 능력에 있어서 지속적인 교직원 발달의 한 형태로 보는 것이 보다 일반적이다. 유아교육 현장의 운영과 행정에 교직원의 참여가 증가하면서, 장학은 더 이상 한 개인의 단독 책임감으로 간주되지 않으며 리더와 교직원 간의 협력적인 과정으로 간주되는 것이 보다 적절하다. 게다가 장학은 형식적으로 그리고 비형식적으로 수행될 수 있으며, 전통적인 일대일식뿐만 아니라 팀 또는 그룹으로 이루어진다. 장학은 교직원들이 중요한 자산이며 그들의 특별한 기여가 가치 있음을 의사소통하는 수단이 될 수 있다.

> 리더십의 실천에 대한 반성
>
> 나의 장학사는 현재의 위치에 내가 지원하도록 격려할 때 리더십을 보여 주었다. 그녀는 나의 강점과 한계에 대해 공정하고 개방된 피드백을 주었고 내가 성공하도록 도움을 주었다. 그녀의 리더십은 사람들의 야망에 의해 위협받지 않고 각 개인과 그들의 기여에 가치를 두는 풍요로운 환경을 창안하는 것이었다.
>
> 장학위원

유아교육에서 정책, 환경, 교직원, 서비스의 다양성은 유아교육 리더들의 어려움을 해결하기 위한 장학 프로파일을 창안하도록 만든다. 그러나 훈련과 경험이 전문적 실천의 이러한 측면을 개선하는 데 중요한 변인이 된다. 유능한 장학사들은 규범적이기보다는 바람직한 것으로 간주되는 속성을 가지고, 보다 나은 전문적 발달을 위한 방향을 제시해 주고 있다. 유능한 장학사의 속성은 다음과 같다.

- 유아교육직에 관련된 전문적 가치와 태도 및 전문성을 지닌 지식과 기술
- 성인 학습에 도움이 되는 지식과 기술의 전달 능력
- 경청 기술, 감사를 표하고 인정해 주는 등과 같은 적절한 피드백을 위한 반응 기술을 포함한 정교한 의사소통 기술, 갈등 해결 기술과 의사 결정 기술
- 다가오는 변화를 위해 교직원을 준비시키고 참여하게 하는 능력
- 단기와 장기 성취를 위한 개인적 목표와 팀 환경에 교직원을 참여시킬 수 있는 능력
- 일상적 기초 위에 진보를 모니터할 수 있는 능력
- 기밀 유지
- 새로운 아이디어에 대한 개방성과 수용성, 교직원에 대한 융통성과 접근가능성

성인 학습자 지원하기

장학의 가장 중요한 측면 중 하나는 성인의 학습 스타일을 확장할 수 있도록 교직원과 함께 일하는 리더의 능력이다. 유아교육 리더는 성인 학습자가 유아와는 다른 독특한 특성을 가지고 있음을 이해해야 한다. 이러한 특성의 예에는 준비도, 태도, 동기, 이전 경험과 자율성이다. 성인의 학습은 경험에 근거를 두고 있으므로 문제 해결과 관련된 과정에 초점을 둔다. 구체적인 성인 학습 접근법을 채택하는 것은 성인으로 하여금 자기 지시적이 되게 하고 비판적으로 사고하도록 함으로써 보다 나은 학습자가 되도록 돕는다(Tomson & Calder, 1998).

이론, 연구와 실천 간의 연결을 강조하고, 새로운 학습의 직접적인 적용을 격려하는 장학 스타일은 성인 학습자들이 새로운 지식과 기술을 획득하는 동안 좌절을 줄이도록 돕는다. 성인 학습자는 자신이 본질적으로 동기 유발되거나, 구체적인 어떤 것을 학습해야 할 필요가 인정되고 일과의 관련성을 이해하게 되면 새로운 지식과 기술을 숙련할 때, 덜 좌절하는 것으로 나타난다(Law & Glover, 2000). 개방적이고, 정중하고, 협력적인 리더들은 교직원들로 하여금 개념과 실천의 기초적인 이해를 넘어 아이디어와 실천을 분석, 합성, 평가하는 정보처리를 보다 정교한 접근을 해내도록 격려한다. 다시 말해, 반성적인 실천자가 되게 한다.

다음은 성인이 학습하는 상황 속에서 일할 때 교수 학습 기술과 과정에서 중심이 되는 재고점으로 제안되어 온 원칙들이다(Albert와 Einstein, 1986). 성인은 다음의 경우에 보다 효과적으로 배운다.

- 자신이 현재 가지고 있는 자기 지시적인 의사 결정 기술에 기초하여, 자신의 필요와 맞을 때 책임감을 가지고 학습과정에 참여한다.
- 팀 구성원을 돕기 위해 다른 교직원을 격려하는 리더와 함께할 때 자신의 이전 지식, 기술, 경험이 활용되어진다.
- 자신들의 현재 상황에 적용할 수 있는 새로운 정보, 기술, 통찰력과 해결책을 가져올 수 있는 방식 위에 자신의 직접적인 관심과 문제에 초점이 맞추어진다.
- 집단 토의, 브레인 스토밍, 역할극, 문제 해결, 피드백 제공과 같은 효율적인 훈련 전략들이 적절하고 다양한 가르치기 방식으로 사용된다.

- 평등, 공유 책임감, 협력, 상호 존중을 강조하는 리더를 통해 민주적인 분위기가 설립되고 유지된다.
- 교직원들은 행함으로써 배울 뿐 아니라 반성적 사고가 이루어지는 학습 과정에 적극적으로 참여한다.

유능한 리더들은 전문적 수행을 증진시키기 위해 성인과 일하는 데 필요한 기술을 발달시키고 성인학습에 기초가 되는 원리를 이해함으로써 자신의 장학 역할에 있어서 성인학습 양식을 이용한다.

2장에서 Katz(1995a)는 유아교육 교직원의 훈련과 장학 욕구는 경험과 함께 변화한다고 하였다. 능력 있는 장학자가 팀 구성원의 전문적 발달단계와 욕구에 장학 모델을 맞출 것이다. 초임과 경험이 부족한 교직원들은 숙련된 교직원들보다 더욱 구체적이고 기술적인 지원이 필요할 것이다. 어느 정도 경험을 얻은 사람들은 자신이나 다른 기관에 있는 다른 경력자들을 관찰하고 정보를 상호 교환함으로써 도움을 받는다. 심리학자와 교육과정 상담자와 같은 다른 전문 교직원이나 유아를 위한 서비스 상담자들과의 상담은 숙련된 교직원의 지식과 기술을 확장할 수 있다. 적지 않은 경험을 가진 사람들은 외부 기관에 있는 동료들과의 네트워크나 현직 훈련 프로그램 또는 학술대회에 참여하여 도움을 받을 것이다.

유능한 장학사는 교직원에 따라 가장 수용적이 될 장학 형태를 재고하도록 여지를 줄 것이다. 예를 들면, 어떤 교직원은 일대일 개별지도 모델이 발달을 지원하는데 가장 효과가 있을 것이다. 초임이거나 경력이 없는 교직원들은 사적인 상담을 통해 이해와 지원을 보여 주고 관심과 불안을 경청하며 정보를 전달해 주는 장학자가 도움이 될 것이다.

개별지도 모델이 확장된 형태는 비슷한 전문적 발달단계에 있는 소집단의 교직원들이 장학자와 만나는 장학 집단 모델이다.

경험이 부족한 교직원이든 경험이 많은 교직원이든 모두 동료 장학 모델을 찾을 수 있다면 보다 자극이 된다. 동료 장학은 상호 작용에 대해 추론하고 해석하거나 가설을 만드는 일 없이 동료의 실천을 객관적으로 관찰하는 데 참여하고 자신들의 관찰을 공유하고 토론한다(Schiller, 1987). 상호 신뢰와 존중에 기초를 둔 교직원 관계가 형성될 때, 적절한 장학이 형성된다. 교직원들은 자신이 선정한 짝이나 소집단을 선택할 수 있고 관찰한 실천과 상호 작용 양상을 토론하기 위해 정기적으로 일정이 정해져 있는 동료와의 학술대회에 참여할 수도 있다. 동료 모델은 장학사에게 의존하지 않고 결정 사항에 대해 토론하고 문제를 해결하며 책임감을 공유하면서 서로를 지원하는 기회를 제공한다. 동료 장학은 교직원들이 실천에 대해 반성적으로 사고하는 데 몰입하도록 함으로써 전문적 발달을 위한 지속적인 기회를 제공한다.

팀 장학 모델은 특정한 방에서 함께 일하는 특별한 교직원 팀이 일을 보다 효과적으로 하기 위하여 수행하는 일의 과제 측면과 근로의욕을 평가할 수 있다. 리더들이 팀과 장학 책임감을 공유할 때, 집단은 당면한 복잡한 과제를 조정하기 위해 필요한 전문적 지식과 기술, 특히 본질적 의사소통 기술을 갖도록 보장할 필요가 있다. 뿐만 아니라 만일 문제가 집단의 자원을 넘어 해결해야 하는 것이라면 기꺼이 외부에 도움을 요청한다.

본 책은 질적 서비스의 지속적인 공급을 통해 유아교육과 보육의 기준을 상승시킴으로써 현장 전문화를 촉진시킬 유아교육 리더의 질을 더욱 발달시키기 위한 필요성에 초점을 둔다. 리더십의 잠재력을 발달시키는 한 가지 방법은 학생들과 현재 교직원 모두의 장학을 개선하는 것이다. 때로 두 번째 관리자라 불리는 원감의 위치는 교직원 구성원에게 적합한 멘토로서의 리더이며 가치 있는 현직 훈련과 경험을 가진 사람의 넓은 시야를 제공함으로써 리더십의 잠재력이 발현되도록 조력할 것이다.

멘토로서 리더의 역할

지난 몇 년 동안 유아교육자들을 포함하여 많은 교육자들은 전문적 성장을 지원하기 위한 수단으로써 멘토링에 가치를 두었다. 불행하게도 유아교육에서 우열을 가리는 평가과정의 확산과 증가하는 학생 수는 교사 훈련의 질을 떨어뜨리는 결과를 가져왔다. 예를 들어, 유아교육기관에서 학생들이 경험하는 장학 시간이 현저하게 줄어듦과 동시에 개별지도의 기회가 감소되고 강의 중심 훈련이 증가하는 오늘날의 세계적인 경향은 일을 시작하는 많은 초임 졸업생들로 하여금 영유아와 가족들과 만날 준비가 충분하지 않은 채 일을 시작하게 되는 현상을 의미한다. 따라서 현재 예비교사로 교육받는 것이 반드시 실천의 질을 보장하는 것은 아니다(Cummins, 2004). 멘토링은 학습과 전문적 발달을 가져올 수 있는 리더십의 한 전략이며(Rolfe-Flett, 2002), 유아교육 교직원의 전문화를 위해 실행 가능한 전략으로 본다(Martin & Trueax, 1997).

유아교육 리더들이 다른 개인을 멘토링하는 책임감을 가질 때 그들은 친밀한 관계, 상호 신뢰, 학습에 대한 존중과 개방성의 발달에 기초한 사람과 특별한 개인적인 관계 속으로 들어가는 것이다. 멘토링은 단순한 장학의 관계가 아니라, 동료와 반성적인 대화에 몰입하는 기회로서 능력과 성공감을 증진시킬 수 있으며(Cummins, 2004) 평생 학습을 향한 성향을 촉진한다(Weaver, 2004). 멘토는 지원적이고 위협적이지 않은 전문적 환경에서 비판력 있는 친구가 된다.

멘토와 멘티 간 관계의 질은 성공의 기초가 된다. 성공적인 멘토는 다음을 보여 준다.

- 감정이입과 이해
- 평생 학습과 전문적 발달에 대한 관심
- 섬세한 개인 간 기술
- 문화적 민감성
- 멘토의 역할에 대한 이해
- 신중한 유아교육 전문성

다른 중요한 특성에는 진정성, 관대함, 인내심, 일관성, 긍정적 태도, 교수능력, 열의(Hurst와 Reding, 2002)가 포함된다.

다음은 효과적인 멘토링과 관련이 있는 기술들이다.

- 적극적인 경청
- 효과적인 관찰
- 반성적인 대화
- 서로 다른 학습 스타일의 인식
- 성인 / 교사 발달

Hurst와 Reading(2002)에 따르면, 좋은 멘토는 주창자가 되어 안내하고, 의사소통하고, 지원함으로써 리더십을 발휘한다. 만일 부적절하게 행해진다면, 멘토링은 '나는 이끈다, 너는 따르라.' 와 같은 권위적인 리더십 스타일을 지속시키는 결과를 가져올 수 있다(Ebbeck & Waniganayake, 2003). 멘토링의 의도된 결과는 자신의 생각, 가치, 행동을 다른 사람에게 강요하거나 통제하는 것이 아니라, 오히려 의사 결정 기회를 정비하여 협력하고 가능성을 탐색하도록 멘티를 격려하는 데 있다.

Smith와 Ingersoll(2004)은 보다 유용한 멘토링 활동의 몇 가지 형태를 발견하였다. 이러한 형태에는 동일 현장에서 멘토를 가지는 것, 공동으로 계획하거나 다른 사람과 협력하는 시간을 갖는 것, 행정가와 정기적으로 지원적인 의사소통을 하며 외부 네트워크의 부분이 되는 것 등이 포함된다.

멘토링의 위험성 중의 하나는 상이나 승진의 대가를 지불하는 등 고용의 중요한 측면을 통제할 수 있는 멘토의 힘을 지각하게 함으로써 멘티가 순종하도록 하는 것이다. 그러므로 멘토는 전체적으로 거창하지 않고 다그치지 않는 기대, 목표, 평가 시간을 갖는 지원적 틀을 설정할 필요가 있으며(Law & Glover, 2000), 멘토와 멘티 모두에게 명료한 목표와 의무가 필요하다.

또한 리더는 멘토 역할을 통해 도움을 받는다. 새로운 이해와 통찰력이 생기고, 보다 나은 관계가 발달될 수 있으며, 전문적 능력과 경력이 증진될 뿐 아니라, 전문적 갱신과 재충전의 경험이 될 수 있다.

> …야망이 있는 리더는 인정된 전문성을 가진 다른 유아교육 리더로부터 멘토링받을 필요가 있다.
>
> 유아교육과 부교수

유아교육직은 자신의 전문적 잠재력을 인정하는 교직원들을 돕는데 초점을 두기 때문에 핵심 리더십 전략으로 비형식적, 형식적 멘토링을 승인하였다. 대부분의 유아교사들은 자신의 일에 열정적이며, 자신의 지식, 이해, 실천과 전문성을 공유하면서 다른 사람의 학습을 열심히 돕는다. Weaver(2004)는 유아교육직은 문제 해결, 목표 설정, 평가, 지속적인 개선과 멘토링 문화가 발달되어 있다고 제언하였다. 그녀는 멘토링을 협력적이고 위협적이지 않은 분위기 속에서 자기 인식과 자기평가가 일어날 수 있도록 하는 수단으로 보았다.

공식적인 멘토링 프로그램이 세계의 많은 유아교육기관 조직에 설정되어 있다. 이러한 프로그램이 효과적이 되기 위해서는 질 높은 훈련된 멘토의 투입이 필요하다. 구조화된 멘토 훈련은 복잡한 직업에 대한 인식을 높이기 때문에 리더십의 능력 발달에 기여한다. 성공적인 멘토는 자신의 지식과 전문성을 인식할 뿐 아니라 자신의 능력을 비판적으로 재고하고 자신과 다른 사람의 실천을 반성한다.

코치로서 리더의 역할

유아교육에서 코칭은 서비스의 질을 제공하는 교직원의 능력을 촉진하기 위해 고안된 또 다른 협력 과정이다(Hanft, Rush & M' Lisa, 2003). 코칭은 '매일 팀에서 이루어지는 과정들을 촉진하고 관리하며, 집행하기보다는 경청한다' (West, 2004: 60). 유능한 리더들은 팀이 목적과 목표를 달성하고 팀의 개별 구성원들이 잠재력을 발휘할 수 있도록 돕기 위해 코칭을 사용한다. 코치는 사람들이 변화를 촉진할 수 있는 자신의 대답을 발견하도록 경청하고, 지원하고, 조언하고, 안내하고 제안함으로써 다른 사람을 가르친다. 코칭을 통해 교직원들은 자신의 학습을 심화하고 실행을 개선하며 기관의 질을 증진시킨다.

코칭과 멘토링은 많은 유사점을 가지고 있으며 모두 분석, 반성, 행위를 위한 매개가 된다. 그러나 중요한 차이점이 있다. 멘토링은 장기간에 걸쳐 이루어지며 보다 경험 있는 동료가 덜 경험 있는 동료에게 전문적 지식, 이해, 기술, 경험을 의미 있게 전이시킬 수 있는 관계와 기회가 보장된다. 흔히 멘토는 멘티의 역할과 책임에 대한 직접적인 경험을 가지고 있으며 이전의 지식이 공유되고 전달된다(Huang & Lynch, 1995). 반면, 코칭은 다른 사람의 직업적 역할에 대한 이전 경험에 기초하지 않으며, 코치들은 반드시 활동으로부터 혜택을 얻게 되지는 않는다. 유아교육에서 코칭은 특정한 기간 내에 교사의 잠재력을 최대화하는 데 구체적으로 관련되는 경향을 띠며, 동시에 전문적 목적이나 목표와 개인의 인간적 욕구 간의 균형을 얻고자 한다.

코칭은 개별 실천자의 개인적이고 전문적인 목표와 함께 시작되며 그들이 앞으로 나아가도록 돕기 위한 선택, 보고하기, 탐색하기가 사용되는 진행 중인 구체적 시간 동안의 파트너십이다. 좋은 코치는 유아교육 교직원들이 자신감과 자부심, 유아, 부모, 동료들과의 관계, 의사소통 기술, 일과 개인적 삶, 인간적이고 전문적인 방향과 목적 간의 균형을 증진시킬 수 있도록 돕는다.

코치는 유아교육 교직원들이 잠재력을 실현하는 데 필요한 행동에 주의를 집중하며 사고를 자극하도록 질문하고 도전을 요구함으로써 스스로 답을 찾도록 하는 촉매제 역할을 하는 사람이다. 코치는 해야 할 일이 무엇인지를 말하기보다 오히려 사람들이 스스로 가설에 도전하고 서로 다른 관점과 대안을 탐색하도록 돕는다. 능력 있는 코치는 유아교육 교직원들이 자아 인식, 목적, 복지, 전문적 능력을 더욱 발달시키도록 도움으로써 궁극적으로 자신의 기술과 능력을 보다 더 활용할 수 있도록 자질을 기르고 직업 만족감이 증진되게 한다.

리더십의 실천에 대한 반성

나에겐 훌륭한 인생의 코치가 있다.

대체로 나는 인생의 목표를 설정하는 일이 어렵거나 즐겁지 않고 일이 지나치게 많이 발생하는 주제에 관한 일은 행하기를 피하거나 질질 끄는 경향이 있다. 한 친구가 나를 이 특별한 코치와 접촉하도록 추천하였다. 나는 그와 2~3년 정도 만났고 진행되도록 밀어붙여야 할 필요를 느끼는 어떤 일이 있을 때 그에게 전화를 걸었다. 그는 나에게 질문하였지만 반드시 적절한 답을 꺼내도록 하지는 않았으며, 때때로 문제를 보는 다른 방법을 제안하였다. 나는 그에게 이야기하는 것은 내가 생각하지 못했던 상황의 해결책을 볼 수 있도록 돕는다는 것을 알게 되었다. 그가 알고 있기 때문에 나의 진행 과정을 다시 보고할 필요를 느낀다는 것은 행할 필요가 있는 일이 행해지고 있음을 의미한다. 개인적 삶 속에서 나를 위해 적용되었던 그의 전략들이 현재 내 일에서의 문제를 다루는 데 활용하고 있다. 나의 매니저는 내가 동료나 부모들과의 까다로운 의사소통과 같은 어떤 어려운 일을 처리하는 데 자신감이 있고 좀 더 단정적으로 보인다고 하였으며, 나 역시 현재 나의 개인적이고 전문적인 삶의 상황에 보다 많은 만족감을 느낀다.

어린이집, 장학위원

코칭은 다수의 서로 다른 많은 방식과 매체로 수행된다. 예를 들면, 사람 간에 하는 일대일 미팅이나 그룹 코칭 모임, 전화나 이메일을 이용하는 방법 등이 있다. 이는 리더가 기관 밖에서, 그리고 편리한 시간에 사람들을 코치할 수 있음을 의미한다.

코칭 모임의 시간과 빈도는 개인적 필요와 일정에 맞추어 함께 결정한다.

Golman, Boyatzis와 McKee(2002)는, 리더십은 코칭을 통해 발달될 수 있는 능력임을 관찰하였다. 리더십의 발달은 자기 개발이다. 코칭을 통해 증대되는 자기 지식은 리더로 하여금 자신감과 기술을 증진시키고, 가치를 명료화하고 원칙을 안내하며, 목표를 달성하기 위한 자신의 주도력을 강화한다고 논하였다. 리더는 원하는 것이면 무엇이든 성취할 수 있다고 스스로 믿는 사람이다.

유아교육 리더와 경험 있는 교직원은 획득된 맥락적 지식과 이해를 가지고 있기 때문에 코칭 시 제공할 풍부한 전문성과 경험뿐 아니라, 코칭 과정에 성공적으로 몰입할 수 있는 적절한 의사소통과 대인 간 기술 및 전략을 가지고 있다.

유아교육에서의 리더십을 가질 수 있는 원감의 특별한 기회

원감 또는 두 번째 책임자는 유아교육기관의 정식 리더가 되는 데 기초인 가치 있는 훈련을 받을 잠재력을 가진다. 그러나 공식적인 리더만큼이나 도전을 주는 다수의 역할 특징들이 있다.

원감은 흔히 역할 모호성과 갈등 가능성이라는 특징이 있는 행정적 위치로서, 공유된 책임과 개인적 책임 사이에서 책임의 수위가 요동을 치는 자리이다. 원감은 때로 리더가 공석일 때 단기 또는 장기로 공식적 리더가 되기도 하고 팀의 구성원이 되기도 하는 위치에 있다. 그 위치는 흔히 리더가 선정한 팀 구성원으로 채워진다. 과제를 위해 가장 적합한 팀 구성원을 선택하기 위해 리더가 위임의 원칙을 적용할 수 있는 상황이 좋은 예이다. 원감의 위치는 리더와 나머지 팀 구성원들의 직무에 대한 민감성, 융통성, 이해가 요청된다.

원감의 주요 역할에는 다음이 포함된다.

- 기관의 행정과 운영에 있어서 팀 구성원의 협력과 협동을 자극함으로써 리더를 지원하기
- 긍정적으로 일하는 관계를 유지하면서 목표를 달성하도록 팀을 지원하기
- 애정, 소속감, 자존감, 능력을 향한 자신의 필요에 부합하기

때로 이러한 역할은 상호 배제적이고 대조적으로 나타날 뿐 아니라, 성취 불가능할 수도 있다. 그러나 원감 위치의 본질은 능률적이고 효과적인 유아교육 서비스를 전달하기 위한 책무를 준비하는 것이다. 이는 정책에 참여하거나 리더의 노력을 방해하거나 팀을 통제하기 위해 필요한 힘이 아니다. 그것은 자신의 충분한 잠재력을 성취하는 데 관심을 가진 교직원 구성원들을 위해 행정적 수준에서의 긍정적인 역할을 수행하기 위한 기회라 할 수 있다.

원감의 위치는 유아교육 환경과 유아교육기관을 운영하는 데 있어서 보다 넓은 관점을 얻는 기회가 되고 경력 개방의 관점에서 기술과 경험의 넓은 배경을 발달시키기 위함에 있다. 어떤 교직원 구성원이든 공유된 의사 결정과 책임감, 팀 형성, 갈등 조정, 신뢰 형성, 기관 행정 조직의 지원은 원감의 위치에서 요구되는 기술이기 때문에 이에 관심을 가진 사람은 원감이 될 수 있는 잠재적 지원자이다. 원감의 역할을 수행하는 것은 리더에 대한 포부를 가진 정해진 지위이기 때문에 전문적 경력 발달의 관점에서 중요하며 이러한 책임감의 수준에서 많은 경험을 얻도록 흔히 기대되어진다.

유아교육 조직 구조에서의 변화는 통상 리더의 역할과 책임감에 수정을 가져온다. 유아교육 리더로 하여금 장시간의 계획, 교직원 훈련과 발달, 정책 공식화에 기여하도록 강조함에 따라 어떤 리더이든 매일 기관을 운영하는 데 많은 시간을 투입해야 하기 때문에 남아 있는 시간이 거의 없다. 따라서 원감은 매일의 운영, 행정, 서비스 전달을 위한 책임이 증가하게 될 것이다. 이러한 시나리오는 임명된 행정적 리더들이 기관의 일상적인 관심들로부터 더욱 분리될 것임을 말해 준다. 원감은 리더, 팀, 유아, 부모 간 연결을 유지하고 과제, 자원, 기회, 문제들에 대해 제언하고 정보를 제공함으로써 기관의 현재 상태를 리더에게 계속적으로 전달하는 책임감을 맡게 될 것이다.

유아교육에서 이루어지는 다른 측면의 활동들처럼, 원감 역할을 수행하는 사람들을 위한 오리엔테이션이나 훈련의 기회는 거의 없다. 대부분의 사람들은 직업이 실제 무엇에 대한 것인지, 어떤 역할과 책임감이 수반되며, 어떤 기술을 필요로 하는지 알기 위해 '직업에 대한 학습(learn on the job)'이 이루어져야만 한다. 어떤 경우에 원감은 할당된 의무를 성취해야 할 뿐 아니라 행정적 위치와 연관된 특별한 임무까지도 수행해야 한다. 만약 스스로 자신의 수행이 기준에 미치지 못한다고 생각하거나, 동료와의 관계가 악화된다면 이러한 위치에 있는 대부분의 사람들이 높은 스트레스와 근로 의욕이 상실될 것임은 놀랄 일이 아니다. 원감과 임명된 리더는 성공적인 리더십을 위한 주요 요인들, 리더십과 팀 수행 간의 관계, 역할을 효과적으로 하기 위해 본질적으로 감당해야 하는 의사소통 기술 등을 이해할 필요가 있다.

원감의 지위와 관련된 많은 도전점들이 있다. 훈련 기회의 부족은 차치하고, 리더나 원감이 해야 할 업무의 구체적이며 표준화된 지침이 없다는 사실은 문제를 야기하기도 한다.

어떤 리더들은 기꺼이 원감에게 맡겨진 특별한 행정적인 임무를 위한 시간을 할애해 주고 권위, 힘, 정보를 공유한다. 이러한 상황에서 원감은 리더의 부재 동안 리더십을 수행하는 경험을 할 수 있다. 어떤 다른 리더들은 실제 책임감과 정보를 공유하지 않고 부과된 특별한 임무가 일상적인 일의 부분으로 흡수되기를 기대하며 원감을 위한 어떤 진정한 위임에도 관심을 갖지 않는다. 따라서 원감은 임명된 리더의 부재 시에 명목상의 리더가 된다. 또 이러한 지위에 관련된 특별한 책임감을 수행해야 하는 교직원을 위해 지급해야 할 재정적 급료에 대한 합의점은 거의 없다. 리더와 원감 간 형식적 의사소통의 채널의 부족은 높아진 임무에 대한 재정적 급료에 대한 기대감과 책임감, 그리고 역할에 대한 상호 이해에 어려움을 가져올 수 있다.

이러한 위치에서 성공적인 원감이 되기 위해서는 다음의 지원이 필요하다.

- 발달된 행정적 임무의 범위를 완전히 이해하는 데 필요한 적절한 훈련과 오리엔테이션
- 위임된 수준에 적절한 재정적 급료와 연관된 표준화된 직업 규정
- 부가된 행정적 계획 시간을 위한 최소한의 부가적 시간의 할당
- 위임된 권한의 범위에 대한 조작적 정의
- 리더의 부재 시에 필요한 사람의 고용
- 특정한 정책과 의사 결정 문제에 리더와 함께 참여하기
- 보다 넓은 유아교육직에 참여하는 기회 가지기

이러한 지원이 없을 때, 리더와 원감 간 갈등의 잠재력은 심각할 수 있다. 갈등의 잠재적 원천에는 다음의 내용들이 포함된다.

- 리더의 부재 시에 만들어진 결정에 대한 지원 부족
- 명확히 정의된 역할과 책임감의 부족
- 일을 행하는 서로 다른 방식
- 정보의 불충분한 제공
- 문서화되지 않은 기대
- 가치, 윤리, 상황에 대한 서로 다른 해석
- 원감의 주도에 대해 리더가 느끼는 위협감

임명된 리더의 부재 시에 책임을 맡는 위치에 등용된 원감에 대한 역할 정의와 직권이 부족할 때, 팀의 나머지 구성원들과 갈등이 나타날 가능성이 있다. 여기에 두 가지 중요한 어려움이 있다.

첫째, 팀은 리더의 부재 시 원감의 결정과 권위를 받아들이지 않고 도전한다. 이것은 때때로 원감으로 지명된 교직원 구성원의 자질의 필요성에 대한 의견 차이와 관련이 있는 것으로서 경험은 있으나 자질이 없는 경우와는 다르다. 원감을 포함하여 임명된 리더가 직면한 중요한 문제 중 하나는 비공식적인 수준에서 교직원들이 리더로 인식하지 않을 수도 있다는 것이다. 다른 어떤 사람이 교직원들에 의해 적합한 비공식적인 리더로 선정되어 왔을지도 모른다. 이러한 사람은 비공식적인 힘이 주어져, 교직원 집단을 대신하여 의사를 결정할 권리가 주어지고 비형식적인 기초 위에 교직원들로부터 의심 없는 지원을 이끌어 낸다.

원감은 임명된 리더로서 유아교육 맥락 속에서 개인적 특성, 자원, 관계의 장점에 대한 인식을 통해 교직원들의 지지를 얻고 관련 전문성, 기술이나 지식을 시범 보임으로써 교직원들의 존경을 받게 된다. 리더십의 공식적인 위치를 갖는다는 것은 그저 단순히 필요한 것이 아니라 교직원 집단이 그 사람의 지위를 인정하고 지원할 것임을 의미한다. 지나치게 권위적인지, 교직원들로부터 지지와 존경을 받는지는 역할을 수행해 온 사람의 방식을 통해 얻어지는 것이다.

둘째, 기밀의 유지에 대한 문제가 있다. 원감에게 비밀을 털어놓는 팀 구성원이 있었을 때 이후 리더에게 알려야 할 도덕적 책무가 있는지 재고되는 사례가 있어 왔다. 이것은 지침으로 제공되어야 할 윤리의 전문적 규약을 위한 윤리적 딜레마의 한 예이다. 신뢰의 위반은 미래에 팀과의 관계 형성에 있어 분명 파멸적인 결과를 가져올 수 있고, 팀의 한 구성원으로서 거부되어진 원감은 더 이상 리더의 위치에 있을 수 없다. 원감의 팀과의 관계 형성에 미치는 나쁜 영향은 그 지위에 중요한 관심을 가지는 다양한 권위의 결과라 하겠다.

비록 이 위치와 연관된 다른 어려움들이 있지만, 그 역할에 대한 많은 긍정적인 측면들이 있다. 이러한 능력 있는 팀에의 참여는 서로 다른 수준에서 정보를 제공하는 기회를 통해 직업 만족도를 증진시키고 자존감을 형성하도록 돕는다. 리더십의 잠재력을 시범 보이고 발달시키는 기회는 경험과 지식을 얻고, 개인의 능력에 대한 사람들의 지각을 변화시킴으로써 특별한 책임감을 수용하는 긍정적인 결과를 가져온다.

리더십의 책임감에 대한 압력과 가능한 위험에 대한 인식은 개인이 미래에 맡게 될 지위에 필요한 지식과 기술을 발달시키도록 하기 때문에 중요하다. 팀 전체의 관점에서, 계획되지 않은 리더의 부재나 어떠한 비상시에 대체자로서의 역할을 하는 능력 있는 원감은 필수적이다. 그것은 팀이 효과적으로 일하도록 돕기 위해 책임감을 공유하는 논리적이고 합리적인 방식이다.

요약

효과적인 장학, 멘토링, 코칭은 리더와 유아교육 교직원 모두의 전문적 발달을 향상시키는 현직 연수의 기회이다. 개인적이고 전문적인 성장의 분위기를 창안하는 것은 현재 이루어지는 유아교육 서비스의 질을 보장하기 위해 결정적이다. 이러한 기회와 경험은 교직원의 자신감, 의사소통, 다른 사람과 팀워크에 대한 존중감이 개선되도록 돕고 보다 넓은 전문적 관점을 발달시킨다. 전문적 발달을 위해 가장 효과적인 현직 연수 경험은 지원적이고 격려하는 환경 속에서 긍정적인 모델, 멘토, 코치의 역할로부터 학습을 위한 동기와 기회를 제공한다.

Chapter 10

변화를 주도하고 수행하기

유능한 리더는 함께 구성해 온 개혁과 변화의 의제를 수행하기 위해 필요한 전문성을 이용할 수 있다. -유아교육 선임강사

본 장의 탐구점

- 엄격한 리더십에 대한 도전으로서 변화의 역할
- 조직에서 변화의 유형
- 변화와 개인
- 변화에 대한 저항 요인들
- 변화에 대한 저항 다루기
- 변화의 효율적인 수행
- 변화에 대처하는 교직원 돕기
- 변화를 위한 리더십 개발하기
- 성공적인 변화 프로그램의 특징

변화는 삶에서 극소수의 확실성을 가진 것 중 하나이다. 변화는 우리 삶의 모든 측면에 있어서 자연적인 현상이다. 인간에게 주어진 경험은 매일의 삶 속에서 너무나 많은 변화가 있고 어떤 사람은 위협을 주는 변화의 과정을 왜 실행해야 하는지 이해하는 데 어려움이 있을 수 있다. 실제, 변화의 현실 중 하나는 우리 중 많은 사람이 변화에 저항할 것이라는 것이다. 변화는 개인, 기관, 사회에서 일어난다. 이러한 수준 중 하나에서 일어나는 변화는 다른 곳에서의 변화를 수반할 것이다. 변화는 흔히

의사 결정을 포함한다. 왜냐하면 수행의 과정에는 개인의 태도와 기술의 변화뿐 아니라 조직의 정책과 절차에 있어서의 변화도 요구하기 때문이다. 그러므로 변화는 피할 수 없는 진행 과정이다.

변화는 또한 없어서는 안 되는 것이다. 성장은 변화의 결과이며, 지식을 적용하는 방법과 새로운 지식을 발달시키기 위하여 기정의 실제, 방법 또는 아이디어나 전통에 의문을 가지고, 환경에 반응하며, 적용하고, 융통성 있게 반응하는 개인과 조직의 능력을 예증해 준다. 그것은 개인과 조직의 생존을 유지하기 위한 기회를 창안하는 수단이다.

유아교육 현장은 오랜 시기에 걸쳐 일어난, 빠르고 광범위한 변화를 향한 압력에 민감하고 상습적인 변화의 경험을 계속해 왔다. 빠른 사회적 변화에 적응하고 지역사회의 요구에 적응적이고, 융통성 있고, 반응적인 프로그램과 서비스를 발달시키기 위한 직업적 시도로서 교직원의 입장에서는 많은 불확실성과 예측 불가능성이 여전히 존재한다. 초기 교직원들은 변화를 위한 요구와 필요에 순행적으로 반응하고 변화를 주도하는 적극적인 대행자로써 스스로를 보는 것이 필요하였다.

변화를 추구하는 현재 상황에 대해 현장의 어떤 구성원들은 현재 상황을 미래의 이익을 받아들이는 데 성숙되고 도전을 주며 자극적인 것으로 지각하는 반면, 다른 사람들은 현재의 사건을 자신과 직업에 위협을 주는 것으로써 보고 모든 고통을 피하고 저항하고자 할 것이다. 이 양쪽 모두가 변화에 반응하는 것이며, 정서가 자극된 것이다. 긍정적인 정서는 긍정적인 반응과 연관되어지는 경향이 있으며, 변화는 유익하고 도전적인 것으로 지각된다. 부정적인 정서는 부정적인 반응과 연관되어지는 경향이 있으며, 변화는 갈등이 많고 유해한 것으로 지각된다. 리더는 자신들의 유아교육 서비스가 현재 실행 가능하며 미래의 여건을 예상할 수 있고 팀의 사기를 지원하고 강화하기 위한 욕구에 부합될 수 있도록 보장해야만 한다.

리더의 역할은 조직의 변화를 조정하는 데 도구가 되며 리더는 변화의 조정자로 간주된다. 리더는 변화를 관리하기 위한 궁극적인 책임이 있다. 다른 직종에서의 리더와 마찬가지로 유아교육의 리더들도 현재의 요구에 부응하는 자원들을 효율적으로 사용하는 동시에, 유아교육 서비스의 효율성과 장기간의 생존 방법을 발견하고 보장해야 한다. 변화의 관점에서 실효성(effectiveness)은 변화하는 환경에 적응할 수 있는 능력을 의미한다(Carnall, 1995).

변화의 수행과 변화를 위한 준비는 오늘날의 유아교육 리더들이 직면하는 중요한 도전 점 중 하나이다(Ebbeck & Waniganayake, 2003). 변화를 위한 리더십에는 다음이 필요하다.

- 비전과 통찰력
- 주의 깊은 계획
- 의사 결정 기술
- 효율적인 의사소통
- 자신 있는 갈등 조절
- 변화에 영향을 주거나 참여하는 사람들에 대한 민감한 조정

변화가 잘 계획되고, 민감하게 다루어지고 적절한 시간을 가지며 충분히 자원이 지원되거나 또는 느긋하게 지각되어 느슨하게 프로그램이 수행되어진 정도는 리더의 변화 과정에 대한 이해와 조직 환경 속에서 그것의 수행에 따라 다를 것이다.

변화의 본질에 대해 생각하지 않는 유아교육 교직원들을 위하여 다음의 점들은 개인적이고 전문적인 삶 속에 그것들을 어디에, 어떻게 맞추는지를 이해하는 데 유용하다.

- **변화는**
  - 불가피하다.
  - 없어서는 안 된다.
  - 과정이다.
  - 개인, 조직, 사회에서 일어난다.
  - 예측되고 계획되어질 수 있다.
  - 지극히 정서적이며 긴장과 스트레스를 유발할 수 있다.
  - 많은 사람들에 의해 저항받을 수 있다.
  - 리더를 지지하는 개인과 집단에 의해 조정될 수 있다.

- 태도와 기술, 정책과 절차에서의 발달적 변화를 수반한다.
- 진단된 필요의 기초 위에 가장 잘 촉진되어진다.

리더는 변화를 제공할 때 조직은 새로운 아이디어를 검증하는 목적만을 위해서 존재하지 않음을 인식해야 한다. 변화를 소개할 때는 변화에 대한 특별한 목적을 가진 접근이 있던 이전 경험, 변화의 목적이 소개되고, 미래의 변화에 대해 저항하거나 모호한 느낌으로 참여하였던 사람들이 많은 것들을 남긴다. 이것은 조직의 효율성과 생존 능력 때문에 특별한 목적을 위한 변화를 증진시키기는 어렵다.

성공적인 조직은 구성원들에게 만들어진 사회적, 정치적, 경제적 환경에 있어서 기회와 전제의 관점 모두에 대한 요구에 구성원들이 계속적으로 적응할 수 있도록 리더가 보장하기 때문에 만들어진다. 이들 리더들은 조직의 목표를 달성하기 위하여, 그리고 조직의 임무에 도움이 되도록 하기 위하여 존재한다는 것을 이해해야 한다. 그러므로 변화는 조직의 임무와 목표를 진전시키는 데 효율적이라고 생각된다면 실행해야만 한다.

조직의 강점은 관료주의와 개혁이라는 두 가지 중요한 요인 간의 균형과 혼합의 기능이 있다. 관료주의는 일을 행하는 방식에 있어서 관례적, 일상적, 예견가능하도록 기정화한 방식의 필요성을 말하며 조직의 안정성을 보장하는 수단이 된다. 규칙과 통제, 절차의 기준, 역할분담, 조직의 내적 위계구조들은 관료주의적 힘의 예들이다. 이를 행하는 데 있어서 전통적이고 이미 설정된 방식에 대한 지나친 강조는 변화의 필요를 지각하는 데 실패를 가져오고, 행위가 부족하거나 지나치게 느려서 부적합한 행동의 결과를 가져온다. 때로 조직은 계속적으로 현재의 정책과 실천을 지지하는데, 현재 일을 행하는데 있어 가장 효율적이거나 효과적인 방식이거나 과거의 일을 행하는데 있어서 가장 최선의 방법이었기 때문이 아니라, 단순히 과거에 행해져 왔기 때문에 현재의 실천을 지속하기도 한다.

개혁은 어떠한 환경적 요구에 대한 조직적 반응으로 언급되며, 조직의 적응성, 융통성, 반응성을 부여하는 힘을 말한다. 구조에서의 변화(예를 들어, 새로운 교직원 팀 구성), 의사소통 채널과 과정(누가, 누구에게, 언제, 어떻게, 무엇을, 보고하였나와 같은), 행동에서의 변화(리더십 스타일과 같은)들은 조직의 개혁을 보여 준다. 개혁에 대한 지나친 강조는 변화에 대해 되는 대로의 접근, 미성숙된 변화, 비슷한 조직의 특정한 정책과 실천의 맹목적인 모방('만일 그들이 그렇게 했다면 그것은 옳을 것이고 우리는 그와 똑같이 하면 된다는 태도')을 초래할 수 있다. 리더는 진단된 필요에 기초한 의사 결정이 충분히 개혁적일뿐 아니라 팀의 근로 의욕과 과제수행에 대한 요구에 부합할 수 있도록 적절한 관료주의를 보장해야 한다.

조직에 있어서 변화의 유형

조직에서의 변화는 다양한 방식으로 일어나고 변화에 의해 영향을 받는 사람들은 서로 다른 수준의 의미를 가지고 참여한다. 유아교육기관을 포함하여 조직은 역동적이며 그 속의 사람, 위계조직, 구조, 체제는 계속적으로 진화한다. 조직의 구성원에 의한 새로운 지식과 경험, 보다 효율적인 방법, 보다 효과적인 기능의 추구는 **자연적인 변화**(Incremental change)를 만들어 내며 매일의 일상적인 기초 위에 작은 수정 점들이 체제에 흡수되고 도입된다. 이러한 작은 변화들은 실제적인 차이가 교직원 구성원들에게 인식되어질 때까지 흔히 드러나지 않게 진행된다. 유아교육과정이나 일상에 대한 단순한 변화들은 주의가 거의 주어지지 않는 자연적인 변화의 예들이다. 계획되어졌든 의도되지 않았든 간에 일련의 자연적 변화들은 만약 그것이 적절히 검토되지 않는다면 원하지 않는 방향으로의 중요한 조직적 변화 결과를 가져올 수도 있다.

유도된 변화(Induced change)는 사람, 과정, 프로그램, 조직, 체제에 있어서 변화를 수행하기 위한 의식적인 의사 결정의 결과물이다. 학술대회나 현직교육에의 참여는 부모 프로그램, 교육과정, 교직원의 행동 운영 실제 등과 같은 유아교육 서비스의 양상에 대한 변화 욕구를 자극할 수 있다. 유도된 변화는 서로 다른 수준의 의미를 포함할 수 있다. 그것은 일상적, 위기에 직면하기 위해, 개혁적인, 보다 드물게는 변형적일 수 있다. **일상적 변화**(Routine change)는 대단히 평범하고 문제 상황에 반응하는 일상적 기초 위에 리더와 팀 구성원에 의해 영향을 받는다. 목적은 현상을 원 상태로 회복하는 데 있다. 일상적 변화는 교직원 간의 협력을 증진시키고 갈등을 줄이며, 유아와 부모의 요구에 부응하고, 질을 개선하기 위해서 계획된다.

위기 변화(Crisis change)는, 이름이 제시하는 바와 같이 기관에서 예기치 않게 일어날 수 있는 어떤 일에 대한 반응을 말한다. 시간적 제한 때문에 리더는 팀 구성원들과의 의견 조율 없이 빠른 의사 결정을 할 수도 있다. 팀 구성원들은 흔히 위기의 변화에 대한 요구에 반항하지 않으며 상황의 필요에 부합하기 위해 리더의 권위적인 의사 결정을 기꺼이 수용한다. 이에 대한 이의는 리더가 필요한 의사 결정을 연기하거나 지연하는 경우에 일어난다. 교직원 구성원들은 이러한 환경하에 실행상의 의사 결정을 지원하지 않을 것이다. 위기 변화는 예기치 않은 교직원 사임, 질병이나 부재, 예기치 않은 유아의 필요나 물리적 또는 재정적 조건에서의 기대하지 않은 변화 때문에 일어난다. 변화의 필요성에 대한 인식의 실패는 위기 변화를 앞설 수 있고 무턱대고 재촉할 수도 있다.

개혁적 변화(Innovative change)는 창의적인 문제 해결이나 시행착오로부터의 결과로써, 리더와 팀 구성원들이 더 나은 직무와 목표에 부합하는 보다 쉽고, 빠르고, 성공적인 방식을 찾고자 하는 곳에서 일어난다. 개혁적인 변화는 높게 지원적이고 단합이 잘된 팀 리더와 목표지향적인 교직원 집단하에서 보다 잘 일어날 것이다. 해당 기관의 부모와 유아의 필요에 부합하기 위해 기관 서비스 개방 시간을 고치는 것은 개혁적인 변화의 한 예이다. 개혁적 변화를 위한 의사 결정에는 주도와 수행이 포함된다. 주도에는 변화를 위한 지식 인식, 변화를 향한 긍정적인 태도의 형성과 변화에 대한 실천적 의사 결정이 포함된다. 수행에는 변화의 초기 도입과 변화의 계획된 집행에 변화의 수행을 계속하고 유지하기가 더해진다. 그러나 Hasenfeld(1992)는 변화의 주도와 의사 결정 과정에는 문제에 대한 인식에서부터 해결책을 채택하기 위한 대안의 평가에 이르기까지 합리적이고 논리적인 단계를 따르는 경우가 드물다고 경고한다. 유아교육 교직원들은 개혁적 변화는 무질서한 사건들이 나타날 수 있다는 사실에 대한 인식을 가지고 의사 결정 과정에 대한 이해를 연합할 필요가 있다.

변형적 변화(Transformational change)는 조직의 생존을 위해 과감한 행동이 요구되는 위기 점에서 일어나며 조직의 형태가 근본적으로 수정되는 곳에서 일어난다. 이러한 유형의 변화는 조직이 관료주의나 개혁에 대한 지나친 강조 때문에 환경의 요구에 반응하는 데 실패한다면 대부분 일어날 것이다. 리더와 팀에 의해 소홀이 되어온 위기 최소화, 개혁적 변화가 일상을 위해 반드시 필요하다. 유아교육 현장에서 일어난 변형적 변화는 영국에서의 다학문적 아동 기관과 초등학교에서의 시간 연장 아동 보육과 같은 새로운 서비스를 창안하도록 했다는 점은 흥미롭다. 변형적 변화에 포함되는 교직원에 대한 압력은 매우 크고, 스트레스와 소진을 위한 잠재력은 높다.

변화와 개인

유능한 리더는 어떤 조직의 변화도 변화에 의해 영향을 받거나 참여하는 사람들의 인생에 중요한 영향을 미칠 수 있음을 이해한다. 사람들이 변화에 대해 불안감을 가지고 반응하는 것은 보편적이며, 변화에 전적으로 관여하고 있는 사람들조차도 불안, 불확실성, 스트레스를 느낀다. 변화의 크기는 변화가 만들어 내는 스트레스의 양을 결정할 것이다. 스트레스와 그것의 조절은 변화를 성공적으로 수행하기 위해 대단히 중요하다. 갈등은 종종 변화를 위한 추진력이 되고 전문적 상황에서 피할 수는 없다. 그러나 갈등, 자존감과 수행 간은 분명히 연결되어 있기 때문에 갈등과 스트레스는 리더에 의해 지혜롭게 조정될 필요가 있다. 다소의 스트레스는 개인에게 도전을 주고 동기를 주지만 지나치게 많은 스트레스는 수행과 자존감을 낮춘다. 리더는 개인에게 있어서 생산되어지는 자존감의 높은 수준과 연관시켜 수행을 최적화 하는 방식으로 스트레스의 수준을 조정하는 예술을 발달시킬 필요가 있다.

일에 있어서 변화는 시간이 지나면서 과제나 동료와의 상호 작용을 통해 구성되어 온 개인의 전문적 자아감에 도전을 줄 수 있다. 많은 교직원들은 일상적으로 과제를 유능하게 수행하지만 변화는 자신이 경험하는 숙달된 상황과 자신감에 위협을 준다. 이것은 교직원들로 하여금 변화의 의미에 의문을 품게 한다. 이러한 요인들로 인하여 변화의 제안에 대해 방어적인 반응을 불러일으킬 뿐 아니라 어떤 변화의 수행에 대해서도 적극적이거나 수동적인 반대를 나타낸다. 리더는 교직원 구성원들로 하여금 변화는 자신들이 일에 대한 기정의 지각에 질문을 갖거나 일상을 위협하는 것이 아니라, 자신의 현재 관점을 지속하면서 그러한 자신의 관점을 새롭게 보도록 하는 방식에서 절박함을 제시함으로써 이러한 경향성을 극복하도록 하는 것이 리더의 책임이다.

보다 독재적인 리더십의 유형은 변화에 긍정적으로 반응하기 위한 팀의 능력을 감소시키는 결과를 가져오기 때문에 리더는 조직에 있어서 변화를 촉진시키는 능력에 대한 자신감의 부족이나 개인적 관심을 인식할 필요가 있다. 이에 따라 긍정적인 자아 개념과 높은 수준의 자존감을 가진 개인은 변화에 대한 보다 긍정적인 태도를 가질 것이며, 창의적인 방식으로 변화에 대한 요구에 반응할 것이다. 변화는 피할 수 없는 것이기 때문에 이해하는 것은 중요하다. 변화를 성장과 발달의 기회로 지각하는 사람은 자신감과 열의를 가지고 새로운 상황에 접근할 것이며, 기꺼이 새로운 상황에 보다 많은 능력을 갖게 될 새로운 기술을 배우고자 할 것이다. 변화가 불가피함을 알고 변화를 준비하는 데 에너지와 시간을 투자한다. 개인적 유능감과 창의성은 증진되어지고 미래에 개인적이고 조직적인 변화 발달을 위한 보다 긍정적인 태도가 된다. 지속적인 변화에 대한 필요에서 생존하기 위하여 조직은 함께 학습하고 성장하기 위해 연합하고 개별 구성원들이 서로의 아이디어를 받아들이는 평생 학습자 공동체와 학습 문화를 창안할 필요가 있다.

리더십의 실천에 대한 반성

우리 팀은 High Scope를 정부가 주도하는 부분으로 선동하고자 하였다. 리더는 매니저였지만 그녀는 다른 사람들이 다른 측면들에서 리더가 되도록 격려하였다. 그녀는 각 집단의 구성원들이 각자의 실천영역에서 중책을 맡도록 지원하였기 때문에 리더십을 보였다.

유아교육 리더

사람들은 자신의 안전을 위협하거나, 자신이 지니지 않은 기술을 요구하거나, 또는 자신이 잘못하였을 때, 변화를 반대하고 저항하는 에너지와 시간이 투여된다. 이러한 상황에서 스트레스 수준은 상승되고 조직 내부의 갈등은 증가할 수 있다. 수행에 있어서 대응을 저하시키고, 다른 교직원과의 관계를 가지며 자존감을 갖게 하는 것은 필수 불가결하다. 팀과 조직의 목표로부터 소외되고 물러나는 것은 대응 과정의 종국적인 결과이다. 여기서 리더는 이러한 개인들이 자존감을 발달시키고 새로운 상황의 요구에 부합되는 자신감을 가지고 일하도록 하는 것이 필요하다. 뿐만 아니라 리더는 이러한 개인들이 조직의 생존 및 개인의 생존에 있어서 변화의 역할을 이해할 수 있도록 지원할 필요가 있다.

리더십의 실천에 대한 반성

나는 유아교육 환경에서 수행되어 온 상당히 개혁적인 프로그램 몇 가지를 보아 왔다. 예를 들어, 주임교사와 가르치는 교직원은 기술을 강조하는 기초 수준 교육과정(the Foundation Stage curriculum)을 고쳐 썼다. 변화된 교육과정은 교사들을 사임하게 하였으며 새로운 교사가 들어오게 되었다. 어떻게 그 사람들이 이러한 커다란 변화가 일어나도록 만들기 위해 건설적으로 함께 일했는가 하는 방법은 대단히 감명 깊었다.

교육 조언가

모든 교직원 구성원들에게 개인적이고 전문적 발달에 대한 책무는 유아교육직에서 요구되는 변화에 부합하기 위한 본질이다. 유능한 리더는 교직원 구성원들이 어떤 새로운 것에 대해 신중할 수 있는 권리는 있지만, 자기만족이 되거나 무관심하거나, 침체되거나 무능해질 수 있는 권리는 없다고 받아들인다. 나아가 누구도 다른 사람이 성장하고 발달하는 것을 멈추게 할 권리를 가진 사람은 없다. 전문적 발달 프로그램은 자존감이 길러지도록 돕고 위협에 저항하는 개인을 창조한다. 리더는 모든 교직원 구성원들이 평생 학습자로서의 성향을 발달시키도록 격려함으로써 변화에 대한 저항을 최소화하고 흥미와 의욕을 가지고 변화에 접근할 수 있도록 할 필요가 있다.

변화에 대한 저항의 원천

모든 유아교육기관은 독특하므로 변화에 대한 저항 경험도 서로 다른 원천으로부터 나타난다. 그러나 몇 가지 공통된 원천들이 나타나며 리더의 책임은 이러한 원천의 정확한 위치를 지적하고 그것을 극복하기 위한 방법과 대책을 발견하는 것이다. 다음의 변화에 대한 원천들이 그간 유아교육 현장에서 나타났다.

- 변화된 환경에서 **개인의 미래에 대한 두려움**(fear about personal future). 이것이 저항의 중요한 원천이다. 개별 교직원 구성원들은 알지 못하는 것에 대한 두려움, 실직과 급여 감소, 지위 박탈, 새로운 직무 수행에 대한 무능력, 새로운 책임감

수행, 새로운 훈련의 감당, 사회적 관계에 있어서의 변화, 위치 재배치의 가능성에 대해 불안할 수 있다.

- 가치와 신념체계에 있어서의 변화와 같은 **이데올로기적 요인들(ideological factors)**. 다학문적 팀이 한 구성원으로써 일하기와 같이 이데올로기적 요인들은 목적과 목표에 영향을 준다.
- 관례적 일상과 예견 가능성을 선호하는 사람이나 낮은 자존감을 가진 부정적이고 수동적인 교직원 구성원들과 같은 **개인적 인성**.
- 변화의 효과와 범위, 목적, 필요에 대한 **잘못된 이해**.
- 진정으로 리더가 자신들에게 최대한의 관심을 가지고 있다고 믿지 못하는 교직원이 있는 곳에서 **리더에 대한 신뢰의 부족**.
- 기존의 팀 문화에 미치는 변화의 효과와 제안된 변화에 대한 **서로 다른 평가나 관점**.
- 참여함으로써 이익이 없거나 개인적 이익 분배가 전혀 없는 것으로 변화를 지각하는 개인이 있는 곳에서 '나에게 그것은 무엇인가' 라는 **자신의 관심**.
- 제안된 변화를 이해할 수 있는 **지식의 부족**.
- 직무를 행하는 데 있어서 새로운 기술 또는 서로 다른 방식의 **새로운 기술**.
- 변화가 외부로부터 부과된 곳에서 **오너십의 부족**.
- 갑작스러운 변화의 요구 또는 가까운 과거의 **과도한 변화**.

오늘날 많은 유아교육기관들은 협력적인 운영체계를 연합하여 활용하고 공감적 의사 결정 유형으로 운영함으로써 변화에 대한 저항이 덜 일어나도록 만들고 있다(Ebbeck & Waniganayake, 2003). 그러나 유능한 리더는 어떤 교직원들이 은밀하게 개입하며 변화의 효율적인 수행을 방해할 수 있는 적절한 변화 저항 방식을 인식할 것이다.

변화에 대한 저항 다루기

변화에 저항하는 교직원들에 대한 리더의 접근 방식은 변화를 수행하는데 있어서 중요하다. 논쟁, 정보, 자료, 힘으로 그것을 정복하고자 하는 저항과 싸우는 것은 흔히 성공적이지 못하다. 왜냐하면 그러한 저항은 반체제적으로 가기 때문이다. 저항을 다루기 위해 힘을 사용하는 것, 즉 '총으로 리더하기'는 보복 욕구를 만들어 낼 수 있으며, 그러한 기관에서 교직원들은 복수할 기회를 기다릴 것이다. 저항을 다루는 더 나은 방법은 개방적으로 풀어 나가고 관심을 충분히 표현할 수 있도록 격려하는 것이다. 이러한 방법의 목적은 교직원들이 자신의 불안, 불편함들을 직접적으로 리더에게, 그리고 서로에게 표현하도록 격려하고 이러한 방식으로 속임수와 방해에 대한 어떠한 시도들도 막아 낼 수 있다.

저항을 다루는 다음의 방법들은 유아교육기관의 리더에게 유용하다. 왜냐하면 유아교육자들은 서비스를 전달하는 데 있어서 의사소통과 문제 해결 기술들이 흔히 잘 발달되어져 있기 때문이다.

의사소통과 교육

이들 방법은 앞서 사용될 수 있고 변화의 수행 동안 정보가 부족하거나 부정확하여 스트레스 수준을 증가시킬 때, 그리고 변화가 가져올 이익에 대한 교직원 구성원의 지각이 방해를 받을 때 사용된다. 만일 개별 교직원 구성원이 변화 이면의 이론적 근거를 이해한다면 변화를 수용하도록 설득될 것이다. 의사소통과 교육의 중요한 결과는 다른 교직원 구성원들에게 정확한 정보를 제공함으로써 교직원들이 수행의 국면을 지원할 수 있다는 것이다. 몇몇 다른 구성원들이 팀 구성원들과 의사소통하고 교육하는 데 참여할 수 없다면, 대다수의 사람들이 참여할 때 리더에게 있어서 변화는 대단히 시간을 소비하는 일이 될 수 있다.

참여와 끌어들이기

이러한 방법은 먼저 사용될 수도 있고 수행 국면 동안에는 리더가 변화를 제안하기 위하여 팀 구성원의 실행을 보장받기를 원할 때, 리더가 변화를 계획하기 위하여 보다 많은 정보를 필요로 할 때, 또는 많은 수의 저항자들이 있을 때 사용될 수 있다. 팀을 초대하여 리더에게 제언하고 변화를 계획하고 활성화하도록 돕게 한다. 참여는 스트레스와 두려움을 줄일 수 있도록 돕고 자존감을 증가시킴으로써 동기유발자로 역할한다. 만일 저항자들 자신이 과정 전반을 다소 통제할 수 있다고 믿는다면 저항자들은 더 많이 기여할 것이다. 참여하고 포함된 교직원은 최종 결과를 위한 합의를 세련시키고 증진을 지원할 제안서에 이용 가능한 모든 관련 정보를 통합하는 데 기여할 수 있다. 관리 감독을 충분히 받지 못한 참여자들의 불이익은 수행되어야 할 개정안에 비용이 많이 들고 시간을 소비하는 부적절한 변화를 계획할 수 있다. 리더는 해당 기관의 직무와 목표에 일관되는 변화를 보장하기 위하여 공헌하고 팀의 방향을 모니터하는 것이 필요하다.

촉진과 지원

이 방법은 구성원들이 개방적으로 변화에 저항하는 곳에서 사용될 수 있다. 이것은 시간을 소비하며, 타격이 크고 성공적이지 않을 것 같을 때 리더가 문제들을 조정해야만 하는 유일한 선택이다. 교직원 구성원의 과제 수행과 관계에 대한 관심에 초점을 두어 주의를 집중한다. 리더는 집단에서의 신뢰 수준을 강화하기 위하여 경청하고, 갈등을 해결하고, 문제를 해결하며 스트레스를 조정하는 기술을 활용한다. 현재 진행되는 변화의 기저에 있는 어려움들을 인식하고 감정이입을 갖는 것은 필수적이다. 훈련을 통하여 지원하고 이용할 수 있도록 만들어진 다른 필요한 자원들에 접근한다.

타협과 합의

이러한 방법은 어떤 사람이 현재 특정한 이익을 상실하고 있거나 특별한 부담감을 갖고 있거나 팀이 변화에 저항하는 많은 힘을 가지는 곳에서 분명히 사용될 수 있다. 변화가 깨지지 않음이 보장된다면 리더는 특별한 이익이 되는 거래를 하거나, 실제적 또는 잠재적인 저항자들에게 유인 자극을 제공할 필요가 있다. 한 가지 어려움은 유아교육 리더들은 보상이 될 만한 시간과 재정을 제공할 수 있는 자원이나 힘을 가지고 있지 않기 때문에 특별한 유인 자극과 이익을 거의 제공할 수가 없다는 것이다. 어떤 교직원 구성원들에게는 원감 또는 두 번째 위치에 대한 지명권을 보장하는 것이 보상이 될 수도 있다.

변화를 위한 준비

이것은 교직원들로 하여금 변화를 위한 필요를 인식하도록 만듦으로써 변화에 대한 동기를 유발시키고 변화를 수용할 수 있도록 준비시키는 과정이다. 교직원들은 현재 상황의 효과를 납득해야 하며 자신들은 기대되는 효과 수준을 달성할 수 있도록 반응해야 하는 전문적 책임감이 있음을 이해해야만 한다. 교직원의 변화에 대처 능력에 자신감을 주는 리더에 의해 심리적 안정감은 자극될 수 있다. 이 지점에서 리더는 변화에 대한 어떠한 저항의 원천과 장애든 대응해야만 한다. 많은 리더들이 공통적으로 범하는 실수는 팀이 충분히 준비되지 않았을 때 변화를 도입하는 것이다.

흔히 교직원들은 변화에 대처하는 단계를 거친다. 첫째, 교직원들은 변화의 존재에 대한 필요를 부정하고 나타나는 현상을 방어하고자 할 수 있다. 만일 구성원들이 변화를 위해 적절히 준비되지 않았거나 실제 상황에 적응하기 위한 충분한 시간이 주어지지 않는다면 저항하는 데 많은 에너지를 쏟을 수 있다. 교직원들이 변화는 피할 수 없고 반드시 필요한 것으로 지각하게 됨에 따라, 리더로부터의 충분한 지원과 함께 미래에 초점을 두고 과거를 버리기 시작한다. 이때 교직원들은 새로운 필요조건을 채택하기 시작하지만 새로운 요구에 부합되는 수준의 능력과 기술을 가지지 못하기 때문에 좌절을 경험하는 시기도 된다. 팀과 리더로부터 지속되는 상호적 지원은 변화의 장기간의 성공을 보장하도록 하는데 본질적이며, 교직원들로 하여금 이러한 단계를 잘 지나게 한다. 마지막으로 변화가 교직원의 개인, 그리고 조직 체제로 통합되어짐에 따라 그것은 정상적이고 일상적인 일의 부분으로 받아들여진다.

변화의 효과적인 수행

이것은 진단된 필요의 기초 위에 새로운 태도와 행동, 낡은 정보를 바라보는 새로운 방식이 채택되어 새로운 정보나 인지적 재정의를 발달시키는 것이라 할 수 있다. 변화의 본질은 새로운 행동이나 상황에 교직원들이 몰입하도록 보장하고 변화에 대한 실험을 시작하는 것이다. 이것은 학습, 위험 무릅쓰기, 창의성이 요구되는 전이 단계이다. 교직원들이 변화와 상호 작용을 많이 할수록 그것은 빠르게 수용되어 통합될 것이며, 일의 정상적 패턴이 될 것이다. 리더는 교직원들이 직무와 목표를 성취하고 전략, 과제, 구조, 팀 문화를 증진시키는 데 있어서 어떻게 개선 효과를 높이도록 일을 잘할 수 있는지에 대해 피드백을 제공할 필요가 있다.

리더는 다음 세 가지 단계를 따름으로써 변화를 성공적으로 수행할 수 있는 조건을 설정할 수 있다. ① 리더는 구성원들이 변화를 구체적인 일의 토대가 되는 사람 중심의 과정으로써 수용할 수 있도록 준비시키고, ② 변화를 수행하기 위해 행동하고, ③ 긍정적인 태도와 행동들이 발달됨에 따라 변화를 안정시키는 활동들이 진행됨을 이해해야 한다.

변화를 안정시키고 마음 깊이 새기기

변화가 일상적 삶의 한 정상적인 부분으로서 지원되는 곳에서, 그리고 교직원들 또한 그러한 수준으로 변화를 받아들이는 지점에서 이것은 일어난다. 리더는 작업 환경에 대한 평형감을 회복하지만 효과를 보다 높일 수 있는 수준에서 변화를 유지하고 안정화할 필요가 있다. 안정화의 과정은 변화가 일어나는 동안 교직원들의 경험에서 통제가 부족하고 무질서한 느낌을 없애도록 돕는다. 리더는 변화를 위한 지원을 제공하고, 변화의 요구에 부합하는 교직원의 노력을 보상하며, 어떠한 조정을 가져왔는지 효과를 재방문하고 평가할 필요가 있다. 교직원 구성원들은 그들의 자존감을 재형성하도록 지원이 보장되기를 원한다. 만일 변화를 도입하는 데 따르는 조건이 안정되지 않는다면, 교직원들은 낡은 방식으로 복귀하고 변화는 짧게 끝나거나 포기될 것이다. 변화된 환경을 유지하고 새기는 데 있어서 리더가 무능력하다면 많은 변화의 시도가 실패할 수도 있다.

변화에 대처하는 교직원 돕기

변화에 대한 불안과 불확실성은 교직원의 사기와 수행 수준을 낮출 수 있다. 그러나 교직원 구성원들은 변화 과정에서 자존감을 증진시키고 새로운 요구에 쉽게 적응할 수 있도록 하는 민감한 리더에 의해 변화의 시기 내내 지원받을 수 있다. 다음의 유아교육 리더를 위한 지침은 Schrag, Nelson과 Siminowsky(1985)에 의해 제안되어 적용되어 온 '변화의 여섯 가지 Cs' (Six Cs of Change)라 불린다.

도전(Change)

교직원들의 근로 의욕을 발달시키고 의사소통을 개방하며 일에 대해 상호적으로 지원적인 팀 접근을 격려함으로서 변화를 위협이 아니라 도전으로 지각하도록 돕는다.

의사소통(Communicate)

계속적으로 교직원들에게 알린다. 알지 못하는 것에 대한 두려움, 정보의 부족이나 잘못된 정보는 저항을 이끌어 낼 수 있고 리더에 대한 신뢰를 부족하게 만든다. 교직원 구성원의 실제 경험과 변화에 수반되는 문제에 대해 감정이입한다. 교직원들을 무시하거나 하찮게 여기지 않는다.

위임(Committment)

변화를 위한 욕구를 진단할 뿐 아니라 변화를 계획하고 설계하고 수행하는 데 교직원들을 참여시킨다. 의사 결정과 문제 해결에 참여와 포함은 높은 수준의 위임을 보장하는 것이다. 이러한 방식에서 교직원들은 변화를 '자신의 것' 으로 받아들이고 변화가 외부로부터 또는 위로부터 부과되어진 것으로 느끼지 않는다.

관리(Control)

교직원들의 참여와 포함을 통하여 구성원들이 변화에 직면하여 힘이 없다고 느끼지 않도록 도움으로써 그들은 변화의 과정에 영향을 줄 수 있을 것이다. 교직원들의 아이디어와 피드백을 통합할 수 있는 다소의 융통성을 허락한다. 타협의 기술을 활용하여 교직원을 부추긴다.

자신감(Confidence)

변화에 대한 자신의 가치에 대해 어떤 함의도 읽지 못하는 교직원들에게 자신감을 갖게 하고 원기를 회복시킨다. 교직원들이 자신의 강점과 약점을 편안하게 느끼고 현실적으로 인식하도록 돕는다. 교직원 구성원들이 개인적이고 전문적인 발달에 몰입하도록 격려하는 동시에 자아 인식과 자기 수용이 촉진되도록 하는데 초점을 둔다.

연결(Connect)

변화의 불가피성에 대한 인식이 발달되도록 교직원을 돕고 변화를 수행하는 조직들이나 다른 개인들과 네트워크를 구성하며 변화를 적용하기 위한 접근을 보다 구체화한다. 현장에서 동료들과 또래를 연결함으로써 팀의 지원 네트워크를 확장한다. 필요하다면 외부의 지원을 요청한다.

변화를 위한 리더십 발달시키기

변화를 위한 리더십은 지역사회를 위한 높은 질의 서비스를 제공하도록 위임되어진 유아교육 교직원에게는 핵심이 되는 역할이다. 이전 장에서 개관해 온 바와 같이 유능한 리더와 관련된 많은 요인들이 있으나 그중 유아교육 현장의 변화를 촉진하는 요구에는 몇 가지 부과적인 능력이 요청된다. Hersey와 Blanchard(1988)는 조직에서의 변화를 촉진하기 위해 리더에게 필요한 세 가지 일반적 기술을 다음과 같이 제안하였다.

- **진단하기**(현재 상황과 미래의 필요 간 간격을 평가하는 리더가 가져야 할 인지적 기술)
- **적용하기**(미래의 필요에 부합되는 문제를 해결하기 위해 다른 자원과 행동들을 조절하는 리더가 가져야 할 행동적 기술)
- **의사소통하기**(타인에게 명확한 목표와 방향을 의사소통하기 위하여 리더에 의해 사용될 과정적 기술)

유능한 리더는 적절한 시기를 재고할 때 조직의 이전 변화 역사를 고려해야만 한다. 과거에 있었던 긍정적이거나 부정적인 변화 경험뿐 아니라 조직이 변화를 경험해 온 시간의 길이, 요구되어 온 변화의 크기 또는 의의, 미래의 변화를 수행하기 위한 조직의 준비도의 영향들이다. 조직의 이전 경험은 필요한 변화를 수행하는 데 장애로 작용할 수 있다.

유아교육 현장은 계속적인 변화의 시기를 경험하였고 일하는 많은 사람들이 변화에 대한 기술이 거의 없으며 충분히 준비되지 않았고, 미래의 변화를 위한 요구에 대해 높은 수준의 저항이 예상될 것이다. 유능한 리더는 결정적인 장애 요인들을 분석하고 소규모의, 위협적이지 않은 단계에서 개혁을 계획함으로써 변화에 의해 영향을 받거나 참여하는 사람들의 스트레스 수준을 최소화하도록 돕는다. 변화를 성공적으로 수행하기 위하여 리더는 다음을 행할 것이다.

- 팀으로 하여금 변화로 인한 이익과 필요를 명확하게 이해하도록 보장한다.
- 목표를 의사소통함으로써 팀이 명확한 목적성을 갖도록 한다.
- 목표를 달성하기 위한 넓은 지침들을 제공한다(step-by-step 계획과 같은).

- 필요한 변화를 명료화하기 위해 팀의 참여를 격려하고 변화에 관련이 있는 상세한 정보를 제공한다.
- 변화의 수행에 참여하는 사람들에게 보상이 되는 몇 가지 형태와 피드백을 제공한다.

변화를 촉진시키는 리더 역할의 본질은 필요한 변화에 토대가 되는 가치에 초점을 명료히 하며, 계산된 위협을 무릅쓰는 행동과 문제 해결을 통하여 팀의 과제수행을 지원하고, 다루기 쉬운 행동을 지원할 수 있는 과정과 절차를 계획하며 자신감과 기술이 발달되도록 사람들을 지원한다. 이것은 쉬운 과제고 본질적인 것이다. 변화는 리더와 팀 모두가 학습의 기회를 갖는다. 어떤 변화는 성취되지 않을 수도 있고 짧게 끝날 수도 있다. 유능한 리더는 가능한 미래의 변화에의 참여를 피하거나 실패함에 따라 단념하는 것이 아니라 상황을 재평가하고 다시 시도할 것이다. 유아교육 현장의 더 나은 전문화를 위하여 변화를 위임하는 것은 유능한 리더의 또 다른 특징이다.

리더십에 실천에 있어서의 반성

우리의 서비스에는 새로운 매니저가 책임을 떠맡을 때 새로운 정체감이 주어졌다. 그녀는 정부의 목표와 현재 알려진 지역사회의 요구에 부합되는 과정과 행사들을 만들어 갔다. 그녀의 리더십 기술은 그녀의 직업 설명이나 급여의 차원에 반영되지 않았으며 그러한 필요성이 재고되어질 것이다. 그러나 그녀의 리더십은 우리 서비스의 질이 증진되어짐과 함께 그녀의 직업 전망도 개선되었다.

어린이집 선임교사

성공적인 변화 프로그램의 특징

리더십과 변화에 대한 연구를 완수하기 위해, 유능한 리더들은 변화의 수행을 계획하고 성공의 가능성을 증가시키기 위한 다음의 특징들을 명확히 할 필요가 있다.

- 팀을 위해 목적에 대한 감각을 제공하는 명확한 목표

- 작게 시작하고 성공적이 될 수 있는 작은 변화를 구성하며 팀이 변화를 보다 수용할 수 있도록 현실적이고 제한된 범위
- 개인적, 전문적, 조직적 발달과 생존에 있어서 변화의 역할에 대한 팀 구성원들의 해박한 인식
- 조직의 문화와 일관되는 적절한 개입 전략의 선정
- 변화가 너무 빠르거나 또는 늦어지거나, 지나치게 느리거나 또는 빠르지 않게 도입되는 좋은 시기와 적절한 속도
- 특히 저항자를 포함하여 모두의 참여를 통한 주인 의식
- 특히 최고 경영자와 같은 핵심 파워 집단들로부터의 지원
- 원감과 압력 행사 집단과 같은 현존하는 파워 조직들의 포함
- 변화를 시작하기 전의 개방된 평가나 진단
- 저항을 최소화하기 위해 교직원 대부분에 대한 지원
- 성공의 가능성을 최적화하기 위한 능력 있는 교직원에 대한 지원
- 이용할 수 있는 다른 필요한 지원과 훈련
- 현존하는, 그리고 기존의 것들과 통합할 수 있는 새로운 정책, 절차, 실제의 체제 구성
- 지속적인 평가를 위한 계획안
- 피드백과 대중 인식과 같이 변화를 강화하기 위한 적절한 보상

요약

몇몇의 유아교육기관들은 변화의 요구에 반응하는 데 있어 현저한 무능함을 비판받아 왔다. 반면 위기의 기초 위에 변화에 반응적이었던 현장들은 개혁적인 변화에 몰입하는 능력을 여전히 증진시키고 있는 것으로 나타난다. 즉, 그러한 기관의 유아교육 리더들은 장애, 변화에 저항하는 방해의 원천들을 극복하고 변화를 지원할 수 있는 내적 자원과 외적 자원을 가동하기 위한 동기를 보여 준다. 유아교육 현장의 보수주의적 성향은 기관의 장기 생존과 실행 가능성을 위태롭게 할 것이다. 그러나 만일 변화에 대한 태도가 보다 긍정적이고 실행자들이 자기 주도적인 변화와 부과된 경험과 자신의 목소리를 내는 데 자신감을 느낀다면, 미래에는 유아교육 서비스에 연관된 유아, 부모, 교직원들을 즐겁게 할 가능성들을 가질 수 있다.

Chapter 11

리더십과 연구의 연결

유능한 리더는 더 많이 알고자 하는 욕구를 가지며 자신의 지식이 유아교육 현장이나 일반 활동 무대에 널리 말해지기를 원한다. -유아교육과 부교수

본 장의 탐구점

- 연구와 연구가 영유아를 교육하고 보육하는 사람들에게 제공할 수 있는 것
- 연구가 유아교육 교직원들에게 충분히 활용되지 못하는 이유
- 영유아 전문직에서 연구 문화 격려하기
- 의사 결정과 문제 해결을 위한 지침으로서의 실행 연구

유아교육 현장에서는 보육과 교육기관에 연구 결과를 적용하는 데 초점을 두는 구체적인 문제에 대한 연구 윤리, 문화, 의사소통을 발달시키기 시작하였다. 어떤 기관들은 이미 스스로, 또는 정부 부처나 상위 교육 조직과 파트너십을 가지고 높은 질의 연구를 수행하고 있으며, 어떤 교직원들은 외부 연구에 대한 컨설턴트로 역할을 해오고 있다. 그러나 많은 유아교육 교직원들은 여전히 연구를 자신의 전문적 역할과 책임감의 한 부분으로 정의하기를 주저하는 것으로 나타난다. 역사적으로 보육과 유아교육 현장은 새로운 지식을 추구하고 그것을 적용하고자 하는 대학교와 전문대학에 있는 다양한 학문 영역의 학구적인 교직원들에게 의지해 왔다. 연구와 학구적인 교직원을 유아교육 교직원과 구분하는 것은 유아교육 교직원들을 연구 생산자로 보기보다는 타인의 조언을 받는 수혜자와 소비자가 되도록 한다. 그러나 오늘날 유아교육 교직원들은 연구 과정을 이해하고 자신의 연구 공동체에서 보다 적극적일 필요

가 있다(Keyes, 2000).

마지못해 유아교육 교직원들은 스스로를 과학적 탐구를 위한 책임감과 능력을 가진 지식인으로 간주하면서, 자신들은 이론보다 실제에 주로 관심을 갖는 낮은 자격의 집단이라는 지각을 지속적으로 가져왔다. 그러나 입증된 자질을 가진 교직원의 수가 증가되고 탐구에 기초한 연구 기술을 개발하는 전문적 발달의 기회가 성장함에 따라 유아교육 교직원들의 본질이 변화되고 있다. 현장은 이제 연구를 실제에 적용함으로써 식견 넓은 자신감을 발달시키고 전문적 개혁을 이끌 수 있는 연구자가 성장할 수 있는 잠재력을 가지고 있다(Anning & Edwards, 1999; Ebbeck & Wanignanyake, 2003).

유아교육에 연구 결과를 적용하고 이해하며 연구 프로젝트를 디자인하고 수행할 수 있는 능력은 유능한 리더가 되는 한 부분이다. 연구, 특히 실행 연구는 유아의 보육과 교육을 최적화할 뿐만 아니라 현장의 전문적 이미지를 개선하기 위한 가장 효율적인 방법으로 간주된다. 수많은 저자들은 유아교육 교직원들이 스스로 적절한 연구에 우선순위를 두어야만 한다고 제언하였다. 또한 유아를 위한 보육과 교육 환경을 위하여 연구 결과의 과학적 적용을 통해 현장의 전문적 이미지를 강화하고 분명하게 하기 위해 유아교육 리더들에게 도전을 주고 있다. 유아교육 리더들과 교직원들은 스스로 실천을 전문적 지식과 연결하는 연구에 몰입함으로써 전문적 변형을 위한 비판적 기여를 할 수 있다.

만일 유아교육 교직원들이 계속적으로 연구 역할에서 손을 뗀다면 그들 스스로 변화를 위한 가치 있는 도구를 부정하는 것이며 다른 사람들이 사고하고 행동하도록 영향을 줄 수 있는 능력을 부여할 수가 없을 것이다. 이것은 그들의 구체화된 지식의 기초로부터 그들 자신의 이익을 위해 변화를 주도하고 수행할 수 있는 능력을 감소시키게 될 것이다. 연구 참여가 계속적으로 결핍되고 특히 외부 분야의 연구자들에 의해 만들어져 온 지식의 기초로부터 유아교육 교직원의 일의 본질이 유래되어진다면 진정한 직업으로써 현장의 진실성을 절감시킬 것이다.

심리학과 같은 다른 많은 학문 분야의 연구들은 지식을 증가시키는 목적을 가지며, 주로 그것이 무엇이며 해야만 하는 것과 할 수 없는 것이 무엇인지에 관심을 갖는다. 유아교육 현장은 효과 있는 변화의 도전에 부합되는 책임감을 가지고 그저 예언하고 적절히 반응하여 기술하는 수준을 넘어설 필요가 있다. 그러나 많은 교직원들 또한 연구 결과에 의해 안내된 변화에 저항하는 경향이 있다. 이는 유아교육의 전통과 실천이 전문적으로 사회화된 태도와, 깊이 스며 있는 믿음과 가치에 기초했기 때문에, 현장의 고유한 제한점에 대한 감정이입이 없이 외부자에 의해 수행된 연구의 권고에 근거한 변화에 대한 종용은 더 저항이 클 수밖에 없다.

Moyles(2003)는 유아교육 교직원들은 pedagogues인지 pedabogues인지 질문하였다. 그녀는 pedagogues는 교육, 가르치기, 수업에 관심을 가진 사람이며, pedabogues는 전문적 탐색, 대화와 토론에 두려움을 보이는 사람이라고 정의하였다. 그녀는 유아교육 교직원들이 자기평가, 분석, 반성, 명료화와 같은 기초 연구 기술을 발달시킴으로써 자세히 조사하고 전통에 의문을 가지며 실천을 수용하도록 도전점을 제시했다. 교직원들이 비판적 반성을 연구의 도구로 활용할 때 그들은 스스로 전통적인 지식과 실천의 제한들로부터 자유로울 수 있다. 비판적 반성은 그들로 하여금 보다 효율적으로 일하고, 실천과 교직 모두를 변형할 수 있도록 할 것이다(MacNaughton & Smith, 2001).

유아교육 현장에 연구에 대한 오너십 인식이 제한되기 때문에 연구를 수행하는 사람과 유아와 가족과 함께하는 자신들의 일에 연구 결과를 사용할 수 있고 하려고 하는 교직원들과 간에 거리가 있다. 교직원들은 비판적 탐구와 반성적인 판단에 기초하여 정보에 근거하여 행위가 이루어지는 사회에서 변화를 주도하고 수행하는 데 지극히 중요한 역할을 가지고 있다. 연구를 수행하기 위한 외람된 책임감에 있어서 유아교육 교직원들은 필수적으로 유효하지 않지만 구체적이고 특별함을 가지고 전통적, 개념적 단순함으로부터 변화될 필요가 있으며, 이론적, 보편적, 합리적으로 지식과 사고를 위한 과학적인 간학문적 접근이 되어야 할 필요가 있다.

불행하게도 교육의 다른 체계와 같이 유아교육 현장도 연구와 개혁과 변화 간의 관계 형성과 관심에 한계가 계속되고 부족한 이해로 고통받고 있다. 유아교육 현장 실제에 참여하는 개인과 연구에 참여하는 개인 간의 불편한 관계가 계속되고 있다(Katz, 1995a). 유아교육 리더와 교직원들은 스스로가 변화를 향해 밀어붙이는 것과 전통에 이끌리는 것, 다양한 동향에 반응적인 것과 동향에 반하는 것 사이를 왔다 갔다 하는 것을 피하기 위해 협력적인 간학문적 연구 프로젝트에 참여할 필요가 있다. 그러나 전 세계의 유아교육 현장들은 계속적으로 빠른 변화를 감당하고 있으며 유아, 가족, 전문가들이 직면한 절박한 많은 문제를 기술해야 하는 압력을 받고 있다. 오늘날 현장이 직면하고 있는 가장 커다란 도전은 유아교육 발달, 보육, 교육을 이해하고 직면하기 위한 새로운 방식을 발견하는 것이며 서비스의 질을 개선하고 유아, 가족, 전문가들의 삶의 질을 증진시키기 위하여 유아교육 교직원, 행정가, 리더를 지원하기 위한 새로운 지식의 적용에 개혁이 올 것이라는 것이다.

많은 전문가들의 참고문헌들은 실제에 연구를 활용하는 방법을 이해하고 연구를 수행하기를 원하는 교직원들이 이용할 수 있다. ManNaughton, Rolfe와 Siraj-Blatchford(2001)는 유아교육에 있어서 질적 연구와 양적 연구에 대한 새로운 접근과 전통적인 접근을 다루고 있다. Crosser(2005)는 사례연구 시나리오를 통하여 실제에 연구를 연결하고, 선정된 핵심 주제에 대해 연구가 우리에게 말하고자 하는 내용, 연구를 사용하는 방법에 대해 설명하고 있다. Fraser 등(2003)과 Lewis 등(2003)은 연구 과정 동안 일어날 수 있는 문제를 설명하고 연구 내러티브를 통하여 유아와 청소년에 대한 연구를 실행하는 과정을 예시한다. 이러한 출판물들은 유아교육 교직원들이 그들 일의 연구 양상을 보다 밀접하게 나타낼 수 있도록 지원하는 유용한 도구이다.

연구는 무엇이며 유아교사 및 보육교사가 연구로부터 얻을 수 있는 것은 무엇인가?

연구는 지식을 진보시키기 위한 기본 도구이며 태도, 가치, 실천에 있어서 변화를 자극하므로 유아교육 현장을 진보시키는 본질적 수단이 된다. 연구는 과거를 반성하고 관찰을 통해 현장의 현재 상태를 설명하도록 도울 수 있다. 연구는 또한 새로운 아이디어와 방향이 발달되도록 하는 추진력으로 기여한다. 연구는 유아의 발달과 학습뿐 아니라 전문적 실천이 이루어지는 다양한 생태학적 맥락의 영향을 평가하는 수단이다. 그것은 넓은 사회 정책을 디자인하는 데 영향을 주기 위해 사용될 수 있다. 간단히 말해 연구는 유아교육 교직원로 하여금 넓은 감각과 실천 행위 모두에 있어서 유아의 발달을 이해하기 위한 포괄적, 체계적, 합리적 기초를 제공할 수 있다. 그것은 또한 증가된 전문적 학습을 통하여 교직원의 발달을 자극하는 수단이 된다.

유아교육 교직원들은 통합적이고 사회적으로 문화적으로 유관한 방식 속에서 유아와 가족들의 필요에 부합되는 질적 서비스를 제공해야 하기 때문에 요구 사항이 높다. 보편적으로 유아기는 성장, 발달, 학습을 위해 가장 중요한 시기로 인식되고, 사회는 노출되고 보호될 필요가 있는 어린 유아들의 경험에 관해 특정한 가설과 기대가 있다. 유아교육 교직원들은 정보, 지원, 교육에 대한 부모들의 요구에 부합함으로써 유아의 발달과 복지를 위한 자신들의 기여를 확장시키도록 기대된다. 교직원들은 다양한 환경 속에서 사회의 지속적인 변화에 대한 도전에 반응하고 다양한 환경 속에서 영유아의 발달과 학습을 최적화할 경험을 위한 의사 결정의 책임이 있다. 주요 질문은 영유아와 가족에 대해 유아교육 교직원들이 하는 의사 결정과 의사 결정을 위해 사용되는 정보의 기초에 관한 것이다.

교직원들은 변화에 대한 도전에 반응적이어야 하고 신뢰할 수 있는 의사 결정에 몰입하기 위해 사용하는 정보와 전략의 자원들이 있다. 점진적으로 유아교육기관의 리더는 특히 훈련을 전혀 받지 않았거나 거의 받지 않은 교직원들이 이용할 수 있는 다양한 정보와 자원에 크게 영향을 받는다. 일반적으로 교육자들, 특히 유아교육 교직원들은 의사 결정을 위한 기초로써 연구를 사용하는 것에는 내켜 하지 않고 주저하지만 지침과 참조점으로 다른 정보 자원에 의존하는 경향이 있음이 지적되고 있는 것은 흥미롭다. 연구에서 도출되지 않은 다른 자원들은 많은 손실과 질을 저하시키는 결과를 가져올 것이고 유아, 가족, 직업을 위해 부적절한 결정까지 초래할 수 있다.

의사 결정을 위한 가장 공통적인 정보 자원의 하나는 개인적인 의견과 직관이다. 여기에는 흔히 개인적 가치와 경험으로부터 나오고 주관적인 관점이 포함되어 행동과 의사 결정의 지침으로 사용된다. 이러한 접근은 지극히 신중하게 다루어져야 한다. 발달, 보육, 교육에 대한 지식의 넓은 분포 아래에서 유아교육 교직원들은 자신들의 의사 결정을 합리화하기 위하여 많은 공통적인 표현을 사용한다. 매우 일반적인 참조점이 '직관' 으로써 그것은 어떤 이론적인 기초를 갖지 않을 수도, 갖을 수도 있지만 합리적이고 논리적인 근거를 정당화할 수 없는 해석으로써 핵심적인 느낌 이상의 무엇이 거의 없다. '상식(common sense)' 은 모호할 수도 있고 흔히 부정확하거나 틀리기 쉽다. '내 경험에 비추어' 는 제한되거나 표현되지 않은 보편적 경험일 수 있다. '유아, 부모, 교직원 구성원의 최대 관심에 비추어' 는 흔히 개인적 의견이나 신조를 기술한다.

이러한 주관적인 접근법은 의사 결정을 위한 하나의 정보 자원으로 개인적 역사와 심리학적 특성, 다른 정책적 이데올로기적 고려점, 우세한 도덕과 사회적 분위기, 개인적 가치, 신념과 고정관념에 의해 영향을 받기 때문에 도움이 되지 않는 경향이 있다. 이러한 접근에서 의사 결정을 위한 기초로써 사용되어 온 것들은 발달, 보육, 교육에 대한 개인적 신화이다. 경험이 충분치 않은 유아교육 교직원들은 흔히 의도는 좋지만 전문적이지 않은 행위를 위한 하나의 기초로써 이러한 정보 자원에 의존하는 경향이 있다(Vander Ven, 1988).

이미 행해진 실천이나 역사를 참조하여 이루어지는 행동과 의사 결정을 정당화하는 정통은 유아교육 교직원들에 의해 사용되어져 온 또 다른 중요한 정보 자원이며 종종 제안된 변화에 저항하고 장애를 만들어 낸다. 이러한 접근에는 '그것은 내가 해왔던 방식이고 나에게 아무런 문제가 없었어.', '우리는 언제나 그러한 방식으로 행해 왔어.', '일이 잘되고 있는데 왜 변화해야 해. 혼자서도 충분히 잘하고 있잖아!' 와 같은 표현이 사용된다. 유아교육 교직원들은 시간적으로 한 시기에서 다른 시기까지뿐 아니라 공간적으로 한 장소에서 다른 장소에까지 존재하는 차이를 제고하고 인식할 필요가 있다. 사회가 변화함에 따라 점점 더 많은 정보가 이용되고 태도와 실천이 한 시기에 유행할 수도 있고 특정한 장소에서 대중성을 잃어 갈 수도 있다. 이미 행해 온 실천과 전통이 그 시기에는 방어되었지만 이러한 접근의 몇 가지 요소들이 요구되는 합리적, 논리적, 과학적 기초가 되는 증거를 제시하지 못하기도 한다. '최선의 방식' 에 대한 주관적 가설과 선입관에 대한 단호한 주장은 오히려 강한 논쟁을 불러오며, 흔히 토론을 위한 여지조차 갖지 못하는 경우도 있다. 변화의 불확실성에 대한 두려움은 이미 알고 있거나 친숙한 것에 매달리는 경향을 불러일으킬 수 있다. 그러나 이러한 것을 의사 결정을 위한 기초로 사용하는 교직원들은 전문적으로 비난받기 쉬운 상황에 처할 수 있다. 왜냐하면 자신의 아이디어에 근거한 실천은 현장과 지역사회의 사람들과의 접근을 와해하기 때문이다.

의사 결정을 위한 정보의 자원으로 '전문가' 를 참조하는 것은 유아교육 교직원들에 의해 사용되는 일반적 전략이다. 전문가의 이름을 몇 명만 거론해 보자면 Bowlby, Bronfenbrenner, Freud, Katz, Piaget, Spodek, Tizard와 같이 발달, 보육, 교육의 이해에 대한 과학적 지식에 기여해 온 많은 이들이 있다. 이후 전문적 자격과 배경을 가진 다른 전문가들이 있지만 일반 사람들의 마음을 포착하기 위한 개인적 카리스마나 평판에 따라 다르다. Dr. Benjamin Spock과 Dr. T. Berry Brazelton과 같은 전문가들이 대중문화 속에서 지식, 이해, 실천에 영향을 주었다. 그들의 기여는 중요한 사항에 있어 도움이 되고 유익하였다. 그러나 유아교육 교직원들은 본질적으로 '현장에서의 전문가'로 언급되는 경향이 있는 사람이지만 심리학, 사회학, 생물학, 역사와 같은 다른 학문 분야로부터 소위 전문가라 불리는 지식을 가진 사람은 아니다. 대신 그들은 자신들의 정보와 제언의 자원을 세밀하게 검증해야만 한다.

보다 명성 있는 개인과 전문가 집단의 기여에 의해 표현될 수 있는 현장의 관심거리를 유아교육 교직원들이 떠맡는 동안 이러한 전문가들의 훈련은 유아교육기관에 서로 다른 관점을 이끌어 내며, 의사 결정을 수행하고 교직원들의 노력에 변화를 가져온다. 게다가 대부분의 전문가들은 여전히 남자지만, 현장을 구성하고 있는 압도적인 여자의 비율은 중요한 문제에 대해 대단히 다른 관점을 가질 것이다. 전문가의 정보와 제언은 개인적 견해와 직관의 혼합, 더하여, 소수의 임상 사례 및 자신의 육아 경험, 추측, 전통에서 나온다. 그러한 주장으로부터는 신뢰롭고 타당성 있는 과학적 정보를 얻기 어렵다.

연구는 의사 결정에 이용될 수 있는 기초로써 다른 중요한 정보의 자원이지만 유아교육 교직원들에 의해서는 덜 사용되어진다. 앞서 기술된 바와 같이 연구는 문제나 이슈에 대한 체계적인 조사이다. 서비스 제공자를 위하여 연구는 감사, 검증, 평가 체제의 형식으로 좋은 실천을 위한 기초가 되며 소비자에게 도움을 준다. 연구로부터 나온 정보와 지식은 정보원 이상의 다음과 같은 장점을 갖는 특징이 있다.

- **경험적**(empirical)—결과들은 모두 이용할 수 있는 입증 가능한 경험으로부터 또는 관련 현상의 직접적인 관찰에 기초한다.
- **체계적**(systematic)—개인적 편견이나 경향성에 의존하거나, 가설적 기초에 따르지 않고 분명한 계획에 따라 자료가 수집된다.
- **기초적 및 적용적**(basic and applied)—구성될 이론에 근거하여 지식의 기초를 발달시키는 것이 기초 연구의 목적이다. 적용 연구는 직접 사용할 수 있는 정보를 제

공하거나 구체적인 문제를 해결하고 질문에 사용하며 실제에 답하기 위해 종종 디자인된다.

- **질적, 양적**(qualitative and quantitative)—질적 연구는 설명적 자료를 제공할 수 있는 반면, 양적인 자료는 집단 간이나 조건들을 비교할 수 있다. 양적인 자료와 연결하여 사용된 질적 자료는 교사로 하여금 구성원들이 드러내는 의미를 이해할 수 있게 한다. 양적 연구는 흔히 한 집단에만 모든 가능한 설명을 배제하는 방식으로 통제하여 연구가 설계된다.
- **공적**(public)—연구의 방법론과 결과는 공적인 조사에 이용될 수 있어서 연구물은 비판적으로 평가되고 다른 연구자들에 의해 계속적으로 복제된다.

연구는 유아교사로 하여금 새로운 의사 결정에 자신감을 갖게 하고, 이전 의사 결정을 재확인하며 변화를 주도할 수 있게 하는 타당하고 신뢰로운 정보를 제공할 수 있다. 이러한 변화는 가설에 기초하거나 '변화를 위한 변화'가 아니라, 합리적이고 논리적인 기초에 토대한 변화일 것이다. 불행하게도, 자신이 속해 있는 유아교육직에서 이전에 변화를 위한 연구를 시작한 적이 거의 없는 사람들의 태도를 가리켜 마음이 없는 연구(disheartening research, Gibbs, 1990)라 한다. 유아교육 교직원들은 자신의 태도가 엄격해지고, 정형화되며, 시대에 뒤떨어지는 것을 피하기 위한 의사 결정의 한 자원으로서 연구를 통합하고 연구의 가치를 격려할 필요가 있다. 탐구나 연구에 기초한 실천의 결과는 개인적 편견을 감소시키고 실수를 최소화하기 때문에 전문적 발달과 유능감을 증진시킬 것이다.

그러나 연구는 매혹적인 답을 제공하지 않으며, 드러난 문제나 제기된 질문에 대한 한 가지 옳은 답은 없을 것이다. 대답은 연구 결과의 해석에 영향을 줄 개인, 집단의 유형과 구성, 개입의 유형, 지역적 조건들과 같은 요인들뿐 아니라 더 많은 요인들에 영향을 받는다. 이에 더하여 연구에 의해 해결되는 것보다 더 많은 질문과 문제들이 이후의 탐구를 위해 발생될 것이다. 이러한 방식으로 유아교육 교직원과 관련된 지식의 웅덩이는 확장된다.

2장에서 전문적 경력 발달과 리더십 단계 간의 관계가 탐색되었다. 앞서 언급한 바와 같이, Vander Ven(1988)은 유아교육 교직원은 자신의 매일의 실천에 보다 복잡하고 구체화된 정보 자원을 사용하는 지식을 갖춘 3단계, 복합적인 4단계, 영향력 있는 5단계 등과 같은 높은 전문적 경력 발달단계에 있는 사람이라고 논하였다. 그들은 기초적인 경험적 지식과 이론의 개인적 경험, 일반 상식보다는 임상적 경험에 비추어 해석되어진 과학적 연구에 토대를 둔 간 학문적 지식 기반을 사용함으로써 진보적인 사고를 시범 보이는 경향이 있다.

유아교육 교직원들은 비록 스스로를 연구자로 지각하지 않지만, 실천에 있어 그들은 연구자이다. 왜냐하면 그들은 유아와 가족들과 함께 일하면서 계속적으로 과정에 대한 정보를 수집하였기 때문이다. 교사들은 먼저 수집된 자료를 사용하고, 의사 결정하고, 자신의 분명한 이론을 구성한다. 이러한 근거 이론들은 자신의 경험과 실천에서 도출되며, 다른 학문 분야의 연구자들에 의해 검증되거나 발달되지 않았다. 현장에서 유능한 리더는 과학적 연구로부터 얻어진 정보뿐 아니라 개인적 경험으로부터 구성되어 온 직관적인 이론에 기초한 실천을 할 것이다.

연구가 유아교육 교직원들에게 활용되지 못하는 이유는 무엇인가?

유아교육 현장은 현재 발달, 보육, 교육에 대해 발견되어진 연구들을 현장 실제에 반성하지 않아도 괜찮은 상황이지만 만일 현장이 지역사회 내에서의 위상과 전문적 신뢰성을 얻고자 한다면 속히 변형되어야 한다. 유아교육 현장에 의한 연구 정위의 채택이 느리게 진전되고 있으나, 연구가 현장의 리더, 정치가, 일반 대중에게 격려되어질 필요가 있음은 분명하다. 불행하게도 연구에 대한 현장의 제한된 인식과 관심은 어떤 연구 결과와 제언의 적용과 의미화에 중요한 장애가 되고 있다.

현장에서 연구와 실천 간에 존재하는 큰 간격은 연구가 유아교육 서비스에 미치는 영향이 거의 없는 것처럼 보이는 결과를 가져왔다. 교직원들은 전문적 실천의 개선과 연결된 새로운 지식의 이점과 필요를 계속 과소평가하고 있다. 이러한 상황은 실천의 발달과 현재 연구가 시대에 뒤지지 않고 전문성을 따라가야 한다는 본질적인 기대가 있는 다른 영역의 전문가들에게는 생각할 수도 없는 일이다. 만일 의학계의 교직원이나 기술공학자들이 새로운 연구 결과를 무시하거나 소홀히 하거나 고려하지 않고 자신들의 일과 통합하는 데 실패한다면 어떤 취급을 받게 될까? 그것은 다른 직업, 소비자, 일반 대중들에게는 전적으로 수용되지 않는다. 그러나 상대적으로 유아교육직에서도 소수의 구성원들은 관련 연구와 다른 문헌들을 계속 보강해 나가는 것을 전문적 책임감으로 간주한다. 리더의 역할은 여전히 팀을 지원하는 아이디어를 충족시키고 비전을 의사소통할 수 있어야 한다. 유아교육의 리더는 잘 설계된 연구가 많은 사람들로 하여금 새로운 아이디어를 발견하고, 발달시키며, 변형하고, 창안할 수 있는 신뢰할 만한 정보 자원이 됨을 인식해야 한다.

왜 연구가 유아교육 교직원들에게 충분히 활용되지 않는지에 대한 몇 가지 이유를 밝히는 것이 어렵지는 않다. 몇 가지 이유를 개관하면 아래와 같다.

첫째, 예비 교사 교육에, 연구의 역할과 가치에 초점을 두는 전문적 사회화의 내용이 적게 포함된다. 유아교육직을 준비하는 동안 연구를 향한 기본적인 태도와 가치가 배양되기는 어렵다. 예비 교사 교육 프로그램은 유아와 활동하는 실천적 내용을 위한 기술 발달이 강조되어 왔으며 연구를 이해하고 수행하기 위해 요구되는 기술을 발달시키기 위한 시도는 거의 없이 운영되고 있다. 현장 실제 지향적인 유아교육 교직원들의 관심은 유아교육과 관련 분야의 기초 연구를 억제하는 요인으로 작용되어 온 것으로 나타난다.

둘째, 현재 교사교육의 현장 실제 지향과 한계점들로 인하여 유아교육 교직원들은 종종 연구에 대한 서로 다른 접근을 인식하지 못하는 경향이 있다. 훈련의 부족이 교직원들에게 장애로 작용한다. 일반적으로 대부분의 교직원은 연구 지향적인 전문적 발달 기회에 참석하지 않고, 이론적이고 개념적으로 필요한 교재를 구입하거나 도서관에서 빌리지 않으며, 연구 지향적인 저널을 구독하거나 읽지 않기 때문에 연구에 이용할 수 있는 지식이 실제 부족하다. 유아교육 교직원들의 개인 책장은 예비 교사 교육 과정에서 사용하였던 케케묵은 교재들과 함께, 유아 발달과 심리학의 실제적 측면에 대한 일반적인 문헌들로 구성되어 있다.

또한 연구자의 입장에서 연구 결과를 교직원들에게 의사소통하는 데 능력이 부족한 것으로 보인다. 유아교육 교직원들은 연구 보고서를 읽을 때 종종 이론, 결과, 제안점들이 포괄적이지 않아서 관련성이 떨어진다고 불평한다. 교직원들은 연구 방법론에 있어서 훈련과 기술이 부족하기 때문에 연구자의 기술적이고 추상적인 언어를 이해하고 해석하기 어렵다. 연구자는 교직원이 적용할 수 있도록 교직원들의 언어에 자신들의 연구 결과를 적용시킬 필요가 있다. 그러나 많은 연구자들은 유아교육의 실제 맥락에 대한 자신의 제한된 친숙성으로 인해 주어진 과제를 적용할 수 있도록 제공하는 데 어려움을 발견하며, 연구에 대해 수용적이지 않는 교직원 집단을 위한 통역자가 되기보다는 자신의 연구 관심을 추구하는 것을 더 좋아한다.

연구자들은 보다 고등교육에 종사하는 동료나 대학교수와 같은 다른 특별한 청중들을 위해 글쓰기를 하는 경향이 있다. 연구들이 출판되어지는 대부분의 학문적 저널에 있는 출판물들은 경력의 발전과 관련이 있기 때문에 연구자들이 선호한다. 이러한 저널들은 보다 고등교육 수준의 연구에 등록되어 있지 않은 교사들은 쉽게 이용할 수 없다. 많은 학문적 연구자들에게 현장 교사, 일반 대중, 보도기관과 매스컴, 지역 수준과 국가 수준의 정책 결정자들과 같은 청중은 자신의 동료와 비교하여 낮은 수준으로 지각된다.

또한 유아교육 교직원들은 자신들이 알고 있고 친숙한 것에서 편안함을 느끼기 때문에 연구 결과와 새로운 아이디어를 신뢰하지 않는 경향이 있으며, 종종 수용을 거부한다. 특히 변화가 실천에 있어 비계속성의 결과를 가져올 때, 변화에 대한 현재의 요구는 다소 부정적인 태도를 양산한다. 결과적으로, 어떤 교사들은 지나치게 빨리 개혁을 차용하는 데 대해 의구심을 갖는다. 또 어떤 교직원들은 변화에 저항하며 변화와 개혁을 불필요한 것으로 본다. 몇 년간에 걸쳐 구성해 온 태도, 가치, 신념으로부터 도출되어 정착된 실제에 대해 연구 결과만으로 변화를 자극하기는 쉽지 않을 것이다. 이미 요구되는 필요한 일거리를 가지고 있는 교직원들에게 연구 결과와 새로운 아이디어의 수행은 과외의 일이 된다. 연구 결과의 수행을 원하는 유아교육 교직원들은 비용의 효율성을 추구하는 운영 위원, 학교 이사장이나 고용주를 설득할 필요성을 발견할 것이며, 새로운 전략과 기술을 고안하기 위해 필요를 느끼기도 하고, 자신의 가치 체계를 명료화하고 재구조화하기 위해 필요하다고 느낄 것이다. 이 모두를 위해서 시간과 에너지가 소요된다. 시간은 가장 가치 있는 것이지만 가장 많이 부족한 자원이기도 하므로 이 점이 교직원들로 하여금 새로운 발달을 수행하거나 유지할 수 없게 만드는 하나의 이유라고 사람들은 논한다.

유아교육 교직원들은 스스로를 자율권이 있는 존재로 간주하고 부족한 실천을 정당화하기 위해 독립에 대한 전통적 권리를 사용할지도 모른다. 어떤 교직원은 학문적 연구자들을 유아나 가족들과 일해 본 경험이나 지식이 거의 없는 사람 또는 현장과의 접촉이 없는 사람들이라는 의구심을 가지면서 유아교육 서비스에서 반드시 행해야만 하는 것들만을 지시하고자 한다. 결과적으로, 연구가 만들 수 있는 기여를 무시하는 쪽으로 선택한다. 연구자와 교직원 간 협력이 부족한 교직원은 연구의 생산에 참여하지 않으므로 연구자들과의 연계를 갖지 않고 '오너십'의 부가적인 문제를 만들어 낸다. 연구자와 교직원 간 진정한 협력은 오너십을 증진시키고 자율성과 위협에 대한 지각을 줄일 수 있도록 돕는다.

어떤 유아교육 교직원들은 자신의 일을 이론에 기초한 과학이기보다는 실천-지향적인 예술로 간주한다. 그들의 이론에 대한 반감은 직전 교육을 통해 만들어진 것으로서, 일하는 장소에서의 태도에서도 지속된다. 어떤 교직원들은 개념적이고 분석적인 구체화된 기술이 발달되지 않았기 때문에 이론을 납득하는 데 어려움을 겪는다. 이러한 인지적 한계는 실제와 이론의 관련성을 이해하는 데 무능력함과 연결된다. 그들은 이론과 연구는 하나의 자원으로써 또는 실천을 위한 지침으로 사용될 수 있는 지식의 원천임을 이해하지 못하고 그것만으로는 교육과정이나 프로그램 설계를 위한 토대나 방향으로 작용하기에 충분하지 않다고 생각한다.

현재 유아교육 현장의 훈련과 경력 구조는 여전히 전문적 리더십을 위한 통합적 측면으로서 연구를 이해하고 수행하며 생산해 내는 기술을 강조하지 않는다. 현장은 연구 생산자를 기르기 위한 기초가 되는, 보다 현명한 연구 소비자를 필요로 한다. 그러나 유아교육 교직원 스스로가 현장에서 지식과 아이디어의 경계를 확장시키는 데 책임감을 갖지 않는다면, 전문성에 대한 현재의 신뢰는 연구를 수행하면서 미래를 지속적으로 형성하는 외부로 이동할 것이며 이러한 요인이 유아교육 현장에서 싹트고 있는 전문화를 방해할 것이다.

상기한 바와 같은 장애의 존재는 연구에 관심을 가지고 의사 결정에 연구를 통합시키며 유능한 리더를 단념시키지 않을 변화에 장애가 될 것이며, 이러한 구조적 어려움을 알고 있는 리더는 교직원의 전문적 학습과 발달과 유아를 교육하는 데 있어서 연구의 기여에 가치를 두는 기관에서 특별한 윤리나 분위기를 창안함으로써 어려움들을 극복하는 쪽으로 일할 것이다.

연구 문화 격려하기

유아교육 현장에서 연구를 수행하고 활용하는 데 많은 방해요인들이 있다. 이러한 문제에 대해 제언하기 위해서는 직업의식을 가지고, 개혁적이고, 융통성이 있으며 창의적인 개인이, 정확한 정보 자원에 기초한 통제된 사고를 이러한 기여점들과 연합하는 리더십이 필요하다. 유능한 리더는 자신의 고유한 활동 영역을 반성하고 연구해야 할 필요를 느끼며 자신의 교직원들도 그렇게 하도록 격려한다. 전문적 의사 결정과 변화를 주도하기 위한 정보 자원으로써 연구의 위상을 상승시키는 방식은 연구에 가치를 두는 문화를 육성하는 것이다.

'연구 문화(research culture)' 란 무엇인가? 그것은 실로 개인적인 문제이고 전문적인 태도이다. 또한 그것은 지적인 관심이 있고 과학적인 흥미가 존재하고 입증된 환경으로 설명될 수 있다. 연구 문화는 연구자, 교직원, 부모에 의한 것이든 실천 중에 도출된 선택에 기초하여, 더한 지식을 추구하도록 동기유발된 개인들이 있는 곳으로, 유아교육직과 관련된 훈련과 서비스 수준 전체가 우세한 풍토임을 입증해 준다. 연구 문화는 유아 발달과 학습 과정, 상호 작용적이고 교육적인 방법, 인간 중심의 경영과 관련된 이론과 연구에 기초한 지식에 가치를 둔다.

유아교육직에서 연구 문화를 창안하고 증진시키기 위해 아래에 기술된 전략들이 수행될 수 있다.

첫째, 유아교육 고유의 전통, 가치, 가정, 경험, 실천과 교육과정을 가지고 있는 특이하고, 독특한 유아교육직에 대해 잘 알고 있어야만 하며, 그럼으로써 이러한 역할을 성취하기 위해 다른 전문가들에게 의존함이 없이 유아교육에 대한 기초 지식을 확장할 수 있다. 복종으로부터 전문가의 견해로, 전문가의 권위로부터 다른 사람들의 정보에 건강하게 질문하는 회의론적 입장을 취하며, 현장 구성원들의 기여에 대해 존경심이 증가하는 쪽으로의 태도 변화는 필수적이다.

연구에 기초가 되는 이론적 관점으로 다원론(pluralism)의 보다 확장된 수용이 격려되어야만 한다. 지금까지, 유아교육에서의 연구는 주로 심리학적 관점, 특히 발달심리와 교육심리로부터 나왔다. 발달, 보육, 교육의 사회적 현실에 대한 보다 깊고 넓은 이해를 위하여 다른 관점들, 예를 들어 사회학, 생태학, 생물학, 인류학, 역사, 철학, 정치학, 교육과정 이론과 경제학들이 심리학적 관점만큼 유아교육 교직원들에게 친숙해질 필요가 있다. 유아교육 현장은 변화하는 사회의 요구에 부합하여 서비스 질을 향상시키기 위해 이슈, 문제, 기술 영역을 넓히는 최근 동향의 정보가 필요하다.

연구 정위가 학생과 교직원을 대상으로 하는 모든 수준의 교육 프로그램에서 지지되어야만, 연구가 전문적 문화에 수용되어 가치 있는 부분이 된다. 이러한 방식으로 현장의 잠재적 구성원들은, 연구의 지적 소비자가 될 기술을 발달시키고 연구 수행에 참여할 수 있는 사람으로 자신의 역할을 지각할 것이다. 이에 더하여 더 많은 교직원들이 교직원 발달의 한 부분으로서 연구에 기초한 수준을 보다 높게 이행하고 있다는 사실은 현장이 직면한 변화가 실제에 기초한 실천방향으로 현저하게 시작되고 있으며 거기에서 유아교육의 노력에 부합하기 위한 과학적 필요와 실제적 필요 간의 균형이 요구된다.

유아교육 교직원들은 협력 연구에 참여하도록 격려되어야만 한다(Potter, 2001). 만일 더 많은 교직원들이 대학원 과정의 학생이 아니라 연구를 수행하는 여러 전공으로 구성된 팀의 동등한 파트너로서 연구에 참여하게 된다면 연구자와 교직원 간의 간격은 좁혀질 수 있을 것이다. 교사가 연구 팀으로 통합되는 것은 실천을 증진시키고 자원의 효율적 사용을 촉진하는 방법으로 교직원들이 연구의 전체 과정에 민감하도록 할 수 있다. 연구자들과 교직원들의 협력적 조사는 가치, 신념, 가설, 연구 프로젝트의 기초를 설립하기 위한 지역 조건에 대한 대화로 시작한다. 팀 리더에 의한 책임 있는 위임을 통해 개인적 책임감, 주도와 방향은 관리될 수 있다.

협력 연구 팀은 연구 노력 속에서 '오너십' 부족의 문제와 결과를 극복할 수 있다. 연구 참여의 부족은 중요한 연구 결과들이 알려지지 않은 채 남아 있게 할 수 있으며 결과적으로 교직원들이 적용할 수 있는 적합한 환경이 되지 못한다. 협력 과정은 연구자와 교직원 간의 의사소통과 이해를 촉진하는 수단이 되며, 불평을 최소화하여 연구 결과를 보장함으로써, 간단하고 지혜로운 방식으로 제시하고 이해하게 하여 의사 결정자와 소비자들이 쉽게 이해할 수 있게 된다.

매일의 실천으로부터 유아교육 교직원들은 체계적인 조사에서 기술될 필요가 있는 질문과 문제를 이해하고 본질적인 지식을 얻는다. 교직원들은 실생활 주제와 현장의 요구 간 연결을 명확하게 할 수 있고, 실험될 연구 질문들이 정의되어진다. 반성적인 교직원과 리더들은 교직원과 경험 있는 연구자들을 포함하는 협력적, 다학문적 팀을 설립하거나 스스로 필요한 연구를 수행하기 위해 자신의 정력과 주도를 사용한다. 발달시키고, 검사하고 과학적 지식을 확인하는 연구 활동은 일과 중의 여유 시간에 추진하기는 어려우므로 유아교육 교직원들은 다양한 기관에서 수행될 수 있는 실행 연구(action research)에 몰입하도록 격려할 필요가 있다.

연구는 새로운 지식과 이해뿐 아니라 실천적 결과를 위해 기여할 수 있는 일상적인 문제 해결 훈련으로 지각되어질 필요가 있다.

이러한 전략들은 유아교육직에 널리 보급되어 있는 문화를 단기간에 변화시킬 수는 없지만, 유능한 리더는 실천만큼이나 가치 있는 연구의 긍정적인 결과에 초점을 둠으로써 이러한 변화의 필요를 알릴 필요가 있다. Keys(2000)는 연구 공동체는 실천에 체계적인 탐구를 더하게 되는 가치를 불러오기 때문에 교직원들이 연구공동체에 보다 적극적이 되도록 격려한다. 협력 연구는 교직원들로 하여금 식견 있고 의미 있는 방식으로 교육과정, 교육, 변화에 대한 대화에 몰입할 수 있는 기회를 제공하기 때문에 비판적 반성을 증진시키고 전문적 이해를 공동 구성하는 데 중요한 역할을 담당한다(Potter, 2001).

연구에 몰입하기를 원하는 유아교육 교직원들은 다음을 위한 시간과 공간을 만듦으로써 시작할 수 있다.

- 자신의 실천에 대해 반성하기
- 가르치기와 배우기 등과 같은 교육에 대해 말하기
- 동료와 협력하고 전문적으로 사회적 관계 가지기
- 질을 개선시키기 위한 한 수단으로써 증거에 기초한 실천 사용하기

연구 문화는 교직원들이 다음을 인정할 때 발달할 수 있다.

- 연구는 유아교육기관과 같은 학습 공동체에서의 일을 위한 전문적 책임감이다.
- 협력적 탐구는 전문적 학습공동체로서 기관이 발달하기 위한 토대가 된다.
- 협력은 지식, 이해, 공유된 좋은 실천을 보장하는 한 가지 방식이다.
- 증거에 기초한 실천은 성공을 가져오며 질을 증진시킨다.

연구 문화는 유아교육 리더가 교직원들이 스스로 또는 다른 연구자들에 의해 조사될 질문을 규정짓기 위한, 전문적 문헌에서 보고된 연구 결과를 검증하기 위한, 관련된 제언의 실천적 적용과 설득력 있는 해석을 보장하기 위한 책임을 수용하도록 지원함으로써 자극을 줄 수 있다.

의사 결정과 문제 해결을 위한 지침으로서의 실행 연구

실행 연구는 유아교육 교사들을 위한 전문적 발달의 수단으로 인식된다. 그것은 연구와 실천 간의 간격을 연결하기 위한 도구로서 전문적 학습을 증진시키고 반성적 실천력을 기른다. 교육자와 행정가들이 자신이 일하는 장소에서 기꺼이 실행 연구를 수행할 수 있다면 더 나은 의사 결정을 할 수 있으며 보다 유능한 교직원이 될 수 있음이 입증되고 있다(Campbell, 2002). 실로, 실행 연구는 유아들을 위해 제공된 서비스 내에서 질을 개선시키기 위해 연결되어 왔다(MacNaughton, Rolfe & Siraj-Blatchford, 2001; Crosser, 2005). 자신의 기관에서 이러한 유형의 연구를 수행할 수 있는 유아교육 교직원들은 체계적인 방법으로 변화를 위한 요구와 문제에 반응하고 진단할 수 있는 자신의 능력에 창의적인 리더십을 시범 보일 수 있다. 실행 연구는 수행 과정에서 교직원이 연구에 대한 가치를 가지기 시작하고 반성에 가치를 두는 전문적 문화가 발달되므로 전문성을 증가시키는 매개로 제안되어 왔다.

'실행 연구' 라는 용어는 변화를 주도하고 지원하는 방식, 변화의 성질, 변화 과정의 조건과 변화 시도의 결과를 이해하는 방식으로써 반성과 탐구를 활용하는 사고의 방식이라 언급된다. 실행 연구는 탐구에 의해 통제된 행동이 일어나게 하고 연구 절차를 실천 행동과 연합한다(Hopkins, 1990). 목적은 해당 직업의 모든 구성원들이 현재 관심을 가지고 있는 실천을 개선시키는 것이다. 수행되고 있는 실행 연구의 성공적인 결과를 위하여 일의 사명, 목표, 질의 관점에서 리더와 팀이 의미 있게 탐색할 필요를 느끼는 문제들을 선택한다. 문제들은 현실적인 기간 내에 조정할 수 있어야 하며, 포함된 사람들의 연구 기술에 적합해야만 한다. 문제 해결, 위험을 무릅쓰는 행동, 실험을 위한 팀 내부의 건강한 태도 또한 도움이 되며, 당면한 성공의 가능성과 변화의 불예측성에 대한 현실적인 기대를 가진 리더의 성향이 필요할 것이다.

Wadsworth(1997)와 Kemmis, 그리고 McTaggert(1988)는 인간 서비스의 전문성을

위한 실행 연구에 대해 명료하고, 실천적인 설명을 제시하였다. 다음의 단계들은 실행 연구의 과정과 주기를 간략하게 개관해 준다.

1. 상호 관심을 가진 문제를 명확히 한다. 전체 팀 구성원의 관찰과 반성의 과정을 통해 나타난 현재의 문제에 초점을 맞춘다.
2. 문제를 분석하고 기여할 수 있는 가능한 요인들을 결정한다. 문제의 결정 요소를 진단할 수 있는 능력이 요구된다. 삭제되지 않고 해석되지 않은 팀 구성원들의 관찰 기록을 사용하여 현재 상황을 모니터한다.
3. 이러한 요인들을 설명하기 위해 시험적인 가정이나 예측을 만든다. 이 지점에서 의심스러운 가설은 제외시킨다. 수집되어질 자료의 해석 방법과 형태를 결정한다.
4. 실행 가설을 발달시키고 가설을 명확히 하기 위해 관련 기록과 관찰, 면담으로부터 자료를 수집하고 해석한다.
5. 실행을 위한 계획을 공식화하고 수행한다. 계획은 실험적이고, 가망이 있고, 기대되며 계획의 수행을 위한 새로운 기술이나 절차의 획득이 포함된다.
6. 실행 결과를 평가한다. 실행 국면 동안 전개되지 않은 이슈와 과정에 대해 감지하고 정보에 근거한 행위의 결과를 비판적으로 평가하기 위해 관찰과 반성의 과정이 사용된다. 협력적 반성은 수정된 계획을 위한 기초를 설립하고 상황의 의미를 재구성하기 위한 기회를 제공한다.
7. 단계 1에서 단계 6까지의 재구성된 주기를 도입한다.

실행 연구에 몰입하게 되는 것은 아직 다른 역할과 책임을 맡는 것으로 지각될 수 있고, 이미 무거운 작업이 부하된 유아교육 교직원들에게 다른 것을 요구하며, 연구에 관련되지 않은 사람들이 고려해야 할 몇 가지 중요한 점들 강조되어진다. 어떤 교직원들은 실행 연구라 부를 수 있는 프로젝트들을 시작하지만, 종종 전제의 한계를 들어 포기한다. 실행 연구 프로젝트의 성공을 가져오는 본질이 되는 중요한 요인들이 연구자가 되고자 하는 사람들에 의해 인식되어 나타난다. Borgia와 Schuler(1996)는 '실행 연구의 5C' 라 부르는 성공적인 실행 연구와 관련된 몇 가지 중요한 요소들을 개관하였다.

- **위임**(commitment)—시간을 주기와 받기, 참여자와의 신뢰 발달시키기
- **협력**(collaboration)—공유하기, 주기, 받기, 듣기, 반성, 존경하기
- **관심**(concern)—비판적 친구들로 구성된 지원 집단 발달시키기, 위험 무릅쓰기
- **재고**(consideration)—개인의 전문적 행위에 대한 비판적 평가와 반성하기
- **변화**(change)—양육적이고, 지원적인 환경에서 성장, 발달, 개선을 향해 일하기

동료와 연구 프로젝트 참여자들로부터의 지원, 격려, 위임 없이 수행되고 있는 실행 연구는 위협받고 사기가 저하되는 경험이 될 수 있다. 그것은 특히 실행 연구의 대인간 측면으로서, 영유아 보육과 교육 서비스에 관심을 가진 모든 유아와 성인들을 위한 긍정적이고 구성적인 대인간 의사소통과 관계 형성의 중요성에 대한 철학적 초점을 가지고 있는 유아교육 교직원과 관련하여 만들어진다.

비록 몇몇 학구적인 연구자들은 실행 연구를 유아교육 교직원과 같은 다른 전문가들이 자신이 속한 환경 내에서 수행하는 것으로서 충분한 연구 기술과 건전한 방법론이 모자라는 것으로서 간주하지만, 포함된 자들로 하여금 비판적인 의식을 불러일으키고 실천에 개선을 가져오는 실행 연구의 기술에는 의심의 여지가 없다. 실행 연구에서 도출되는 중요한 이점들 중 하나는 실행자의 학습에 초점을 두기 때문에 교직원의 전문적 발달이 증진된다는 것이다(MacGilchrist, Myers & Reed, 1997). 공동의 문제와 목적을 위해 체계적인 연구 방안에 대한 책임감을 수용하는데 있어서, 상호 존경과 팀워크가 증진된다. 실행 연구는 팀의 모든 구성원들의 전문적 리더십이 시범 보여질 수 있는 또 다른 기회를 제공한다. 그러나 임명된 리더는 변화를 위한 필요에 반응하고 문제 해결의 수단으로서 실행 연구의 유효성과 필요성에 대해 팀을 설득시키기 위한 중요한 책임을 가진다.

> 리더십의 실천에 있어서의 반성
>
> 유아교육 교직원은 실행 연구에 몰입할 때 리더십을 보이고 이후 출판물을 통해 또는 현직교육, 컨퍼런스에서 그 결과를 보급한다.
>
> 유아교육과 부교수

실행 연구 또는 어떤 유형의 연구에서도 수행과 관련된 최종 양상이 인식되고 유아들과 성인들이 포함되는 연구의 기초가 되는 윤리적 원칙들이 지켜진다. 연구를 수행하는 사람들은 연구 프로젝트에 의해 영향을 받거나 참여하고 있는 사람들에 대한 도덕적 책임을 인정해야 할 필요가 있으며, 프로젝트에 포함되어 있는 유아와 성인들의 권리와 지식과 이해의 추구 간에 균형을 유지할 필요가 있다. Cohen, Manion과 Harrison(2000)은 연구에서의 윤리적 문제는 조사되고 있는 구체적 이슈의 성격, 맥락, 연구 절차, 자료 수집 방법, 자료의 사용 영역의 범주가 다루어져야 한다고 제안하였다. 다음의 원칙들은 학문적 연구 분야에서 일반적으로 사용되는 원칙이며, 연구자가 되고자 하는 사람들에게 어떤 연구 프로젝트가 시작하기 전에 기술될 필요가 있는 윤리적 고려점에 대한 지침을 제공한다.

- **고지에 의한 동의**—참여자들이 연구 초점과 프로젝트에 참여할지에 대한 자신의 의사 결정에 영향을 줄 수 있는 연구 특징에 대해 인식하도록 해야 한다. 유아의 경우 정보에 근거한 동의는 보호자의 역할을 맡을 부모나 성인으로부터 받을 수 있다.
- **개방성과 정직**—참여자들이 연구의 구체적인 목적을 인식하도록 만들어야 한다. 속이는 것은 수용될 수 없으며, 그것은 비전문적이고, 비윤리적인 행동이다.
- **중단할 권리**—참여자들은 어느 시기든 중단할 수 있으며, 연구의 구체적인 양상에의 참여 여부, 구체적인 대답, 구체적인 정보 제공을 하지 않을 권리 등을 선택할 수 있음을 연구 시작 시에 알려야 한다.
- **손해로부터의 보호**—참여자들은 프로젝트 동안 신체적 또는 심리적인 손해로부터 보호되어야 한다. 유아교육 연구는 신체적인 해를 가져오는 결과는 없겠지만, 어떤 연구는 참여자들이 스트레스를 받을 수 있는, 민감하거나 미묘한 이슈에 초점을 둘 수도 있다. 연구들은 이러한 스트레스를 경감시킬 수 있도록 지원되어야 하며 연구 프로젝트에서 일어날 수 있는 스트레스를 최소화할 의무가 있다.
- **보고하기**—참여자들은 참여하는 모든 절차, 과정, 결과에 대한 정보를 구두로 또는 글로 평가할 권리를 가진다.
- **비밀 유지**—참여자들이 구체적인 동의를 하지 않는 한, 연구자들은 프로젝트 동

안 유지된 개인과 조직의 정체성에 대한 기밀 유지를 보장해야만 하며 어떠한 출판도 보장되어야 한다.

- **전문적 단체의 윤리적 원칙**—전미 유아교육 협회(National Association for the Education of Young Children)와 오스트레일리아 유아교육 협회(Australian Early Childhood Association)와 같은 전문 단체는 단체 자체에서 설정한 지침과 원칙을 가지고 있으며, 이러한 지침과 원칙은 어떠한 연구 프로젝트를 설계하고 수행할 때에도 참고되고 준수해야만 한다.

상기한 원칙들은 수행되고 있는 연구에서 일어날 수 있는 잠재적으로 어려운 상황으로부터 참여자와 연구자 모두를 보호하기 위한 것이다. 유아교육 교직원들은 유아교육기관을 위해 적합하도록 이러한 고려점들을 발달, 해석, 확장하도록 격려되어진 연구에 참여되기를 원하는 사람들이다.

요약

연구 활동은 유아교육 교직원들이 서비스의 질을 개선시키고 형성될 자신들에 대한 이미지 평판을 개선시킬 수 있는 효과적인 방법이다. 현장의 계속되는 전문화는 실천의 공정성과 합리성 지식의 기초가 재활성화되도록 요구하고 있다(Moyles, 2003). 어떤 사람은 현장의 전체적인 재개념화에 대해 논하기도 한다. 유아교사들은 이론적, 그리고 실천적 관심을 가지고 균형 있는 다학문과 협력적 탐구를 반성하는 자신의 연구 기초를 확립할 필요가 있다. 연구문화에 가치를 둠으로써 연구에 대한 긍정적인 태도를 기르는데 더하여, 공유된 지식의 실천과 아이디어에 초점을 두는 전문적 학습공동체의 발달을 격려함으로써 연구의 위상을 상승시킬 수 있다. 유아교육 교직원들이 연구는 천천히 이루어지지만 변화와 진보를 위한 효과적인 도구로 인식하는 한편, 연구 공학에 필요한 기술과 지식을 획득할 필요가 있으며 그럼으로써 현장의 전문화에 중심 역할을 담당할 수 있는 존경과 충분한 권위를 누릴 수 있다.

Chapter 12

부모 및 대중과의 공감대 형성하기

부모들과 함께 진실된 파트너로서 협력할 방법을 강구한다는 것은 나의 업무 가운데 가장 큰 도전 중 하나이다. -주간 어린이집 보육 담당자

본 장의 탐구점

- 유아교육팀에서 파트너로서의 부모들과 협력의 중요성
- 유아교육기관에서의 부모 참여
- 부모와의 파트너십에 있어서 장애물
- 공공 부문에서의 리더십
- 전문 기관에의 참여
- 연구 및 글쓰기
- 타 전문가들과의 네트워크 구축
- 정치적 참여 및 미디어의 활용

유아교육 현장이 지속적으로 다양한 분야에서 요구되는 중요한 변화에 부합함에 따라 많은 교사들은 지역사회의 영유아와 가족에 대한 그들 앞으로의 역할에 대해 불확실한 느낌을 받는다고 이야기한다. 이 불확실성은 유아교육 현장과 학계 트레이닝 담당자, 정부 기관, 그리고 협회 간 유아와 지역사회의 요구를 최대한 충족시켜 주는 보육과 교육의 모델, 최소 의무 자격 조건 및 관련 보상(기존의 유아교육관 인력 편성에 많은 불공평성을 없애는 데 도움을 줄 수 있음), 그리고 유아교육 교직원들이 수행할 역할과 책임으로 간주되는 사항들에 대한 동의가 이루어질 때까지 지속될 것이다. 유아

교육 분야가 그 미래에 나아갈 논쟁의 명백한 방향을 잡고 있지 못하다고 인지되는 한 국가의 지원은 기대할 수가 없다. 유아교육 교직원들은 그들의 미래를 구성해 나가기 위해 그들의 견해와 관심사를 명백하게 하기 위한 정치적 활동에 더욱 활발히 참여할 필요가 있다. 수준 높은 서비스를 준비하여 유아교육과 보육에 있어서 교직원들의 역할과 책임에 관해 공감대를 형성할 필요가 있다.

과거에 유아교육 교직원들은 유아들과 가족을 위해 정부의 조치를 선뜻 수용했었다. 그러나 정부의 정책이 해당 분야의 경험과 의견을 반영하지 못하게 되는 경우 정책과 기획의 실제적 책임이 어디에 있는지에 대한 반대 감정이 병존하게 될 것은 명백하다. 지역사회에서의 전문성의 적절한 활용 측면에서 볼 때 유아교육 분야의 견해와 요구를 제시할 책임은 기존의 모든 유아교육기관 리더들에게 주어져야 한다. 이들이 유아교육의 '활동적 지지자' (Ebbeck & Waniganayake, 2003)이며 부모, 다른 교직원, 그리고 일반 대중을 포함한 다양한 사람들과의 공적 관계에 대해 책임을 진다.

리더십의 실천에 대한 반성

유아교육 분야의 리더들은 '공공의 얼굴' 을 가지고 부모와 더 광범위한 사회 구성원들의 인지와 존경을 획득하는 방식으로 전문적 활동에 헌신적으로 참여하는 이들이다.

유아교육과 부교수

초기 단계에서의 유아교육 분야의 직업은 유아교육 교직원들이 유아들을 양육하고 발달시키는 데 해야 할 중요한 역할에 관해서 부모들에게 알려 줄 책임을 질 리더들을 필요로 한다. 모든 교직원들은 유아교육의 위상을 드높이는 데 도움을 줄 책임감이 있어야 한다.

유아학교 원장

유아교육 교직원로서의 역할의 복잡함을 충족시키는 데 필요한 고차원의 기술과 뛰어난 전문성에 대한 지역사회 이해는 더 넓은 지역사회에서의 전문적 인식과 명백하게 연관되어 있다. 따라서 리더들은 이러한 측면에서 그들의 리더십 역할을 어떻게 수행할지 필수적으로 고려해 보아야 한다. 교직원들은 부모를 반대 세력이 아닌 동맹자로서 인식할 필요가 있다. 부모들은 유아교육기관에의 참여와 교류를 통해 유아교육기관의 업무와 관련된 역할 및 책임을 지역사회가 더욱 잘 이해할 수 있도록 도움을 주기 위해 피드백과 정보를 제공할 수 있다. 부모들이 유아교육 분야의 비전과 목표를 이해하는 데 도움을 주는 것이 유아교육 서비스에 대한 공공인식을 드높이고 결과적으로는 지원을 받기 위한 첫 단계이다.

유아교육 팀에서 부모와 파트너로 일하기

가족과 유아교육 서비스 제공자 간 강력한 유대는 유아들에게 높은 수준의 학습 환경을 제공해 주는 데 필수적이다. 연구에 의하면 가족들이 긍정적으로 유아들의 조기교육에 관여할 때 유아들이 더 높은 교육성과, 더 나은 참여와 더욱 긍정적 태도와 행동을 나타냄이 입증되어 왔다. 추가로 유아교육 교직원들로부터 긍정적인 메시지를 빈번히 받는 가족들은 자녀의 조기교육과 보육에 더욱 관여하는 경향이 있다(NAEYC, 1999; Hiatt-Michael, 2001). EPPE(Effective Provision of Pre-school Education: 취학전교육의 효과적 준비) 프로젝트는 가장 효과적인 환경하에서 긍정적 교류, 정보 공유 및 부모와의 관계가 발전되며 부모들은 종종 유아들의 학습 관련 의사 결정에 참여함을 입증한 바 있다(Taggart, 2003). 또한 이 연구는 교육의 목표가 부모들과 공유된 환경에서 유아들의 학습 효과가 더욱 향상됨을 입증하였다. 결과적으로 많은 유아교육 교직원들은 이와 같은 연구 결과뿐만 아니라 부모의 참여도를 높이고자 하는 지역사회의 기대 및 수요에 모두 긍정적으로 대처해 왔다.

> 부모들은 많은 것을 제공해 줄 수 있다. 그들에게서 특별한 기술 혹은 언어가 필요한 것도 아니고 단지 평범한 사람으로서 우리와 함께 대화하고, 돕고, 공유하고, 이야기를 읽고, 노래를 부르면 된다.
>
> 유아교육과 조교

부모들의 참여와 부모들을 위한 프로그램들은 유아교육 서비스의 핵심 부분을 형성하고 주기적인 홍미는 다음의 주제에서 발견되어 왔다.

- 파트너십(공유된 유아들의 양육에 대한 철학)

- 지속성(기관과 가정에서의 조건 및 경험 간 일관성 촉진)
- 부모 교육(유아들의 웰빙과 부모로서의 역할을 하는 데 있어서의 흥미와 능력을 향상시키기 위한 부모에 대한 지원 및 교육을 수행할 전문적 책임)

유아교육 교직원들이 유아들과 부모 역할을 이해하고 그들 모두에게 이로운 방향으로 도움을 주고자 하는 데 관심을 다시 갖게 된 것은 새로이 초점이 맞춰진 사항은 아니지만 이는 전통적인 교사 역할에 대한 전체론적 접근법이 도래하고 있음을 의미한다. 특수교육에 대한 필요성을 포함해 이와 같은 부모와 유아들에 대한 추가적 책임은 유아교육 교직원들의 역할과 책임의 전환을 강조한다.

유아교육 서비스에 부모의 참여는 질 높은 프로그램을 준비하는 데 필수 요소로써 해당 분야의 많은 교직원들은 간주해 왔다(Draper & Duffy, 2001; Page et al., 2001). 그러나 많은 교직원들은 이는 긴장을 발생시키는 원인이자 그들의 역할 가운데 가장 어려운 측면 중의 하나라고 이야기한다. 지난 30년간 부모 참여는 점차적으로 장려되어 왔지만 그간 연구 결과는 유아들의 보육과 교육에 관한 모든 서비스에 부모의 참여를 초기 단계에서부터 진정한 파트너십의 단계에까지 지속적으로 강화시킬 것을 권고한다. 유아들에게 돌아가는 혜택 외에 추가로 부모가 유아교육 팀의 일원으로서 참여시 그들은 유아들과 가족, 그리고 서비스의 지지자로서 활동할 수 있다. 부모들을 진정으로 의사 결정 과정에 참여시키는 유아교육 교직원들은 유아교육 분야에 혁신적 변화를 시작하는 방향으로 정치적 단계를 진행시켜 왔다.

> 부모들은 오늘날 미디어를 통해 소식을 듣고 혼란을 겪거나 공황 상태에 빠지지 않기 위해 매일매일 어린이집이 어떻게 돌아가는지 알 필요가 있다. 상황을 가장 잘 파악하기 위한 방법은 어린이집에 와서 시간을 보내는 것이다.
>
> 주간 어린이집 담당자

유아교육 교직원들은 과거에 그들의 집단을 광범위하게 정의해 왔으며 부모와 그들의 관계를 그들의 업무에 추가된 일면으로 여겨왔다(Ebbeck & Waniganayake, 2003). 특히, 교사들은 유아교육 및 보육에 있어서 가족의 중요한 영향력을 오래도록 인지해 왔으며 부모의 성장과 발전을 위해 지원해 왔다(Caddell, 2001). 요즈음 부모들은 그들의 자녀들만큼이나 유아교육 교직원들에게 고객이 된 셈이다. 고객이 더욱 삶에 의미 있는 경험을 체험하도록 지원하는 것이 모든 교육 교직원의 목표인 만큼 유아교육 교직원들이 부모와 함께 업무상 리더십을 보여줄 잠재력이 높다.

일부 부모들은 운영위원회의 위원으로서 또한 고용자로서 활동한다. 이와 같은 상황은 권한의 경계선, 대화 채널, 부모와 교직원들 사이의 역할 및 책임과 관련된 오해의 여지를 불러일으키기가 쉽다. 특히, 부모의 자녀가 해당 기관에 다니고 있는 경우 더욱 그렇다. 부모와 교직원들은 유아들에게 상이한 기대감와 관점, 견해, 그리고 경험을 가지는 경향이 있다. 상호 간 공감대가 형성되는 경우, 그들의 역할은 상호 지지적, 호혜적, 그리고 의존적이 된다. 이와 같은 복잡한 관계가 성공적이 되기 위해서 교직원들은 다양한 지역사회, 가정환경, 부모, 보호자, 유아교육기관 내의 팀 구성원들과 효과적으로 일을 할 수 있도록 특별한 교육을 받아야 한다. 부모들과의 협력에 초점을 둔 교육이 부족한 경우 교직원들은 이러한 역할에서 근심과 좌절감을 경험하게 된다.

유아교육기관에서의 부모 참여란?

부모들을 유아교육기관에 참여시키는 어려운 점 가운데 하나는 유아교육 교직원들 간 그 용어가 실질적으로 의미하는 바에 대해 차이를 보임으로 혼동이 발생하는 데서 시작된다. 교직원들은 항상 일반적으로 초기 단계에서 부모들을 참여시켜 왔지만 이는 모두 그들이 전통 방식에 의거해 자치적으로 시행하였다(Ebbeck & Waniganayake, 2003). 최근 들어 달라지고 있는 태도와 믿음은 부모와 교직원 간에 더욱 밀접하고 의미 있는 연계가 이루어져야 할 필요가 있음을 보여 준다. 지배적인 철학이 시간이 지남에 따라 변화해 오면서 부모와 교직원들 간 관계에 변화를 가져다주었으며 일부 변화는 기꺼이 수용된 반면 일부는 저항을 불러일으켜 왔다.

1960년대 민주주의는 일반인들의 삶에 있어서 정치 및 공식 정부 이상의 연장선이 되어 최종결정사안에 대해 영향을 받는 이들을 의사 결정에 참여시키자는 서구사회의 정부 아이디어에 초점을 두기 시작했을 때 실질적으로 도움을 주는 등 명목 그 이상의 부모 참여에 대한 요구가 나타나기 시작했다. 유아교육 교직원들은 유아 및 유아교육 서비스 관련 전문가가 본인들이라 믿었기에 파트너십의 접근법을 활용하는 것에 대해 달갑게 받아들이지 않았다. 이와 같은 믿음은 변화 과정을 지연시켰으나 결국 교사들은 가정의 참여 결핍 모델을 중재전략으로서 대비하는 보충적 접근법을 채택했다.

나는 유아들을 몇 주간 알아왔지만 부모들은 유아들이 태어날 때부터 알아온 바 나는 부모들로부터 많이 배웠다.

유아교사

1970년대 유아교육 교직원들에게 대화 체제의 향상과 긍정적인 관계를 발전시킴으로써 부모의 눈에 비친 그들의 전문성을 향상시킬 수 있음을 확인해 준 새로운 철학이 생겨났다. 그 초점은 '정보에 입각한 관심'이었으며 부모의 참여는 대화와 교류의 문제로 간주되었다. 대화의 철학은 1980년대 의무의 철학으로 대체되었으며 부모들은 유아교육 교직원들이 충족시킬 의무와 권리를 소유한 서비스의 고객으로서 인식되기 시작했다. 당시 부모의 참여는 정책, 과정, 실행을 부모 혹은 그들의 위원회 대표와 논의하는 데 초점을 맞추었다. 그러나 실질적 파트너십이나 협동은 거의 이루어지지 않았다.

1990년대 들어 유아들의 삶에 영향을 주는 의사 결정을 내릴 부모들의 권리가 명확히 단언되었다. 유아교육 서비스는 부모의 효과적인 참여와 권리를 촉진할 과제에 직면하게 되었다. 효과적 참여는 형식적인 의사 표현보다는 서비스의 '능동적 운영'으로 정의되었고 유아교육 서비스의 보육 구조는 부모와 교직원, 그리고 기타 팀원들 간 파트너십 접근법을 반영하기 시작했다. 초기 파트너십의 방침은 유아들의 양육에 있어서 가정과 기관 간 연락, 참여, 그리고 책임의 공유에 우선순위를 두었다.

유아들이 교직원들과 부모들의 협동하는 모습을 볼 때 그들은 더욱 안전감을 느끼게 된다.

보육 담당자

파트너십의 진정한 철학을 채택하고자 하는 추진활동은 1990년대에 유아교육 교직원들이 기관과 연계하여 부모들과 공유된 보완적인 목표를 가지고 있음을 인지하면서 독려되었다. 교사들은 일반적으로 유아들과 가정에 관해서는 그들과 부모가 각

각 다른 전문성을 가지고 있음을 받아들였다. 이와 같은 파트너십 접근법으로의 전환은 가정과 기관에서 유아들에게 미치는 영향과 비계급적 구조인 협력적 관계를 통한 부모와 교사들의 협동의 필요성을 강조했다. 부모들과 파트너 관계하에서 권력 및 책임을 공유하고자 하는 유아교육 교직원들의 의지는 기관의 임무와 목적을 달성하기 위한 팀 리더십을 보여 주는 또 다른 예시이다.

> 부모들이 교실 내에서 벌어지는 일에 대해 경험해 보지 않는다면 그들은 서비스의 질에 대하여 평가할 수가 없다.
>
> 유아교사

부모들의 참여에 대한 파트너십 접근법은 공동의 활동보다는 협력적 활동을 강조하고 부모 참여의 정도에 따라 우선순위와 책임의 관점에서 적합한 결정을 내릴 수 있게 해 준다. 영국 코비의 다섯 살 미만의 아동을 위한 Pen Green Centre와 이탈리아에 있는 Reggio Emilia 영유아기관은 부모와 교직원들 간 진정한 파트너십을 구축하고 유지하는 좋은 사례이다. 이와 같은 관계는 부모와 교사들 사이에 동등하지만 각각 다른 공헌과 공유된 책임에 기초한다. 이 기관들은 유아교육과 보육에 가족 모두를 동반하고 다양한 분야를 연계시키는 접근법을 사용하며 부모들에게 다양한 교육 기회와 각각 다른 공헌 방식을 제공하기도 한다. 교직원들은 부모들이 그들의 유아들이 어떻게 학습하는지 이해할 수 있도록 도움을 주는 시간을 가지며 부모들은 기관에서 그들의 유아들을 관측하고 가정에서 그들의 유아들에 관한 유용한 정보를 수집해서 교사들과 공유한다. 유아들의 학습 및 진행 과정의 기록화를 적극적으로 활용한다. 이와 같은 방식으로 교사들과 부모들은 상호 지원하에 공유된 목표와 이해에 기초하여 협조적 관계를 즐긴다. 파트너십이 의미 있는 교류와 대화에 기초하여 구축된 것이다.

다음의 가치와 믿음은 부모의 참여에 대한 파트너십 접근법을 개발하는 데 필수 요소이다. 부모들은,

- 그들의 자녀에 대해 전문가이다.
- 그들의 자녀에 대해 중요하고 효과적인 교사이다.

- 전문가들을 보완해 줄 수 있는 기술이 있다.
- 다르지만 동일한 파워와 동일한 전문성을 가지고 있다.
- 정보에 근거해 관찰을 할 수 있고 중요 정보를 교직원들에게 알릴 수 있다.
- 본질적으로 그들 자녀의 삶과 웰빙에 관여한다.
- 의사 결정에 공헌하고 그 중심 역할을 할 수 있다.
- 개인적 책임감이 있고 공유된 책임을 지닌다.

이러한 가치들은 부모들과 협동적 관계를 유지하고자 하거나 파트너십 관계에서 부모의 참여와 부모와의 관계 정도를 평가하고자 하는 유아교육 전문가들에게 유용한 지침서가 된다.

리더십의 실천에 대한 반성

예전에 타국에 거주했을 때 나의 두 아이는 어린이집에 다니곤 했다. 어느 날 아침 기관에 도착했을 때 나는 임시 교사가 도착할 때까지 내 아이들이 밖으로 다른 유아들과 함께 놀러 나갈 예정이라고 들었다. 당시 날씨는 굉장히 추웠고 우리는 기관에 가는 데만 30분을 걸었기에 나는 내 아이들이 도착 후 즉시 밖에 나가는 건 맞지 않다고 생각했다. 원장은 기관에 없었고 부원장은 나와 그 일에 대해 논의하기를 원치 않았다. 나는 우는 내 아이들을 달래며 화가 나 있었다. 요리사가 도와주러 와서 아이들과 이야기를 하며 조용히 시켰다. 나는 상당히 화가 났지만 일을 하러 가야 했다. 그날 늦은 시간 원장은 전화를 걸어 아침에 있었던 일과 관련하여 이야기해 보고자 날 초대했다. 나는 직원실로 안내되었고 그곳엔 커피와 빵, 그리고 아침에 나를 맞이했던 직원이 있었다. 원장은 모두 함께 아침에 일어난 상황이 또다시 발생할 경우 최선의 대처 전략을 마음을 열고 논의해 보기를 원했다. 그 후 원장은 아이들과 놀이를 하러 가기 위해 직원실을 떠났다. 그 직원은 나에게 사과를 했지만 우리는 서로 대화를 시작하기가 쉽지 않았다. 약 1시간 정도 후 나는 나의 근심이 어느 정도 반영되겠다는 느낌으로 직원실을 나왔다. 이 상황의 경우 요리사와 원장 모두 리더십을 발휘한 것이다. 요리사는 신경 쓰지 않아도 될 상황에 용기를 가지고 나와서 나와 내 아이들에 대해 가진 유대감을 효과적으로 활용해서 충돌이 일어난 상황을 방지했다. 원장은 즉시 조치를 취할 결정을 하였고 모든 의견을 수렴할 자리를 만들었다. 두 사람 모두 부모와 직원 간 대화의 중요성을 인지한 것이다.

유아교육과 부교수, 부모

Desforges와 Abouchaar(2003)는 부모의 참여와 관련된 문헌으로부터 부모의 파트너십에의 참여 및 공헌을 유도하는 데 적합한 다양한 전략들을 포함하여 몇몇 핵심 결론을 개요를 통해 설명한다. 부모들과의 파트너십을 촉진시키기 위한 활동의 사례로는 부모들을 초청하는 경우들이 있다.

- 유아교육 철학, 목표, 정책, 표준, 기대치, 교과과정 및 프로그램에 대한 의사 결정 사항을 검토하고 결정하는 데 도움을 주기 위한 자리
- 그들 유아들 혹은 다른 유아들과 특수기술 개발 프로젝트에 참여하여 숙달된 직원과 협동으로 작업
- 부모 교육 프로그램과 같은 부모들의 필요와 관심사에 관련된 활동들을 개발하는 자리
- 음악, 운동, 이야기 및 다문화적 사고방식 등과 같은 특수 활동에 그들의 전문성을 가지고 자발적으로 참여하는 자리
- 직원 선발 과정 및 선발 기준에 도움을 주는 자리
- 예산 및 자금 조달 검토에 도움을 주는 자리

그러나 이 파트너십 접근법이 유아교육 전문가들을 어디로 이끄는가? 어떻게 전문성이 활용될 수 있는가? 파트너십이 당신이 기관의 소비자이자 제2의 고객과 상호간 책임과 의무를 가진 관계를 의미하는데 당신의 동료, 친구, 기타 전문가들, 그리고 지역사회에서의 전문적 지위는 어떻게 되는가? 부모의 참여와 영향을 극대화하기 위한 전문적 노력이 유아교육 분야 전문성의 가치와 믿음에 준하여 리더의 문화적, 그리고 발달적으로 적합한 교과과정과 실습을 시행하고자 하는 유아들을 위한 기관의 임무와 목적을 달성하기 위한 리더의 노력을 약화시킬 수 있는가?

연구 결과는 어떻게 유아들이 성장하고 학습하는지에 대한 부모의 생각이 결코 명확하거나 직설적이지는 않음을 보여 준다(Bruce & Megitt, 1999). 유아교육 교직원들과 같이 부모는 그들 집안의 전통적 경험과 그들의 유아들과 생활하고 양육해 오면서 얻은 경험으로 거대하게 형성된 유아들에 대한 그들 고유의 다른 내재적 이론은 가지고 있다. 유아교사들은 부모와 유사한 방식으로 그들의 경험에 근거하여 이론을

개발해 왔으나 일반적으로 그들의 경험은 전문적 교육을 통한 지식과 기술, 그리고 많은 수의 유아들과 다양한 기관에서의 경험에 기초한다. 유아들을 양육하는 올바른 방법에 관한 부모와 교사의 이론은 정책, 과정, 실제에 관한 각각의 다른 관점으로 이어진다. 유아교육 교직원들은 각각 다른 두 관점 간 공통된 근거를 발견하고자 그들의 전문성을 발휘해야 한다.

> 나는 유아들의 성장 과정을 관찰하는데 부모들의 도움을 필요로 한다.
>
> 보육 담당자

부모와의 파트너십을 발전해 나가는 데 발생하는 딜레마에 대한 해답은 유아교육 서비스의 계획 및 시행 관련 토의를 통한 협동적 동의에 이르는 것이다. 이러한 방식으로 교사들은 그들의 전문성을 활용하여 부모들도 고려하는 데 도움을 받을 수 있도록 함으로써 부모들의 필요성을 충족시킬 의무를 받아들인다. 또한 교직원들은 언제, 어떻게, 어디서, 유아들의 성장 및 학습이 촉진될 수 있는지에 관해 의사 결정을 하기 위한 정보의 출처로서 교육과 경험, 그리고 철학의 가치를 인지함으로써 그들 고유의 필요성을 충족시킨다. 유아교육 서비스를 제공하며 부모들과 파트너십을 효과적으로 만들어가는 리더는 부모의 권리, 정보, 이론, 기대치, 문제, 압력을 동시에 인정하면서 유아교육의 보육 및 교육에 관한 철학을 명백히 설명할 수 있는 자신감을 지니고 있다.

이와 같은 방식으로 부모와 교사들의 인지된 보완적 전문성은 상호 간 합의된 방식으로 상황의 필요성을 충족시켜 나간다. 교직원의 역할은 모든 부모들을 환영하고 (Vickers & Ashton-Jones, 2003) 존중하며 신뢰를 구축하고 유아들의 성장에 대한 또 다른 관점으로 부모와의 대화를 권장하고, 유아들의 보육과 교육에 관련된 문제들을 중재하는 데 있어서 새로운 방법을 지적해 주는 법을 배움으로써 부모들과 파트너십의 개발을 시작하는 것이다. 또한 부모들과 그들의 유아들을 위한 보육과 교육을 어떻게 공유하기를 원하는지에 대한 그들의 생각을 들어보는 것도 필요하다(Elliott, 2003). 파트너십 관계가 수립되면 파트너십과 공감대는 정기적 가정방문, 일지, 채팅, 담화, 워크숍 혹은 기타 부모의 필요와 관심사를 가장 잘 충족시켜 줄 수 있는 방식의 교류를 통하여 통합된다. 본 접근법의 성공 여부는 유아교육 교직원의 부모와의 교류, 대화, 연계를 이끌어 가는 숙련도에 의해 좌우된다.

대화의 실제는 부모와의 관계를 성공적으로 이끄는 핵심요소이다(Hughes & MacNaughton, 2002). 부모와 파트너십과 공감대를 증진시키기 위해 다음의 능력을 필요로 한다.

- 가부장적이 아닌 평등주의적 스타일로 명확하고 모호함 없이 이슈들을 설명한다.
- 개인적 판단을 피하고 선입관적 태도를 갖지 않는다.
- 부모의 관점을 이해하며 경청하고 그들의 기분을 이해한다.
- 팀으로서의 정신과 관계를 더욱 인지할 수 있게 만드는 방향으로 대화한다.
- 개인적인 감정이 조절되고 적절히 표현되는 경우 전문적으로 응답한다.
- 전문적 의견을 자신 있게 발언한다.
- 분쟁사항에 대해서 적절히 인식하고 응답한다.
- 부모들을 의사 결정 팀의 활동적이고 동등한 팀원으로서 참여시킨다.

부모와의 파트너십 형성의 장애물

부모와의 파트너십을 효과적으로 구축하기 위한 기술을 개발하기 위해서는 시간과 경험이 필요하다. 부모나 교직원 모두에게 시간의 부족함은 공감대와 파트너십에 필요한 상호 존중관계를 구축하는 데 큰 장애가 된다. 이와 같은 관점에서 기술을 개발하는 데 가용한 공식 교육이 거의 없었던 만큼 몇몇 교직원들이 이러한 추가 책임을 마지못해 하는 일로 인식하는 것은 놀라운 일이 아니다.

Katz(1995a)와 Vander Ven(1988)은 부모들과 형성된 관계, 그리고 유아교육관에서 부모의 참여 정도는 리더가 성취한 전문적 개발 단계에 의해 좌우됨을 인지한다. Vander Ven은 교직원들이 유아교육 분야에 그들의 경력을 전념하고자 하는 강한 의지를 갖고 부모들과의 협력의 필요성을 깨닫게 되는 정보를 갖춘 실행 단계(informed practice), 3단계 이후 적용된다고 한다. Katz는 교사들이 프로그램 관련 부모들의 필요와 기대치에 민감하게 응답할 수 있는 능력을 통합한 단계에 도달해서야 적용된다고 한다.

성숙 단계로의 이동과 더욱 폭넓은 관점의 소유는 부모, 가족, 그리고 유아들 간 일체감을 부추기는 요인이 된 것으로 고려된다. 직업 개발 및 전문적 성숙 초기 단계에 부모와의 관계는 권위주의적이고 가부장적이었으며 부족한 관점에서 볼 때 기관 직원보다 상당히 나이가 많은 부모들도 유아들을 보육하는데 필요한 지식과 기술을 가지고 있지 않다고 여겨졌다. 이러한 접근법은 부모들이 부모로서의 역할에 필요한 기술과 능력을 개발할 자율권을 주지 않기가 쉽다.

부모가 유아교육기관에 참여하는 데 전문적 지식이 부족한 경우 교직원들이 부모의 필요, 기대, 특성에 부합하지 않는 지원과 기회의 방식을 시행하게 되는 결과를 낳게 된다. 유아교육기관에서의 변화는 진단된 필요에 근거하여 개시되어야 한다(11장에서 토의됨). 부모의 효과적인 리더십은 부모와 자식 간 관계의 특정 단계, 부모가 필요로 하는 특정 필요사항, 그리고 부모의 사회적 문화적 특성과 부모의 교육 성취 수준에 관련된 사항들에 맞추어 시작하기 위해 부모가 필요로 하는 사항을 확인할 필요가 있다(Desforges & Abouchaar, 2003). 부모와 함께 이루어지는 활동들은 모두 객관적 평가과정을 거쳐 과정과 결과가 부모에게 모두 적합함을 확인해야 한다. 연구 결과는 일부 원치 않는 결과이지만 비의도적인 결과가 부모들을 위해 미약하게 설계되고 시행된 경험으로 인한 결과임을 나타낸다. 부모들의 특정 집단이 원하지 않는 사항에 대해서는 부모에 대한 지원, 자원 조달, 교육 혹은 파트너십을 위해 노력할 이유가 없다. 유아교육 교직원들은 부모들이 표현했거나 객관적으로 평가된 필요성을 충족시키기 위한 프로그램을 제공해야 하며 부모들과의 관계에 있어서 그들의 역할에 대한 주관적 통찰력에 의존해서는 안 된다.

유아교육 교직원들이 부모들을 유아들에게 훌륭한 보육과 교육을 제공해 주는 팀의 구성원으로서 정의하기를 원한다면 부모들이 참여하는 방식 또한 자연적으로 협동적이 될 필요가 있다. 파트너십과 같은 상호보완적 관계를 통해 기관의 직원들과 교과과정이 기관을 이용하는 유아들과 부모의 필요성과 표준에 민감하게 부합하는지 확신할 수 있다. 그러나 부모와 교직원 모두 파트너십하에서 동일한 균형의 파워를 유지할 때의 결과를 연구해 보게 됨에 따라 그들의 상대적 역할의 한계를 이해하는데 도움받을 필요가 있다. 협동적 부모와 교직원 관계가 부모, 유아교육 교직원, 그리고 그들이 제공하는 서비스의 성장과 변화를 위한 시발점이 될 수 있다. 교직원들이 교류를 갖는 모든 사람들 중에 유아교육 분야의 전문적 위상의 인지도를 평가하는데 선도적 역할을 담당할 이는 유아들의 부모이다.

공적 영역에서의 리더십

지금까지 리더십을 유아교육기관에서의 교직원과 부모 간 관계 속에서 리더십의 효율성을 프로그램으로 인한 유아들의 웰빙과 목표 달성, 그리고 성인들의 정신적, 개인적 개발로써 평가하는 미시적 맥락에서 다루어 보았으며 기관 외의 일반적인 분야에서의 리더십 활동에 대한 언급은 거의 없었다. 그러나 이와 같은 측면에서의 리더십은 지역적, 국가적 단계에서의 리더십을 개발하고 활용할 필요가 증가함에 따라 간과할 수 없다. 다른 분야에서 리더십은 일반적으로 조직의 유지에 대한 통합 측면으로 정의되고 조직 내에서와 조직이 활동하는 외부환경 내적 측면에서 평가가 된다. 유아교육 교직원들이 그들의 고려사항을 유아들의 직접적 보육 이상의 측면으로 확장시키도록 권고된다면 그들은 그들의 대화술을 활용하여 유아교육 분야에서 유아들과 부모들의 권리를 보다 폭넓은 맥락에서 옹호할 수 있는 입장이 된다. 유아교육 서비스가 시행되는 보다 폭넓은 외부 환경과 관련된 리더십 활동은 다음과 같이 설명된다.

일반적 용어로 보다 폭넓은 문맥상의 리더십 활동은 '옹호'로 정의된다. 옹호는 유아교육 분야에서 사회에 유아교육 분야의 인지도를 높이는 교직원들의 책임과 관련된다. 옹호가 유아교육 분야 리더들에게 필요한 핵심 기능 가운데 하나로 인지되는 반면(Ebbeck & Waniganayake, 2003) 해당 분야의 일부 구성원들은 이를 명확히 혹은 널리 이해하지 못한다. '옹호'라는 단어는 아직 정치적 요소로서의 그들의 역할을 이해하지 못하고 많은 유아교육 분야 교직원들에게 정치와 항의라는 단어를 떠오르게 하는 경향이 있다.

정치적으로 깨어 있다는 것은 단순히 공공, 민간, 자원 부문의 정책이 어떻게 유아들과 가족, 그리고 유아교육 분야에 영향을 주는지에 대해 이해하는 것을 의미한다. 유아교육 분야의 리더들은 지역의 정책과 기타 문제, 그리고 누가 참여하고 있으며 어떻게 정치적 구도가 지역 단계에서 전개되는지에 지속적 관심을 기울이고 지역사회 내에서 각계 기관 혹은 분야를 옹호하기 위한 핵심 인물들과의 네트워크를 유지한다(Moyles & Yates, 2004).

> 예전에 나는 삭감된 재정 지원에 대해 불만이 있어 지역 회원에게 서한을 작성했다. 회신을 받긴 했으나 나의 서한이 그다지 영향을 준 것 같진 않다고 생각한다. 단지 우리의 기관만이 아닌 더 많은 이들이 나서서 자신들의 의견을 표명했어야 했다.
>
> 어린이집 선임교사

이와 같은 이해에 대해 열성적인 조치를 가지고 대응함은 정치적 측면에서의 리더십 발휘를 보여 주기 위한 첫 단계이다. 지속적 폐지 위협을 받고, 재정 지원이 제한되거나 철회된 유아교육 서비스는 폭넓은 청중 층에 핵심 이슈를 가져다줄 리더십 혹은 옹호활동에 가담할 해당 분야의 몇몇 회원들의 능력에 그 생존 여부가 달려 있는 것으로 보인다. 때때로 이는 공손하고 창조적으로 명확히 이슈 및 관심사, 그리고 주장을 내세우는 접근법상 기술적으로 창조력이 요구된다(Ebbeck & Waniganayake, 2003).

유아교육 리더들은 정부의 정책과 수정사항이 유아교육기관과 분야에 영향을 주는 만큼 지속적으로 관심을 기울여야 할 필요성을 알고 유아들과 유아교육 분야의 인지도를 높이고 이를 정치적 안건 가운데 가시화시키고 드높이기 위해 관련 정치인들과 네트워크를 유지해야 할 필요성을 잘 알고 있다(Moyles & Yates, 2004).

> 문서 전쟁의 상황이 되었다. 정부의 수정 정책을 지속적으로 알고 활용하기 위해 읽어야 할 문서가 너무나 많아 가끔 정보의 과부하에 부담을 느끼지만 내가 일하는 분야의 유아들과 가족들을 위한 책임 가운데 하나가 정보를 지속적으로 알고 활용해 나가는 것임을 알고 어떻게든 시간을 할애해 다 읽어 보도록 한다.
>
> 유아영재기관 선임교사

최근 몇 년간 유아교육 분야에서 받아 온 정치적 관심을 통해 리더들이 그들의 목소리를 높이고 그들의 전문성과 통찰력을 공공분야의 핵심인물들과 공유하는 데 자신감을 갖는 것이 유아교육 분야의 발전에 필수적임을 알 수 있다.

더 많은 정치인들이 연례회에 초대되어 발언을 해야 한다고 생각한다. 그들은 그들의 정책을 우리에게 설명하고 우리는 그들의 정책에 대해 질문을 하고 우리의 견해를 표현함으로써 그들에게 책임을 지울 수 있어야 한다.

유아교사

유아교육 교직원들이 옹호가 단순히 전문적 리더십에 대한 지식과 기술로 유아들, 가족, 그리고 유아교육 분야에 혜택을 가져다주는 속기적 수단임을 이해하게 되면 그들은 유아들, 가족, 그리고 유아교육 분야의 전문화의 위상을 드높이는 데 필요한 광범위한 활동들에 관여하기 시작한다. 이는 변화를 만들어 가는 데 장애가 되는 요소들을 극복하기 위한 고차원의 자신감과 자기주장 능력을 필요로 하는 길고도 짧은 변화의 과정으로 이해되어야 한다. 이와 같은 차원에서의 리더십과 관련된 활동들로는 전문 기관에의 참여, 연구 및 글쓰기, 타 전문가들과의 네트워크 구축, 그리고 정치적 참여 및 미디어의 활용이 있다. 이러한 활동들은 시간, 노력, 그리고 의사 결정을 하고 정책을 변화시킬 파워가 있는 무대에서 영향을 행사하기 위한 특별한 지식과 기술을 필요로 한다. 옹호가 유아교육 분야의 모든 회원의 책임인 반면 리더들은 현재 유아교육 분야에서의 요구 사항과 관련하여 더욱 광범위한 관점을 가지고 있는 만큼 그들에게는 특히 특별한 책임이 부여된다.

다른 관련 전문 기관들과의 협력은 유아교육 서비스의 복잡한 문제를 해결하기 위한 일환으로 권고되어 왔다(Edgington, 2000). 유아들과 가족들을 옹호하는 타 기관으로부터의 구성원들을 결부함은 한 집단만으로는 해결이 어려운 문제의 체계적 해결에 도움이 될 것이다. 그 예로서 돌봄, 교육, 건강 및 사회서비스, 공공, 민간, 자선 어린이집으로부터 유아들을 위한 서비스에 대한 유사한 관심사를 공유하는 구성원들을 불러 모으는 것은 논리에 맞고, 바람직하며 시간대비 효율성이 높다. 협동적 활동은 참여자들이 상호 간 목표, 공통된 개념적 토대, 동의된 목적, 그리고 프로젝트의 결과를 모두 공유할 때 이루어진다. 효과적인 협동을 위해서 책임은 위임이 되고 통제력은 공유되어야 한다.

타 전문가 집단과의 협동은 유아 보육 및 교육 관련 이슈를 다루는 측면에서 결과이기보다는 수단으로서의 측면이 크다. 연합된 협동적 다수 전문 집단은 더욱 무게를 가지고 그들의 의견을 발언할 수 있으며 한 단체로서 보다 더욱 많은 존중을 의사 결정자들에게 요청할 수 있다. 이는 다양한 배경 지식을 가지고 유아교육 분야에 종사하는 개개인들의 지식, 전문성, 그리고 관점을 활용하고 그들이 의사 결정 및 기획 문제에 책임감을 가지고 공헌할 수 있도록 격려하는 데 효과적인 방법이다.

전문 기관에의 참여

리더들에게 있어서 유아교육 서비스에 관계된 기관에 가입하는 것뿐만 아니라 적극적으로 활동하는 것 또한 중요하다. Australian Early Childhood Association(호주 유아교육 협회), the British Association of Early Childhood Education(영국 유아교육 협회), the Association for Childhood Education International(국제 유아교육 협회), the National Association for the Education of Young Children(전미 유아교육 협회)과 같은 전문 기관들이 제공하는 저서, 세미나, 학술대회를 통해 전문적 개발을 지속할 수 있는 기회가 제공된다. 이러한 기회들은 유아교육 교직원들이 가지고 있는 문제 혹은 이슈를 확인하고 토의하며 그에 대한 답을 구할 수 있는 기회가 된다. 전문 기관들은 종종 교직원들의 집단이 그들의 관심사로 더욱 폭넓은 유아교육 분야, 부모, 연합, 정치인, 사업 및 미디어의 주의를 이끌 수 있는 수단이 된다. 그러나 전문 기관들은 멤버십의 효과성을 위한 노력에만 전적으로 의존한다. 조직에 의해 견해가 드러나는 회원이 많은 기관일수록 그들의 활동이 미치는 영향은 더욱 효과적이고 크다.

전문 학회 및 연합과 마찬가지로 유아교육 회원들이 변화를 일으키고자 영향을 행사할 수 있는 곳으로는 자문 기관 및 위원회, 그리고 지역, 주, 국가적 단계에서의 특별 조사 위원회가 있다. 이와 같은 기관은 의사 결정 및 변경에 직접적으로 영향력을 행사하며 그 회원이 됨으로써 유아교육 분야의 전망을 드러낼 수 있다.

Early Years Development and Childcare Partnership(유아발달 및 보육 협력체)에 참여하는 것이 내 전문적 책임의 일부라고 생각한다. 또한 나는 특정 이슈를 다루고자 개설된 특별 조사 위원회 및 기타 하위 위원회에 참여하느라 많은 시간을 할애한다. 그러나 나는 유아교육 분야에서 벌어지는 일에 대해 많이 배우게 되므로 해당 분야에서 발생하는 변화에 더욱 잘 대처할 수 있다.

유아학교 선임교사

게다가 전문 기관의 멤버십은 동료들과 전문적 교류를 나눌 기회를 확대시켜 준다. 이는 대부분의 유아교육 교직원들의 업무가 고립되었다는 점에서 중요한 기능을 해 준다. 리더십을 발휘할 입장에 있는 이들은 종종 그들이 직원들로부터 권위를 유지하기 위해 거리를 두어야 하기 때문에 그들의 기관을 지원하기에 다른 이들보다 어려움이 많음을 호소한다. 게다가 리더들보다 편협한 관점을 가진 팀 회원들은 리더들을 공감하지 못한다. 리더의 입장을 이해할 수 있는 동료들과 교류하여 초기 단계에는 가능하지 않으나 전문조직에 가입함으로써 가능하고 지원 네트워크를 개시하고 구축하는 방법인 정서적 지원을 제공한다.

연구와 글쓰기

의사 결정 및 수정하는 데 정보의 출처로써 연구의 역할 및 장점은 11장에서 토의해 보았다. 그러나 연구는 변화를 위한 논쟁 시 중요한 사실과 정보를 수집하는 수단으로 인지됨으로 일반적인 분야에서의 리더십에 중요하다. 연구 결과의 활용은 이슈에 대한 자료와 신뢰성을 제공해 주고 의사 결정자들이 핵심 사안에 초점을 맞추고 다른 대안을 고려해 보는데 도움을 준다. 위에서 확인된 전문 기관들은 일반적으로 연구에 관심이 많으며 연구를 지원하고 관련 연구 결과를 제공해 줄 수 있다. 그러나 11장에서 언급한대로 타인의 연구를 참고하는 것만으로는 충분치 않다. 리더십은 현재 유아교육 분야의 요구와 현안에 대한 유아교육 교직원의 자세한 지식으로부터 시작된 연구를 시행할 책임을 필요로 한다.

> Reggio Emila 유치원 방문 후, 우리는 유아들을 위해 점심시간을 다른 방식으로 변경 시 미치는 영향에 대해 조사해 볼 생각이 생겼고 우리 팀은 Education Action Zone에서 기금을 조달받을 기회가 있었다. 우리는 연구를 어떻게 진행할지 계획하고 진행한 후 보고서를 작성했다. 변화에 대한 체계적 조사 및 보고서 작성은 우리의 이해를 명확하게 해 주는 데 많은 도움이 되었다.
>
> 유아교사

다음 단계는 연구 결과, 아이디어와 관심사를 의도된 청중에 전달하고 이해시키는 방식으로 퍼뜨리는 것이다. 리더들이 그들의 현재 관심사를 기관 회보에 작성하는 것만큼 간단한 일로 부모들에게 관심사를 알리고 지원하도록 하는 그들의 관심을 다시금 끌어낼 수 있다. 많은 조직들과 지역 관계 당국은 교직원들이 최우수 사례를 공유하고 토의 그룹에 참여할 수 있는 웹 사이트들을 구축해 놓았다. 정치인, 정부 각료, 그리고 신문 및 잡지 편집자들에게 서신을 보내는 방법 또한 유아들, 가족, 그리고 유아교육 분야를 위해 리더십을 발휘하는 방법이다. 전문 저널에 발간되기 위해서는 많은 노력과 심층 깊은 연구를 통해 습득한 기술을 필요로 할 수 있으나 이는 많은 유아교육 분야 교직원들이 해낼 수 있는 작업이다. 글쓰기의 참 목적은 비평적 사안에 대한 정보에 근거한 의견을 명확히 이해할 수 있도록 정확히 표현하는 것이다.

글쓰기 활동이 근무 시간 중 또는 외에 가능한 반면 발언(견해를 나누는 대안)은 특정 시간에 일반적으로 현장에서 떨어진 곳에서 이루어진다. 이는 근무 시간 중 유아들과 직원들의 비율을 엄격히 유지하고자 하는 유아교육 교직원들이나 개인의 시간에 추가 업무하기를 부담스러워하는 이들에게는 특히 어렵다. 그러나 발언 활동은 필수적으로 진행되어야 한다.

서너 살의 유아들을 위해 수리적 사고에 관한 접근법에 관해 발표를 하기 위해 학기 중 몇 번 늦은 오후에 만나곤 하는 네트워크에 초대된 적이 있었다. 처음에는 다른 이들이 나보다 더 많이 알고 있다고 생각해서 발표하기 싫었으나 내 조언자는 나를 격려하며 조언을 해 주었다. 15명이 참여한 가운데 발표는 잘 진행되었으며 그들은 많은 질문을 했고 나는 모두 답변을 해 주었다. 겁이 났었지만 정말로 가치 있는 경험이었으며 이제는 발표에 자신감이 더욱 생겼다.

유아교사

부모, 직원, 동료, 이웃, 사회구성원, 친구들에게 비공식적으로 견해를 표현할 수 있는 기회가 종종 생기며 고용주와 함께 회의, 세미나, 학술대회를 통해 공식적으로 견해를 표현할 기회가 생긴다. 공식 혹은 비공식적 발언은 타인들에게 이슈를 알리고 지원을 구축할 수 있는 또 다른 방법으로써 유아교육 교직원들(특히 리더십의 책임을 가진 교직원들)이 간과해서는 안 된다.

리더십의 실천에 대한 반성

유치원이 문을 닫도록 위협받고 있을 때 원장은 유치원과 유치원에서의 활동이 가치가 있음을 기금을 지원해 주는 이들에게 확신시켜 줄 필요가 있었다. 기관과 기관의 활동들에 대한 서면 보고서에 관한 질문에 긍정적으로 답변하고 준비하는 것은 원장의 책임이었다.

유아학교 원장

다른 분야의 전문가와의 네트워킹

유아교육 분야 지지자로 활동하는 리더들은 부모, 일반인, 정치인, 행정가 등의 지원을 받아 그들의 목적을 달성해야 한다. 그러나 리더들이 유아교육 분야에 관심을 가진 전문 집단의 구성원들과 협력을 하게 되면 목표 달성을 보다 효율적으로 할 수 있다. 단일 전문 집단보다는 다양한 전문 집단에 의해 지원을 받을 때 변화를 더욱 효과적으로 이끌어 낼 수 있다. 관련 전문 분야의 동료들과 네트워크를 형성함으로써 논의의 핵심을 강화시킬 수 있는 다양한 지식과 기술을 접할 수 있다. 또한 정신적 지원, 격려, 피드백이 유아교육 외적인 분야의 동료로부터 제공될 수 있으며, 이는 이슈를 해결하는 데 필수적인 결의와 책임을 강화하는 데 도움이 된다.

공동 관심사와 목표를 가진 개개인들이 정기적으로 정보를 공유하고 활동을 계획하기 위해 모였을 때 네트워크는 비공식적이 될 수 있다. 또한 네트워크는 위원회 혹은 특별 조사 위원회가 전문 기관, 협회 혹은 단체로부터 공식 대표제를 가지고 형성되었을 때 공식적 네트워크가 될 수 있다. 네트워크 체계를 형성하고 참여할 시 고립을 해소하고 타인의 관심사와 활동에 대한 이해를 증진시키고 대화 소통에 장애 요소를 줄이고 오해를 없앨 수 있는 장점이 있다. 성공적으로 네트워크를 형성하는 데는 시간이 걸린다. 교직원들은 타인들과 협력을 구축하기 위해 대화와 상호관계에 필요한 기술을 습득해야 한다.

The Foundation Stage Learning and Development Network는 Cornwall주의 건설적이고 교육적인 환경에서 다른 부문에 종사하는 전문가들을 함께 불러 모았다. 유치원 교사들과 어린이집 교사는 그들이 유사한 관심사를 공유하였음을 인지하였고 모두 다 같은 처지에 있는 사람들이라는 느낌을 받았으며 이후 서로 간 더욱 이해를 잘하게 되었다.

유아교육팀 리더

리더십의 실천에 대한 반성

일반적으로 리더의 정의된 직책이 있지만 그 외에도 리더십의 요소가 있으며 리더의 지원하에 그 리더십은 효과적인 협동을 가능하게 하며 다른 전문가들과 서비스를 연계할 수 있음을 인지하는 것은 중요하다. 다른 전문가들 간 협동을 하고 네트워크를 구축함으로써 서비스의 품질을 개선하고 리더십 역량을 개발할 수 있다.

유아영재센터 원장

네트워킹의 강점은 활동에 영향력을 더하기 위해 동료들과 지지자들이 모일 수 있는 신뢰의 관계를 개발하는 데 있다. 타 분야의 동료들과 굳건한 네트워크를 형성하는 유아교육 교직원들은 지역사회에서 유아교육 분야의 위치를 드높이는 데 지원하도록 타 교직원들을 격려할 수 있다. 네트워크의 형성은 지역사회가 유아교육 분야의 비전, 임무, 목적, 관심사를 더 잘 이해하고 지원하도록 하기 위한 또 다른 방법이다.

정치적 참여 및 미디어의 활용

대부분의 유아교육 교직원들이 정치와 유아의 관계를 파악하고 있다는 것은 고무적인 일이다. 불행히도 유아교육 서비스와 정치 간 관계를 오래도록 제대로 인식해오지 못한 이유로는 오늘날 유아교육 분야의 전문화 과정이 느리고 지연되었기 때문이다. 교직원들이 점차 유아들과 가족의 옹호자로서 활동을 하는 동안 정치력의 역할에 대한 편협한 개념화와 정치에 관여하기를 꺼리는 일반적 경향은 그들의 성취도가 그들의 잠재력에 못 미치고 있음을 의미했다. 정치에 관여하지 않고 나아가고자 하는 그들의 경향은 유아교육 분야의 위상을 낮아지게 만들었다. 그러나 변해 가는 대부분의 유아교육 분야에서의 구직 기회를 충족시키기 위해서는 오늘날 교직원들이 정치적으로 깨어나 유아들과 가족의 삶에 변화를 가져다주어야 한다.

정치적으로 무관심했던 태도에서 벗어나 정치적으로 의식하고 활동할 때 유아교육 분야에 많은 혜택을 가져다주기가 쉽다. 우선적으로 정부에 유아들과 가족의 필요사항을 알릴 수 있다. 둘째, 유아들과 가족의 복지를 촉진시키는 데 있어서 유아교육 교직원들의 중요한 역할을 설명해 준다. 셋째, 사회에서 유아들과 가족을 지원할 책임을 가진 이들의 중요한 관심사로써의 이슈를 전달한다. 그러나 전문적 경력 개발의 4단계인 복합적 단계, 5단계인 영향력 단계에 도달하지 못한 유아교육 교직원들이 정치적으로 활동하고 영향을 행사하는 데 필요한 충분한 독자적 지식을 구축하고자 대비해 둔 경우는 흔치 않다.

정치적으로 영향을 행사하려면 민주적인 정부와 입법부의 과정을 이해해야 한다. 누가 지역 혹은 국가의 대표자인지, 그리고 유아교육의 관심사에 대한 그들의 방침은 무엇인지, 그들의 응대자는 누구인지를 알아야 하고, 유아교육 서비스에 대한 책임을 담당하는 정부 부처의 공무원을 확인해야 하며, 해당 정부 공무원에게 개인적으로 혹은 서면 상으로 의견을 표출함으로써 로비 활동을 할 준비를 해야 한다. 로비 활동은 조치를 취하도록 자극하기 위한 수단으로써 목소리를 높여 발언하고 의견을 전하는 행위이다.

> 우리는 우리의 구성원들에게 그들의 지역 회원들에게 제공한 표준 서신을 전달할 것을 요청함으로써 지역 정치인들이 유아교육 분야의 이슈에 관심을 갖도록 했다. 우리는 몇몇 정치인들에게 새로운 빌딩을 오픈하거나 연례 회의에 참석하여 발언할 것을 요청했다. 우리는 그들을 초청하여 선정된 기관을 순회하고 부모들과 대화를 하도록 했다. 이와 같이 우리가 정치인들과 가까운 관계를 유지할 때 그들은 더욱 우리 관심사의 진가를 알아보는 듯하다.
>
> 유아교사와 단체 대표

로비 활동은 공무원 혹은 기타 관련된 사람들에게 유아교육 교직원들이 매일 맞부딪치는 이슈들에 관해 알리는 과정으로써 올바른 정보를 적시에 담당자에게 전달해야 한다. 정치인과 공무원들이 이슈에 관해 무지한 경우 어떠한 조치도 취하지 않기가 쉽다. 목소리를 크게 높이고 훌륭히 조직된 캠페인을 벌이는 많은 조직들이 있으며 이들은 정부의 정책 수립 및 의사 결정 담당자들의 주의를 이끌어 낼 것이다.

그들이 내용의 일부만을 전달받거나 내용을 오해하는 경우 그들이 어떠한 의사 결정도 내리리라 기대할 수 없으며, 이는 유아교육의 주제에 대해 더욱 정확한 통보를 받은 이들에 의해 당연하게 받아들여진다.

공무원들과 의미 있는 교류를 나누고자 하는 노력은 반드시 지속되어야 한다. 쉽사리 얼렁뚱땅 넘어가는 이들은 노력의 진전이 거의 없을 것이다. 유아교육 교직원들이 오랫동안 그들의 공헌과 관심사를 발언하지 않았음은 미약한 영향력(혹은 영향력의 부재)을 의미하는 것이며, 이는 곧 유아들, 가족, 유아교육기관 직원들을 위한 공무원들의 조치에 영향을 미치고자 하는 노력의 시발점이 된다. 유아교육 교직원들은 정치적으로 영향력을 행사하려면 아직 갈 길이 많이 남아 있으며, 공무원들의 지원을 받기 위한 최상의 방법은 그들을 유아교육기관으로 초청하고 그들과 개인적 관계를 유지해 가는 것이다. 이러한 방법으로 교직원들은 유아교육 이슈에 대해서 지역사회의 교직원로서 인지되고 그들의 의견이 정부의 결정에 더욱 영향력을 미치게 될 것이다.

정치적으로 영향력을 행사함은 유아들, 가족, 유아교육 분야의 현안에 대한 의사결정 과정에 참여함을 의미한다. 이는 정치적 차원에서 유아교육 현안을 인지하고 이 현안들이 지역사회 내에서 더 많은 관심을 받고 우선순위로 인지될 수 있도록 하는 방식으로 활동함을 의미한다.

미디어는 대단한 파워를 가진 도구로써 공공의 의견을 사회에서 공유하는 데 활용될 수 있다. 대부분의 사람들, 여성들의 경우 유아들과 가족에 관련된 지역사회 뉴스에 관심을 갖는다. 많은 미디어 기자들은 유아교육 교직원들의 관심사에 관한 이슈가 사람들의 주의를 끄는 이슈인만큼 관심을 가지고 있다. 그러나 미디어는 유아교육 교직원들이 정보와 의견을 대중에 전달하는 수단으로 사용하기에는 활용도가 낮다. 정보의 제공 외에도 유아교육 교직원들은 유아들의 서비스를 위해 중요한 현안을 지적할 수 있다.

> 나는 시사 프로그램에 출연하여 조기 학습에서 놀이의 가치에 대해 토의하고자 초청된 적이 있었다. 그 프로그램을 촬영하며 인터뷰를 하는데 하루가 걸렸다. 프로그램이 방영되었을 때 내가 발언한 많은 관련 사항들이 삭제되었고 주로 진부한 성역할 놀이만 약 3분간 다루었다. 그럼에도 불구하고 놀이에 관해 짧게 발언할 기회를 통해서도 대중에게 그 중요성을 이해시킬 수 있다고 생각한다.
>
> 유아학교 원장

특정 이슈에 초점을 맞춘 작은 기사를 지역 신문 혹은 텔레비전이나 라디오 인터뷰에 내보내기 위해 편집자에게 선정한 포맷에 상관없이 서한을 보내면서 유아교육 교직원들은 그들의 이슈를 대중들에게 알리고 지역사회에서의 인지도를 구축해 나가기 위해 미디어를 사용하는 데 초점을 맞추어야 한다.

요약

유아교사들은 그들의 리더십 역할의 일부를 지역사회에 접근하는 것으로 정의한다면 유아들, 가족, 유아교육 분야의 위상을 높일 수 있다. 지역, 국가, 국제사회에서 교류하는 방식은 부모 및 타 교직원들과 협력하는 데서부터 교류를 할 수 있는 가능한 모든 채널의 활용에 이르기까지 다양한 형태일 수 있다. 지역사회에서 교직원들의 지속적인 노력은 결과적으로 유아들과 가족에 혜택을 주고 유아교육 분야를 더욱 전문성이 발달된 분야로 이끌어 갈 유아교육 서비스의 주요 역할과 중요성에 대해 인지도와 이해를 높이는 데 도움을 줄 것이다.

Chapter 13

리더십의 윤리

유아교육 교직원들의 일상 업무에는 강력한 윤리적 측면이 작용한다. 우리는 때때로 우리의 가치와는 상충되는 결정들을 신속히 내려야 한다. 가끔 한 아이의 필요를 충족시킴으로 인해 다른 유아들의 필요를 침해하게 되어 유아들, 부모, 직원들에게 불만족스러운 결과를 낳게 되는 경우도 발생한다. 가끔 딱히 정답이 없는 경우도 있어 쉬운 일은 아니다. -유아교사

본 장의 탐구점

- 유아들의 권리를 증진시키고 보호하는 일의 중요성
- 옹호 및 유아들의 옹호자가 되기
- 높은 수준의 경제적으로 실현 가능한 서비스를 제공하는 일의 중요성
- 유아교육 분야의 윤리 규정에 의거한 유아교육기관의 관리
- 윤리적 딜레마를 해결하기 위한 지침으로써 유아교육 분야의 윤리 규정 활용

변화하는 리더십의 세계는 유아 보육 및 교육 분야를 포함하여 많은 분야의 교직원들로부터 리더십에 대한 새로운 지각을 채택하고 이와 같은 현상을 이해하도록 강요되어 왔다. 리더십, 질, 조직의 효과성 간 관계는 이 책의 전반에 걸쳐 훌륭히 기록되어 있다. 유아들 및 가족과 함께 업무를 하는 이들에게 리더십은 보육, 교육, 그리고 최근에 들어선 윤리적 측면을 소유하는 것으로 인지되어 왔다. 이 책의 이전 장들에서는 리더십의 보육 및 교육적 측면에 대해서 알아보았다. 본 장에서는 이전 장에 다루었던 유아교육 분야에서의 의사 결정을 지도하는 데 사용되는 윤리적 규범의 역할 이상을 넘어서 리더십의 윤리적 측면에 대해서 알아본다. 이제는 리더십의 이와 같은 세 가지 측면 간 상호연관성을 인지하는 것이 중요하다. 유아들과 가족의 삶과 복지에 긴밀히 관여하고 영향을 주는 유능한 리더들은 그들이 누구이고 어떻게 행동

하고 그들의 결정이 사람들의 삶에 어떠한 영향을 주는지 이해할 필요가 있다. Newman(2000)은 유아교육기관에서 리더십 역할의 모든 측면의 기반은 윤리적 행동을 필요로 하고 팀원들 또한 윤리적으로 행동하도록 이끌 것을 필요하다고 한다. 유아교육 분야의 지속적인 전문화는 유아교육 교직원들이 정치적으로 깨어 있고 유아들과 가족의 옹호자로서 활동해야 된다는 사실을 인지하고 받아들이는 데 그 성패가 좌우된다(Moss, 2001).

리더십의 윤리적 측면을 설명하고자 Sergiovanni(1999)는 윤리에 근거한 리더십의 스타일을 설명하고 리더를 관리, 정치, 윤리에 주의를 기울여야 할 장관에 비유한다. 리더의 역할은 다양한 사람들을 한데 모으고 조직의 윤리 정신에 의해 지지되는 가치, 믿음, 비전, 그리고 미덕을 수용하고 채택하도록 영향력을 행사하는 것으로 간주된다. 오늘날 대부분의 유아교육 교직원들은 그들의 리더십에 대한 정의에 윤리적 측면이 포함됨을 인정한다. 실제로 많은 교직원들에게 리더십은 무엇이 옳고 그른지, 그리고 개인과 집단의 최상의 이익을 위한 개인적, 전문적 가치와 원칙에 의해 지도되는 윤리적 행위로서 이해될 수 있다.

유아교육 교직원들은 함께 일하는 유아들과 부모들의 잠재력을 향상시키고 복지를 보장해 주며, 평생교육의 토대를 만들어주고 지역사회에 부합하는 높은 수준의 서비스를 제공하기 위한 사회적 책임을 지니고 있다고 간주된다. 그들에게는 유아들, 가족, 유아교육 분야의 옹호자로서 활동할 윤리적 책임이 부여된다. 구체적으로 그들은 취약하고 힘없는 개인 및 집단의 목소리를 대신해 활동하도록 조직되었고 기술을 갖추고 있어야 한다.

전미 유아교육 협회(NAEYC)는 공공 부문에서 핵심 역할을 담당하는 리더들의 역할을 유아들의 옹호자라는 개념을 사용하여 기술한다(Ebbeck & Waniganayake, 2003). 전미 유아교육 협회(1996)에 의하면 모든 유아교육 교직원들이 다음의 사항을 이행함으로써 유아들 삶의 질에 변화를 가져다줄 수 있다고 한다.

- 어떠한 기회가 주어지든지 유아들을 위해 발언한다(예: 동료, 가족 구성원, 친구, 일반인 및 정치인과 함께하는 경우).
- 가족 구성원 이상으로서 아이의 삶을 개선시킬 수 있는 일을 한다(예: 학교 외의 환

경에서 지원을 자청하거나 유아들이 필요시 동물원, 정원, 농장, 박물관으로 견학을 데리고 가는 일).

- 공무원들에게 유아들의 웰빙과 학습을 국가적 책임으로 간주하게 한다(예: 공무원들이 어떻게 유아들, 가족, 유아교육 및 아동 보육에 영향을 주는 이슈들에 대처하는지 조사하고, 유아교육 분야의 핵심 이슈에 대해 우선순위를 부여하는 이들을 지원하며, 현 상황이 유아들의 웰빙을 위한 상황이 되도록 노력하는 일).
- 유아들의 서비스를 지원하고, 필요한 장비를 구매하며 유아들과 가족을 초대할 수 있는 공공장소를 만드는 데 도움을 주거나 이웃에 감독 집단을 조직하는 등의 조치를 취하여 속한 조직이 유아들과 가족을 위해 도움을 줄 수 있도록 격려한다.
- 다른 사람들이 유아들의 옹호자가 되어 유아들의 삶의 질 관련 그들의 의견을 발언하고 교육 및 보육 활동에 참여하며 교육 및 보육 환경에 관여할 시간을 직원에게 부여하도록 권한다.

유아교육 분야에서 효과적인 리더십의 윤리적 측면과 관련하여 다음의 4가지 주요 분야가 고려되어야 한다.

- 유아들의 권리를 증대시키고 보호한다.
- 유아들의 권리를 침해하지 않는 수준 높고 경제적으로 가능한 서비스를 준비한다.
- 유아교육 분야의 윤리적 원칙에 준하여 기관을 관리한다.
- 윤리적 딜레마를 해결하기 위한 유아교육 윤리 규정을 활용한다.

상기 분야를 이해하고 반성하며 그로 인해 의사 결정이 이루어질 때 유아교육 분야의 윤리적 원칙에 부합하는 리더십이 생겨날 수 있다. 이러한 분야들은 '어떻게 사람들이 행동하고 서로를 대하며 상호 간 어떠한 의무 사항이 있는지' 와 연관되어 있는 만큼 윤리적 범위의 일부로서 간주된다(Mulligan, 1996). 이러한 분야들이 리더십의 윤리에 관련하여 유아교육 교직원들에게 의미하는 바는 다음의 문단에서 다루어진다.

유아의 권리 보호와 증진

성인들—특히 유아교육기관의 리더들—에게 제일 중요한 책임 가운데 한 가지는 현대 사회에서 일반적으로 의존적이고 취약하고 힘없다고 간주되는 어린 유아들의 권리를 증대시키고 보호하는 방향으로 의사 결정을 내리고 행동하는 것이다. Rayner(1995)는 유아들의 권리는 '의존할 권리 이상의… 인간의 삶의 질에 관련된 윤리적 사항' 이라고 주장한다. 유아들의 권리에 관한 토의는 많은 국가가 최소한 암묵적으로 유아들의 권리 존중에 대한 중요성을 인지하면서 최근 들어 눈에 띄게 증가되어 왔다(Lansdown & Lancaster, 2001). 책임 소재와 유아들의 권리가 어느 선까지 증대되고 보호해야 되는지에 대한 논란이 있기 쉽지만 부모들과 일반 지역사회의 구성원들은 원칙적으로 유아들이 살아가고 성장할 보편적 권리를 가지고 있음에 동의한다. '성장' 이란 용어는 본래의 평등의 원칙하에 신체적 성장뿐만 아니라 '정신적, 감정적, 인지적, 사회적, 문화적 성장' 또한 포함한다(Franklin & Hammarberg, 1995). 그러나 유아들의 권리에 대한 이해가 어느 정도 진전되었음에도 불구하고 일반적으로 실제로 행동으로 실천되지 않으며 유아들의 성장 후의 성공에 대해서는 그 중요성이 간과된다.

보호자, 옹호자, 조력자로서 활동하는 데 있어서 유아교육 교직원들의 도덕적 혹은 윤리적 책임은 교직원들이 개개인에 대한 세부 지식을 가지고 유아들과의 많은 경험을 쌓은 만큼 유아들과 부모들이 정말로 필요로 하는 사항을 알 수 있는 최상의 위치에 있기에 우선순위가 된다. 어린 유아들이 취약한 만큼 그들은 그들의 권리를 행사할 수 있도록 특별한 지원을 필요로 한다. 따라서 유아들과 함께 일하는 성인들은 유아들의 권리와 최대 관심사를 인지하고 이에 민감하게 반응하고 존중해야 하며 이를 실천하는 역할을 담당해야 한다(Lansdown & Lancaster, 2001).

유아들의 권리에 대한 개념의 인식이 많이 수용되어 왔음에도 그 권리가 무엇인지 구체적 정의에 대한 많은 논쟁이 있어 왔다. 유아교육 서비스 관련 규정이 최근 우선순위로 오르고 많은 정부의 안건에 올랐으나 유아교육 분야에서의 사상의 충돌, 취약한 방향 설정, 정치에 대한 무지는 유아교육 교직원들이 유아들의 권리를 증대시키고 보호하는 데 옹호자로서 효과적으로 행동하기 위한 충분한 힘 혹은 신뢰를 가지고 있지 않음을 의미한다. 1990년대 여러 국가—호주, 뉴질랜드, 캐나다, 미국—의 유아교육 교직원들은 유아들의 권리가 확인되었고 증진되었음을 확인하기 위한 수단으로써 윤리 규정 및 실행의 표준을 개발해야 하는 중요성을 인지하였다. 윤리 규정 및 실행의 표준은 유아교육 교직원들이 의사 결정을 내리고 유아들과의 상호교류를 나누는 데 참고할 목표와 가치를 명확히 제시해 주었다. 그러나 그와 같은 규정은 옹호하고 격려하는 데 영향을 미치기에는 한계가 있는 것으로 드러났다. 국제 유아교육 협회(ACEI)는 규정을 더욱 적합하게 만들기 위한 노력으로써 전미 유아교육 협회(NAEYC) 규정의 소유권과 포괄성을 논하고 있다(Freeman, 2004). 그러나 Woodrow(2001)는 체계화는 윤리적 경각심을 일으키는 하나의 접근법에 불과하다고 권고하며 더욱 최근 개발된 응용윤리학의 신생 분야와 여성윤리학이 유아교육 분야의 윤리적 사고와 대화를 격려하는 데 도움이 되는 자료들을 증대시켰다고 이야기한다.

대략 200개의 국가로부터 비준되어 온 UN 아동권리협약(United Nations Convention on the Rights of the Child)은 유아들을 위해 일을 하는 사람들의 권리를 증대시키기 위한 동력의 역할을 한다. 유아교육 교직원들은 그 취지를 확인하고 그것에 맞는 정책과 관습을 개발하고 시행할 의무를 가진다. 유아교육 교직원들은 계속해서 목적, 의미, 실행, 관계에 관련하여 윤리적 선택을 하게 된다(Moss, 2001). 따라서 '모든 교사들은 그들이 유아들의 권리를 위해 노력할 책임이 있으며, 그들의 권리를 증진시키고 지지하는 데 날마다 많은 공헌을 할 수 있음을 인지해야 한다' (Nutbrown, 1996).

질적, 경제적으로 실현 가능한 서비스 제공

유아들의 권리를 침해하지 않고 높은 수준의 경제적으로 실현 가능한 서비스를 제공하는 것은 유아교육 교직원들이 직면한 또 하나의 도덕적 혹은 윤리적 과제이다. 최근의 지역사회 내에서 제공되는 보육과 교육의 형태에 영향을 줄 수 있는 구매력을 지닌 소비자로서 부모들의 이미지는 상당한 우려를 나타내 왔다. 연구 결과는 일부 요소들이 부모의 서비스 선택에 영향을 주고 서비스 수준에 대해 능통한 부모들에게만 우선순위로 취급되고 있음을 보여 준다. 다양하고 융통성 있는 서비스를 유아들 및 그들의 가족에게 제공하는 일 이외에 유아교육 교직원들은 품질보증 및 개선, 그리고 소비자의 권리와 서비스 제공에 대해 지불되는 금액의 가치에 대해 다루어야 할 압력을 받게 된다(Ebbeck & Waniganayake, 2003). 때때로 이와 같은 이슈들은 유아 보육 및 교육기관에서 유아들의 권리 및 요구 사항과 양립할 수가 없다. 기업적 형태로 발전되고 경쟁

시장의 수요에 부합하도록 가해지는 압력은 새로운 혹은 기존의 서비스를 개발 시 유아들의 권리에 대한 고려는 관심 밖으로 밀리게 됨을 의미한다. 유아교육 서비스는 필수적으로 적정 가격에 제공되고 비용 대비 효율적이어야 하는 반면, 이와 같은 요소들은 유아들의 권리에 대한 윤리적 책임에 대비하여 균형을 유지해야 한다. 최종적으로 유아교육 서비스는 유아들이 생산적인 시민으로 성장하는 데 장기적 효과를 미치게 되므로 단기 우선순위나 압력을 충족시키기 위해 유아들의 권리를 희생시킬 수는 없다.

유아들의 성장을 촉진하고 가정의 역할을 인정하는 높은 수준의 보육과 교육에 유아들의 권리를 반영하는 명확한 원칙과 가치가 명백히 필요하다. 보육 및 교육의 질은 일단 목표가 달성되었다고 해서, 해야 할 목록에서 삭제되는 한정된 목표가 아니다. 그 질은 유아교육 교직원들이 계속해서 추구해야 할 이상이다. 유아들의 성장, 요구 사항, 권리에 대한 이해가 증진됨에 따라 질에 대한 이해는 시간이 가면서 변한다. 유아교육 분야의 질은 유아들의 권리와 관심사가 최고의 우선순위로 간주되는 높은 수준의 전문적 실천과 연관되어 있다. 불행히도 목표, 가치, 윤리 규정과 같은 문서들은 의사 결정 및 분쟁해결에 도움을 주는 데만 사용할 수 있는 전문적 지침을 제공해준다. 이러한 문서들은 일반적으로 합법성을 갖지 않고 제시된 지침에 준하여 행동하지 않는 교직원들 또한 어떠한 법적 제재도 받지 않는다. 그와 같은 문서들의 파워는 유아들의 권리를 증진시키고 보호하기 위한 본질적 역할과 책임에 대한 유아교육 교직원들의 윤리적 의무 사항으로부터 나온다. 많은 유아교육 전문단체들과 법정기구들은 다양한 기존의 서비스를 평가하는 데 사용할 수 있는 여러 품질척도를 제시하였다. Alexander(1995)는 다음과 같이 유아들의 권리가 타 요소를 고려하기 전 어느 선까지 존중되어야 하는지 결정하는 데 유용한 다섯 개의 주요 목표와 가치를 제시한다.

- **유아들이 우선이다.** 모든 유아들은 그들의 잠재력에 최대한 도달할 수 있는 조건을 마련하기 위해 성인들에게 의존할 권리를 갖는다. 우리는 모두 우리의 유아들에 대한 책임이 있으며, 부모 및 양육자들은 유아들이 삶의 시발점에서 최상의 서비스를 받도록 하기 위해 필요한 지원을 필수적으로 받아야 한다.
- **유아들도 견해와 관심사를 가지고 있다고 인식되어야 한다.** 유아들은 그들의 삶에 영향을 미치는 이슈들의 의사 결정에 관해 그들의 의견을 표명하고 참여할 수 있는 권리가 있다.

- **유아들은 가정 및 사회의 일부가 되어 참여할 수 있는 기회**를 가지고 그들의 자긍심, 존엄성, 자율성, 자신감, 학습에 대한 열의, 그리고 그들이 차별받고 있지 않음을 확인할 수 있도록 타인으로부터의 존중이 촉진될 수 있는 관심을 기울여 주는 환경에서 안정된 학습을 할 수 있어야 한다.
- **부모, 양육자, 그리고 지역사회는 유아들의 관심사와 복지를 증진시키기 위한 지원을 필요로 한다.** 유아들은 적정 삶의 표준을 확실히 유지할 수 있도록 그들이 의존하여 사랑, 보호, 재정적 지원을 받을 수 있는 강한 성인을 필요로 한다. 유아교육 서비스는 지역사회의 기반 시설에 근원을 두고 가족, 특히 저소득층에게 선택권을 부여해야 한다.
- 유아들은 자율성을 기르고 사회적으로 성장하고 레크리에이션 활동을 할 수 있는 많은 기회를 제공해 줄 **안전한 놀이 환경을 소유할 권리**가 있다. 또한 유아들과 가족은 문화, 그리고 관광 부문에서 제공하는 서비스를 누릴 권리를 갖는다.

유아들을 위해 제공되는 서비스는 부모(부모와 유아들의 공통 관심사는 인지되어야 함)의 관심사 혹은 교직원, 기관, 재정, 교육적 유행으로 생겨난 것이 아닌 유아들의 권리와 관심사를 염두에 두고 이에 기초하여 시작되어야 한다.

전문가적 윤리 원칙을 준수하는 유아교육기관 운영

질을 확인하는 척도 가운데 하나는 효과적인 운영 혹은 관리 구조이다(Pugh, 2001). 운영 혹은 관리의 능력은 리더십의 측면에 있어서 필요는 하지만 충분하지 않다고 고려된다. 그럼에도 불구하고 효과적이고 효율적인 운영은 리더가 유아교육 분야에서 수용되고 인정된 윤리적 원칙에 근거하여 결정을 내리고 행동하는 것을 필요로 한다. 유아교육 분야에서 윤리적 행동이란 예전의 권력 관계를 협동적, 협의적, 대화적, 존중적인 의사 결정으로 전환시킴을 의미한다.

유아교육기관의 효과적 운영 혹은 관리는 기획, 시행, 운영, 평가의 주요 네 가지 기능을 수반한다. 기획은 리더십의 측면들, 철학, 그리고 타인의 참여를 포함한다. 시행은 윤리적 의사 결정, 창조적 문제 해결, 동기의 측면들, 팀 형성, 그리고 직원들의 개발을 포함한다. 운영은 서비스를 운영하기 위한 지식의 토대, 시설, 장비, 공간의 활용, 장소의 배열, 일정계획과 관련된 선택, 재정관리, 그리고 기록유지를 포함한다. 평가는 서비스의 효과성에 대한 정보를 제공하고 변경사항에 대해 관리자에게 통보를 하는, 진행 중의 학습과정을 의미한다. 위의 네 가지 기능 모두 교육 혹은 개발 이론이나 연구(Katz, 1995b) 혹은 법적 규정으로도 해결할 수 없는 도덕적 의사 결정에 관한 윤리적 이슈와 딜레마를 수반한다.

유아교육 교직원들이 직면한 공통된 윤리적 혹은 도덕적 딜레마의 예로는 다음을 들 수가 있다.

- 유아들이 밤에 잠을 자지 않게 되는 상황을 방지하고자 낮 시간 내내 깨어 있기를 원하는 부모
- 아들이 인형을 가지고 놀거나 여자아이의 옷을 입거나 혹은 역할 극놀이에 참여하는 것을 허용하지 않는 아버지
- 세 살 된 아이가 읽기와 쓰기 '배우기' 를 원하는 부모
- 부모가 가정에서 아이를 체벌할 것 같음을 알면서 유아들의 행동에 대한 정보를 알리는 경우
- 유아들이 기관에서 그릇된 행동을 하는 경우 때려 주도록 요청하는 어머니
- 어머니가 아이와 형제에게 시킨 좀도둑질에 대해 친구와 대화하는 것을 우연히 들은 경우
- '채식주의자' 인 아들이 친구의 도시락에서 햄 샌드위치를 먹었다고 부모에게 이야기하는 경우
- 아이가 부모의 학대 행동을 다른 사람에게 이야기하는 것을 우연히 들은 경우
- 부모의 비전통적 가치로 인해 유아들을 다르게 대하는 경우
- 기밀조항을 위반한 동료를 맞닥뜨린 경우
- 유아들에게 유해하다고 믿는 실천 혹은 정책을 시행하는 경우

실질적인 리더들은 위와 같은 경우에서 그들의 힘과 지위를 이해하고, 수준 높은 서비스를 제공하기 위해 전문적 원칙과 가치를 따라야 할 필요성을 이해한다. 리더들이 운영자 혹은 관리자로서 그들의 전문 역할을 이해할 때 그들은 전문적 실행의

표준과 윤리 규정에 의거하여 책임감 있는 의사 결정을 내릴 것이다.

직원의 선발과 개발, 그리고 평가는 유아교육기관의 윤리적 운영의 중점이 된다. 유아교육 분야에서 적절한 교육과 경험적 측면에서 직원의 질적 수준은 높은 수준의 서비스를 제공하는 데 결정적 역할을 한다(Ebbeck & Waniganayake, 2003). 직원을 고용하는 책임을 맡고 있는 이들은 직원의 선발을 윤리적 책임으로써 유아들의 요구 사항을 충족시켜 주기 위한 일환으로 간주하는 것이 중요하다. 모든 유아교육 분야의 교직원들과 직원들이 높은 수준의 유아교육 서비스를 제공하는 데 무엇이 필요한지와 유아 보육 및 교육의 목적, 그리고 유아들의 성장을 더욱 잘 이해할수록 유아들과 가족에게 더욱 부합하는 유아교육 서비스가 제공될 수 있는 만큼 유아교육 분야 관련 모든 성인들에게 전문 교육과 개발의 기회를 제공하는 것은 필수적이다. 이는 높은 수준의 보육과 교육에 대한 유아들의 권리에 대한 윤리적 책임의 일부이다.

교육 기회 외에도 유아교육 교직원들은 정기적으로 그들의 성과 및 목표를 평가하도록 권고되어야 한다. 평가는 모든 교직원들이 관여하는 진행 중인 학습과정의 필수적 부분이다. 직원 개개인, 조직, 그리고 높은 수준의 서비스를 위한 추구를 평가하기 위한 기초로써 반성적 실천의 개념(Ferraro, 2000)은 많은 유아교육 교직원들로부터 지지를 받아 왔다.

반성의 과정은 실천의 개선을 위한 기초 토대로서 지식, 이해, 기술에 있어서의 격차를 파악하기 위해 고유 업무의 방식에 대해서 생각해 보는 과정을 포함한다. 반성을 한다는 것은 평생 학습자가 되는 과정의 일부이다. 반성적인 교직원들은 새로운 정보와 아이디어를 찾아내고 고려하며 타인들의 의견을 참고 및 활용하고 이와 같은 정보들을 새로운 업무방식을 개발하는 수단으로 활용한다(Abbott & Pugh, 1998). 유아교육 분야에서의 실천은 동료 및 멘토와의 전문적 대화, 연수교육 및 기타 지속적 전문 개발 기회를 통해서도 개선되고 확대될 수 있다. 전문 포트폴리오의 활용은 증빙자료를 구조화하고 수집하며 학습, 전문적 성장 및 개선을 문서화하는 데 실질적으로 매우 효과적이다. Claxton(2002)은, 반성적 자세를 지니기 위해서는 자신을 학습자로서 고려하고 이해해야 한다고 말한다. 반성적 태도를 지님으로써 어떠한 변화가 필요할 것인지를 미리 계획하고 경험으로부터 보고 배워 습득한 통찰력을 활용하여 그러한 계획을 수정하고 변경시킴으로써 학습에 관해 더욱 많은 전략을 습득하게 된다.

반성적인 교직원들은 그들 자신의 수준과 그들의 작업 환경에서의 제한사항을 검토해 보고 가용한 자원을 찾아 활용하며 학습과제를 우선순위화하고 과정을 검토하며 필요한 사항을 수정하고 그들이 어떻게 학습한 바를 업무의 타 영역에 이전하거나 일반화할 수 있을지 면밀히 검토한다. 그들은 그들의 전문적 역할, 가치, 목표를 반영하고 동료, 타 교직원, 부모들과 실행 관련 이슈에 대해 토론하고 논의한다. 반성적 교직원이 되려면 필수적으로 이전의 업무에 대한 사고의 과정을 통하여 업무를 평가하고 그 효과를 검토하며 차후 개선을 위한 조치를 개발해야 한다.

그러나 반성과 평가는 가치중립적 과정이 아니다. 유아교육 분야의 서비스에서 무엇이 중요한가에 대한 인식은 전문적, 개인적 가치에 기초한다. 행동, 태도, 특성은 그와 같은 가치에 기초하여 평가된다. 독자들은 반성과 평가의 가치를 이해하고 절차와 평가가 유아교육 분야를 안내하는 전문적 가치 및 철학과 일관성을 가지고 있음을 확인하는 것이 대단히 중요하다. 직원 평가, 실행, 서비스는 사회적 책임, 유아들의 권리, 그리고 윤리적 의사 결정이란 문맥하에서 시행되어야 한다.

유아교육기관들이 윤리적 관점에서 운영되는 지역에서는 직원들 간 긍정적 상호 작용과 팀워크가 이루어질 것이 명백하다. 효과적인 유아교육 팀의 구성은 유능한 최상의 직원을 고용하고자 하는 리더의 윤리적 의사 결정과 모든 직원이 정기적인 교육 및 다양한 평가 접근법의 일부를 담당하도록 확인을 함으로써 가능한 것으로 보인다. 리더들이 개발한 관리 구조의 원칙과 가치를 팀원들에게 투명하게 드러내는 것은 타인들로 하여금 그들의 관리 정책과 운영방식을 이해하는 데 도움을 주게 되므로 중요하다.

윤리적 딜레마 해결을 위한 윤리 규정 적용

현대사회에서 유아교육 교직원이 된다는 의미는 유아들에 관한 교육을 받고 보육과 교육의 경험을 갖는 것 이상을 의미한다. 이는 타인의 업무로부터 특정 마음가짐 혹은 태도를 채택함을 의미한다. 유아교육 분야의 교직원들은 점차 그들 자신을 뚜렷한 전문적 독자성과 향상되고 있는 전문적 자부심과 자신감을 가진 교직원으로서 간주한다.

전문성은 계속해서 세계적으로 유아교육 분야의 교직원들이 가치를 두는 목표가 된다. 특정 속성을 전문적 독자성에 통합시킴으로써 교직원으로의 일부가 형성된다.

Katz(1995a)는 유아교육 교직원들과 관련되었다고 간주되는 여러 속성에 대해서 설명한다. 이 가운데 특별한 속성으로는 윤리 규정의 채택을 들 수 있다. 효과적인 유아교육 리더들은 교직원—진실된 윤리적 리더—이 됨으로 인해 얻어지는 생산물 가운데 하나는 유아들, 가족, 동료, 그리고 지역사회와 유아교육 분야에 대한 추가적 윤리의 의무와 책임이라는 것을 올바르게 인지한다.

호주 유아교육 협회(AECA, 1991)는 윤리 규정을 '그 가치를 반영하는 전문 작업집단 구성원들의 적절히 기대되는 행동에 관한 일련의 기술서' 로 정의한다. Katz(1995b)는 윤리 규정을 적합함보다는 옳음을, 실제적보다는 타당함을, 그리고 무슨 행동이 어떤 환경에서 절대 금지 시 되어야 하고 용서되어서는 안 되는지에 대한 지침을 제공해 주는 '직업상 본질적으로 존재하는 유혹에 대처하는 데 도움을 주는 일련의 기술서' 로써 간주한다. 윤리 규정은 의존적이고 취약한 이들의 권리와 복지를 보호하고 유아교육 교직원들을 유아들과 가족에 관련된 결정을 내릴 때 부적절하지 않도록 보호하는 원동력으로 고려된다. 유아기관의 리더들이 이타적 임무와 비전을 가지고 있으며, 자연히 유아들과 가족의 최대 관심사를 위해 활동할 것이라 논쟁할 수도 있는 반면, 윤리 규정은 철학, 가치, 윤리적 이슈에 대한 논의의 초점을 제공해 주고 유아들과 가족들이 함께 날마다 업무 시 맞닥뜨리게 되는 난해한 의사 결정에 대한 지침을 제공하는 도구로써의 역할을 한다.

유아교육 교직원들이 윤리 규정을 필요로 할 이유가 몇 가지 있다. 첫째는 그들의 행동과 결정에 대해서 상당한 자율성과 독립성을 가지고 있기 때문이다. 의사 결정은 신속해야 하며 종종 타인들과 토의를 거치지 않고 내려진다. 이와 같은 압력은 유아들의 권리를 보호하지 않거나 그들의 최대 관심사를 반영하지 않은 부적절한 행동 혹은 결정으로 이어질 수 있다.

장애아의 부모는 기관의 직원에게 아이의 행동에 대해 조치한 행동에 대해서 항의했다. 교사가 그 부모의 아니가 다른 아이를 다치게 할 수 있는 행동을 하여 이를 제압하였기 때문이다. 그 부모는 본인의 아이가 역시 요구 사항과 권리를 가진 다른 여러 유아들 가운데 한 아이에 지나지 않는다는 것을 인지하지 못했다. 당시 그 교사는 최선의 선택을 한 것이다. 지나고 나서 보니 그 교사에게 다른 대안도 있었지만 때로는 신속한 의사 결정이 이루어져야만 한다.

주간 어린이집 담당자

윤리 규정에 의거 합리화 및 정당화 될 수 있는 결정은 더욱 무게 있고 신뢰성을 가지고 있는 듯 보이며 그와 같은 굳건한 기반이 없는 결정 사항들보다 마찰을 빚을 가능성이 적다. 윤리 규정은 리더들의 의사 결정 및 문제 해결에 지침 및 지원을 제공해 주고 이와 같은 부담이 큰 업무 측면에 있어서 자신감을 더해 준다.

정부의 Literacy Hour(교양 시간)에 대한 지침서의 일부 관점은 네 살 유아들에게는 부적합하다. 우리는 교양시간을 다르게 적용해 시행하는데 신뢰할 만한 이유를 가지고 있어야 한다. 참고할 만한 연구 결과가 있긴 하지만 우리는 유아들에 대한 우리의 전문적 가치와 통찰력이 검열관 혹은 자문관들과 같은 이들에게 인지되기를 원한다.

초기 교사

윤리 규정이 도움이 되는 또 다른 이유는 유아들을 데리고 일을 하면서 날마다 발생하는 많은 상황과 사건이 근본적 가치 혹은 이해의 마찰을 일으키거나 윤리적 딜레마를 일으키기 때문이다. Fleet & Clyde(1993)는 윤리적 딜레마를 핵심 가치와 불만족스런 결과를 가져오는 난해하고도 고통스런 선택 간의 마찰을 수반하는 상황으로써 정의한다.

일부 부모들은 어린이집에서 그들의 유아들에게 읽기와 쓰기를 가르치도록 우리들에게 많은 압력을 가한다. 그들은 많은 유아들이 아직 준비가 안 되었고 우리는 그들이 좌절을 경험하기를 원치 않는다는 사실을 이해하지 못한다. 그러나 우리가 부모들의 기대에 부합하지 않는다면 그들은 읽기와 쓰기를 가르치는 다른 기관으로 옮겨갈 것이다. 그럼 우리는 어떻게 해야 하는가? 너무 조기에 읽기와 쓰기를 가르치는 것은 일부 유아들에게 관심사항이 아니다. 가르치지 않는다면 부모들이 화낼 것이고 기관을 옮기겠다고 협박할 것이다.

보육 담당자

리더들은 종종 타인들의 삶에 영향을 주는 행동방침을 결정하거나 지원할 최종 책임을 맡아야 한다. 결정은 내려야 하나 상호 간 수용가능하거나 만족할 만한 옵션이 없는 경우, 실질적인 리더들은 윤리 규정에서 우선순위의 원칙과 가치를 참고해서 딜레마를 해결하기 위한 최상의 해결책을 마련한다.

아직 혼자서 용변을 해결하지 못하는 세 살 유아들을 받아들일지에 대한 담당자의 결정에 관해 직원들 간 많은 토의가 있었다. 여기서 핵심 이슈는 어떠한 아이에게도 불이익을 주어선 안 된다는 것이다. 우리는 포함 및 기회의 평등에 관한 방침이 있는 만큼 그들은 의사 결정이 방침에 기재된 가치에 근거한 결정이었음을 이해할 필요가 있다.

주간 어린이집 부주임

마지막으로 윤리 규정은 유아교육 분야의 기반시설이 일상 활동에서 발생하는 윤리적 딜레마를 증대시킬 가능성이 있는 요소들을 몇 가지 포함하고 있기 때문에 필요하다. 이와 같은 요소들로는 낮은 신분과 권력, 요구 사항과 이해관계가 잠정적으로 상충하는 다수의 고객, 역할의 불명확성, 그리고 지식의 토대와 실천의 빈약한 통합이 있다(Fleet & Clyde, 1993). 윤리 규정은 리더들을 포함하여 유아교육 교직원들이 유아들, 그들 자신, 기타 유아교육기관과 관련된 조직과 집단에 피해를 주지 않도록 처신하고 의사 결정을 하는데 도움을 줄 수 있다. 윤리 규정이 유아교육 교직원들이 업무상 직면한 개인 혹은 난해한 상황을 해결해 주거나 해결하기 위해 개발되지는 않았지만 반성, 행동, 의사 결정에 지침을 제공해 주는 도구의 역할을 한다.

많은 전문적 윤리 규정의 한계점은 규정이 전체 교직원들에 의해 수용된 원칙과 가치를 준수하지 않거나 심지어 명백히 위반하는 이들에게 규정의 준수를 강요하거나 혹은 법적 제재를 가할 파워가 없다는 것이다. 유아교육 분야의 윤리 규정에 준하여 행동함은 각 개인 별 자발적으로 이루어지는 경향이 있다. 유아교육 분야에서 윤리 규정은 교직원들의 유아교육 분야와 관련된 개인 및 집단에 대한 윤리적 의무와 책임을 나타내 주며 약자들과 업무를 하는 데 관련된 윤리적 이슈를 강조한다. 실질적인 유아교육 분야의 리더들은 윤리 규정을 활용하여 실천을 하는데 제기되는 이슈들을 연구함으로써 타인의 역할 모델로서 행동하고 팀원들과 윤리적으로 적합한 규정과 규칙들을 지원하고 수용하기 위해 노력할 것이다. 동료들에 의해 윤리 규정에 반영된 원칙을 준수하지 않거나 어긴다고 해서 강제력이 행사되지는 않지만, 리더는 그와 같은 이슈를 제기하여 토의하고 긍정적 해결방안을 찾기 위한 윤리적 책임을 받아들일 것이다.

강제력은 없지만 윤리 규정이 유아교육 교직원들의 전문적 실천을 개선하는 데 중요한 역할을 한다는 점을 리더들이 이해하는 것은 중요한다. 규정은 사고와 논쟁에 초점을 맞추어 유아교육 분야 내에서의 목적의 단일화와 이해를 촉진시킬 수 있다.

규정은 옹호의 노력에 지침을 제공해 주고 지역사회 내에서 유아교육 분야의 전문적 입지를 높여 준다. 윤리 규정은 리더와 유아교육 분야의 모든 이들에게 유용한 자원의 일부로써 인식되어 일상의 실천 가운데 마주치게 되는 윤리적 과제를 해결하는 데 중점적 역할을 해야 한다.

리더십의 윤리에 관한 토의의 마지막 분야는 한쪽 성에 국한된 리더십과 관련되어 있다. 한쪽 성에 국한된 리더십에 관한 이슈는 2장에서 토의해 보았다. 그러나 윤리적 리더십 분야에서 한쪽 성에 국한되었으나 치우치지는 않은 리더십이 확인되었다(Desjardins, 1996). 남성과 여성이 리더십 및 윤리적 딜레마에 반응하는 방식에 대한 접근법에 상이한 도덕적 지향성을 가지고 있을지도 모르는 것으로 나타난다. Desjardins는 도덕적 지향성은 두 가지 측면을 가지고 있다고 논한다. 정의—권리 지향성과 양육—관계 지향성. 정의—권리 지향성은 객관성과 보편성을 강조하고 리더들이 타인들을 공정하게 대하고 그들의 권리에 개입하지 않도록 지도한다. 양육—연결 지향성은 통제 및 양육에 초점을 두고 타인들의 요구 사항을 제공해 주고 윤리적 의사 결정의 원칙을 지도한다. Desjardins의 결과물은 남성들이 일반적으로 정의—권리 지향성을 따라 행동하는 반면 여성들은 빈번히 양육—관계 지향성의 가치에 의해 행동함을 제시한다. 유아교육 분야의 실질적 리더들이—여성일 확률이 더 많음—도덕적 지향성의 두 가지 측면을 모두 올바르게 인지하고 윤리적 딜레마를 겪거나 도덕적 의사 결정을 내리는 상황에서 정당성과 공평성, 그리고 통제와 양육을 모두 고려하는 것이 중요하다.

요약

유아교육 분야의 실질적 리더들은 그들의 모든 업무에 있어서 전문적 청렴성을 가지고 활동할 그들의 도덕적 의무의 진가를 인지한다. 윤리적 리더십을 행사하는 데 개인적 도덕과 전문적 윤리를 명확히 하기 위해 고려해 보는 것이 필요하다. 실질적인 리더들은 그들의 가치체계를 명확히 표현할 수 있을 것이며, 그 결과로 타인들이 그들의 행동을 더욱 예측가능하고 신뢰할 수 있다고 인지할 것이다. 리더의 가치 체계는 서비스의 광범위한 목표, 윤리적 결정과 선택, 그리고 기관의 운영 및 조직적 측면에 대한 기초 정보를 제공해 주는 체계로써 유아교육 분야 사람들에게 이해되어야 한다. 리더십의 윤리는 타인들의 삶에 영향을 주는 이슈에 관한 타인들의 참여에 대해 리더가 갖는 태도에 의해 좌우된다. 윤리적 리더십은 특정 목표를 타인들과 협동해서 달성하기 위한 과정이며 신뢰, 가치, 존중, 대화, 협동 그리고 능력에 기초하여 형성된다.

Chapter 14

리더십 역량을 구축하고 유지하기

> 모든 유아교육 교직원은 대부분의 필요한 기술과 자질을 학습할 수 있고 개발할 수 있기에 원하기만 하면 리더가 될 잠재력을 가지고 있다. 리더십은 일부 몇몇 사람들에게 자연적으로 주어지지만 대부분의 사람들은 리더가 되기 위해 학습해야 한다. -주간 어린이집 담당자

본 장의 탐구점

- 수준 높은 유아교육 분야의 서비스를 추구하기 위한 리더십의 역할
- 품질보증 및 승인 계획을 위한 리더십의 역할
- 리더십 역량과 전문성을 구축하고 유지하기 위한 교육의 역할
- 유아교육 교직원들을 위한 리더십 교육 프로그램의 선정
- 유아교육 교직원들의 리더십 역량을 구축, 격려하고 유지하기 위한 제안

높은 수준의 유아교육 서비스와 유아들의 차후 사회적, 교육적 성공 간 긴밀한 관계를 문서화 하는 연구가 축적되어 가면서 유아교육 교직원들은 유아들의 발달과 성취를 촉진시키는 데 있어서 그들의 핵심 역할에 대해 더욱 명백히 설명할 필요가 있다. 교직원들은 지금이 그들 자신을 위해 대중에게 보육, 교육, 복지 분야와 서비스의 비용 대비 효율성 관련 정책과 의사 결정을 개선시키는 데 그들의 기본적 역할에 관하여 알릴 시기이다.

유아교육 분야에서 리더십의 중요성이 점차 인식되고 있는 반면, 아직도 리더십이 관리자, 조정자 혹은 리더들의 운영에 있어서 의무적 사항으로 고려되지 않는다. 이는 유아교육 서비스 분야에 종사하는 이들로 인해 발생하게 된 지속된 낮은 지위 상태를 설명해 준다. 그러나 연구 결과는 유아교육 교직원들이 그들의 기술을 개발하고 효율적으로 서비스를 관리하는 데 활용하고 조직적 방식으로 변화를 주도하면 리더십을 보여줄

수 있음을 입증한다. 지정된 유아교육기관 관리자에 의해 시행된 리더십은 유아들과 직원 모두를 위한 긍정적 결과라는 측면에서 볼 때 유아들에게 제공된 프로그램의 수준에 영향을 주는 중요한 요소 가운데 하나로 확인되어 왔다(Bella & Jorde-Bloom, 2003; Muijs et al., 2005). 리더의 역할과 그 역할이 수행되는 방식은 높은 수준의 서비스 제공과 유아교육 분야에 부합하는 전문성의 수준을 결정하는 데 핵심이 되어 왔다. 교직원들에게 리더십을 효과적으로 행사할 준비가 되지 않았다는 것은 더 이상 용납이 되지 않는다.

Jorde-Bloom(1992)은 유아교육기관의 리더들을 '기관의 질을 결정하는 사람(the gate-keeper to quality)'로 정의한다. 그녀는 그 역할이 매우 중요하고도 복잡하며 조직의 이론과 리더십, 유아들의 성장과 유아교육 프로그램 편성에 대한 개념적, 실용적 기술, 회계 및 법적 이슈, 위원회, 부모와 지역사회의 관계를 요구한다고 이야기한다. 높은 수준의 서비스가 경험이 많은 리더들을 연상시켜 오긴 했지만, 일부 연구 결과는 업무 경험보다는 교육이 유아교육 서비스의 질을 최고로 보장해 주는 요인임을 밝힌다. 그러나 역할의 리더십 측면에서 볼 때 유아교육 서비스를 관리하는 직책을 맡은 이들에게 유용한 교육은 극히 드물었다. 사실상 리더들의 대다수는 '업무 중' 현장교육을 지원받아 학습해 왔다고 이야기한다. 그 결과로써 리더십의 수준은 유아교육 분야의 관리직에 종사하는 많은 이들의 숨겨진 혹은 미개발된 잠재력을 나타내기가 쉽지 않다.

유아교육 분야에 전문성을 더하기 위해서는 교직원들이 기관과 지역사회에서 효과적인 리더십을 발휘하는 데 필요한 지식과 기술을 접할 필요가 있다. 유아교육 분야는 역동적이고 성장, 변화, 미래 중심적으로 특징지을 수 있다(Ebbeck & Waniganayake, 2003). 따라서 유아교육 분야의 모든 교직원들이 그들의 발전을 위해 평생 학습의 관점을 수용하고 리더십을 그들의 발전을 위한 핵심 요소로 간주하는 것이 필수적이다. 이 책은 리더가 되는 데 있어서 필요한 많은 필수 이슈들을 다뤘다. 그러나 그 핵심은 지식과 정보에 있으며 책이 독자들을 교육시킬 수는 없다. 다음 단계는 독자들이 일부 아이디어를 실천으로 옮기고 그 이론을 전문적 실천과 함께 통합하기 시작하는 것이다. 이러한 초기 기술의 개발을 위한 지원은 현재 과정을 통해 받거나 유아교육 분야의 리더십에 초점을 맞춘 과정을 더욱 연구해 봄으로써 도움이 될 수 있다. 리더들은 변화에 대응하기 위해 더욱 심층 깊은 전문 교육과 개발에 중점을 두고 책임감을 가져야 할 것이다.

유아교육 서비스에 대한 품질보증 및 승인 계획의 소개는 리더의 역할에 더 많은 변화를 가져다주었다. 품질보증 및 승인의 기본 전제 가운데 하나는 리더십이 서비스의 수준과 연관되어 있다는 것이다. 리더는 유아들을 위한 양육 및 교육 환경을 확보하고 직원들의 고용, 훈련, 개발, 부모 지원 및 개발에 대한 책임을 이행하며 기관 및 유아교육 분야의 '공공의 얼굴' 을 타 전문가들 및 지역사회와 함께 교류하여 드러내고 구체화할 책임이 있다. 리더들은 이와 같은 책임들을 자신감 있는 수준의 전문성을 가지고 수행할 수 있어야 한다. 유아교육 분야에서 새로운 전문성의 수준을 지역사회로부터 인정받을 수 있는 기회는 교직원들의 리더십 역량의 개발에 달려 있다.

리더십 역량의 구축 및 유지의 중요한 역할은 현재 유용한 유아교육 교직원들의 리더십을 개발하는 데 목표를 두고 점차 증가하고 있는 다른 연수 프로그램에 의해 인식되어 왔다. 이와 같은 프로그램의 일부는 다음과 같다.

연수 프로그램

미국 Wheelock 대학의 Institute for Leadership and Career Development는 리더십 연수의 필요성을 제기한 첫 세 군데의 교육기관 가운데 한 곳이었다. Institute for Leadership and Career Development의 '지도적 위치를 차지하라: 21세기를 위한 유아교육 분야에의 투자' 프로그램은 유아교육 분야의 수준을 향상시키는 방법으로써 유아교육 교직원들의 리더십 역량을 구축하기 위해 고안된 국가적 계획이다. 5가지 핵심요소가 유아 보육 및 교육계의 리더들의 성장을 지원하는 프로그램에 통합되어 있다(Alvarado et al., 1999).

- **지역사회 파트너십**: 참여자들이 지역사회 내에서 다양하고 폭넓은 조직과 사람들과의 활발한 참여를 통해 지역사회의 자원과 연계되고 리더십 기회에 참여하도록 하는 훈련
- **문화적 및 사회적 맥락**: 참여자들이 문화적, 사회적 맥락에서의 요구 사항을 충족시키는 적절한 대책을 시작할 수 있도록 학습
- **적절한 상황**: 참여자들이 모든 분야와 상황에서 성공할 수 있는 리더십 기술과 능력을 학습
- **멘토링**: 참여자들이 멘토링으로 인한 상호 혜택 및 어떻게 효과적으로 타인의 개인적, 전문적 성장을 지원할지에 관하여 학습

- **리더십 발휘 기회**: 참여자들이 이론을 실제에 적용해 보고 팀워크 개발을 통해 지속적으로 성장할 수 있는 기회

미국의 국립 Louis 대학 내, 유아교육 리더십 센터는 다른 기간과 강도를 가진 두 개의 리더십 연수 프로그램을 제공한다. 'The McCormick Fellows Leadership Training Program'은 전미 유아교육 협회(NAEYC) 기관의 승인을 받는 2년의 기간을 갖는 프로그램이었다. 현재 제공되고 있는 '변화에 대한 책임'은 더욱 능률적인 프로그램으로써 10개월간 지속된다. 두 프로그램 모두 리더들은 하나의 관점에서 또 다른 관점을 바라보는 연습을 하며—모든 이벤트에 대한 반응에 영향을 주는 작은 세부사항들에 대해 인지하고 있는 동시에 큰 그림 또한 바라볼 수 있는 연습—개인적 변화와 전문적 개발을 통해 리더십 역량을 구축하는 데 초점을 둔다. 리더로서 그들은 의사 결정을 하고 체계를 만들고 동료들에 멘토링을 제공하며 행동을 평가하고 변화에 대한 대리인으로서의 역할을 할 때에 동일한 상황을 다른 관점에서 바라보는 방법을 학습한다.

1993년과 2003년 참여자들에 의한 연수 프로그램의 평가결과에 의하면, 그들은 그들의 능력, 자부심, 효율성, 자신감의 증진을 경험했다. 다음의 네 가지 기술이 운영과 리더십 역할에 있어서 성과를 향상시키는 데 공헌하는 것으로 확인되었다.

- 대인관계 및 대화 기술
- 집단 촉진 기술
- 의사 결정 기술
- 직원 개발 기술

위의 연수 프로그램들은 이직률이 높게 나타난 분야에서의 경력 결정에도 영향을 미쳤다. 참여자의 80퍼센트 이상은 유아교육 분야에서 계속해서 일을 하였고 90퍼센트 이상이 차후 4년간 유아교육 분야에 종사하기로 계획했다. 또한 연수는 많은 참여자들이 추가로 승인된 연수를 받도록 함으로써 참여자들의 성장과 변화에 촉매제 역할을 하였다.

영국의 Anglia Polytechnic 대학, 교육 및 교수 연구기관의 Moyles와 Yates(2004)는 Essex Country Council 및 Southend Borough Council과 연계하여 Effective Leadership and Management Evaluation Scheme-Early Years(ELMES-EY)라 명명된 매뉴얼을 개발하였다. 연수 프로그램은 아니지만 이 매뉴얼은 전문적 지침을 제공하고 새로운 관리 역할을 맞는 유아교육 교직원들을 지원할 목적으로 개발되었다. 매뉴얼의 양식은 교직원들이 그들의 지식과 기술을 다음의 4가지의 광범위한 분야에서 평가하고 반성할 수 있도록 개발되었다.

- 리더십 기술
- 운영 기술
- 전문 기술
- 개인의 성격

ELMES는 유아교육 리더들과 운영자들이 그들의 일상 업무에서 다룰 필요가 있는 정보와 체계를 제공한다.

영국에서 통합된 유아교육 서비스의 확장 및 조정은 유아교육 교직원들의 특별 요구 사항을 충족시켜 줄 리더십과 운영을 위한 전문 연수에 대한 수요를 창출했다. 영국의 National College of School Leadership은 Pen Green Leadership Development 기관과 함께 교육 관련 업계에 종사하는 모든 사람들이 리더십 및 운영에 있어서 필요로 하는 사항을 충족시키기 위한 구체적 접근법의 일부인 새로운 1년 기간의 National Professional Qualification for Integrated Centre Leadership(NPQICL)을 개발했다. 이 특별 연수 프로그램은 여러 기관을 포함하고 있는 유아교육기관 내의 새로운 리더들의 요구 사항을 다루기 위해서 개발되었다. 프로그램은 조리 있고 흠 없는 높은 수준의 서비스를 유아들과 가족을 위해 조율하며 지역사회 파트너십을 만들어 내는 리더들을 발전시킬 목적으로 개발되었다. 본 연수는 다음의 사항에 초점을 둔다.

- **리더십 경험 탐구**: 가치, 원칙, 비전의 구체화, 효과적인 학습 환경 개발, 리더십 방식 및 접근법을 연구하고 실천
- **직업적 한계를 뛰어넘는 리더십**: 전문적 실제 및 학습의 선도, 변화, 혁신, 개발을 관리, 지역사회 및 파트너십 구축, 미래 창조

참가자들은 리더십 학습 일지를 지속적으로 지도하는 경험을 통해 지도받고 배운다.

리더십의 실천에 대한 반성

리더십 역량은 경력의 매 단계의 훌륭하고 경험이 많은 매 수준별 동료의 지원을 받으며 멘토링과 모델링을 통할 때 가장 훌륭히 개발될 수 있다.

유아교육과 부교수

위의 연수 프로그램은 유아교육 교직원들을 위해 고안된 리더십 연수 제공의 중요성 인식을 강조한다. 유아교육 분야는 체계적, 집중적이고 관련 있는 연수 준비를 통해 처음부터 착실히 유아교육 분야의 리더들을 양성할 수 있다(Bella & Jorde-Bloom, 2003).

리더십 역량 구축

Pechura(2003)는 팀원들에게 리더십 역량을 키워주고 유지시키기를 원하는 관리자, 조정자, 책임자들에게 도움이 되는 몇 가지 전략을 제시한다.

팀원들에게 리더십 역량을 키워주기 위한 과정을 시작하기 위해서는 다음의 사항을 시행하는 것이 중요하다.

- 리더십에 관해 다른 팀원들과 이야기한다.
- 리더십 역할과 책임을 맡을 것을 다른 팀원들에게 요청한다.
- 다른 팀원들이 리더십을 성공적으로 발휘하도록 도움을 준다.

리더십 역량의 개발을 격려하기 위해서 다음의 사항을 시행하는 것이 중요하다.

- 다른 팀원들에게 리더가 될 수 있는 기회를 준다.
- 다른 팀원들이 리더가 되도록 격려하고 지원하고 참여시킨다.
- 팀원들의 리더십 노력을 인정한다.
- 리더십 기술을 모델링하고 가르친다.
- 리더십을 격려하는 관계를 구축한다.

리더십 역량을 유지하기 위해 다음의 사항을 시행하는 것이 중요하다.

- 리더십을 육성하는 체제를 유지한다.
- 리더들에게 리더십 역할을 소개한다.
- 타인들과 함께 혹은 타인의 리더십을 촉진한다.
- 타인들이 리더가 될 수 있는 시간과 자원을 제공한다.
- 기관의 임무와 목표를 재설정한다.
- 타인들에게 근무 중 연수, 현장교육 혹은 승인된 리더십 연수를 제공한다.
- 흥미로운 활동을 통해 리더십을 촉진한다.

리더십이 기관에 따라 다른 수준으로 나뉘어져 있고 위임되어 있는 만큼 위의 전략들은 직원들이 더 높은 수준의 책임을 담당하도록 훈련받고 있는 경우 리더십 정신을 개발하는 데 도움을 줄 수 있다.

요약

유아교육 분야의 실행 중이자 증대되고 있는 리더십에 대한 관심은, 리더십이 유아교육 서비스의 수준에 공헌을 한다는 연구 결과에 의해 확산되어 왔다. 구체적인 연구 결과는, 유아교육 분야에서의 리더십 개발은 중요하고 이와 같은 난해한 역할을 수행하는 데는 특별한 연수와 전문적 개발이 필요함을 보여 준다(Muijs et al., 2005). 현재와 같은 상황하에서 효과적이고 전문적 리더십에 대한 수요는 많다. 효과적이고 전문적 리더십을 갖춘 유아교육 리더들의 수가 늘어날수록 지역사회에서의 전문성, 자신감, 위상을 드높이는 데 도움이 되고 결과적으로는 유아교육 서비스 분야에 대중의 지원과 재정적 지원을 더욱 많이 창출해 낼 것이다. 그러나 리더십 역량을 구축하고 유지하기 위해 관리자, 조정자, 책임자들은 리더십의 역할과 책임을 위한 시간을 어떻게 구조화해 할당할지와 리더십 기능을 효과적으로 수행하는 데 필요한 자원의 유형에 대해서 생각할 필요가 있다. 공유되고 분배된 협동적 리더십을 유아교육기관에 심어주는 데 초점을 맞춤으로써 유아교육 분야의 새로운 리더들을 기대해 볼 수 있고 그들을 준비시켜 주며 지원할 수 있다.

참고문헌

Abbott, L. and Hevey, D. 2001, 'Training to work in the early years: Developing the climbing frame', *Contemporary Issues in the Early Years. Working Collaboratively for Children*, 3rd edn, ed. G. Pugh, Paul Chapman, London.

Abbott, L. and Moylett, H. eds 1997, *Working with the Under 3s: Responding to Children's Needs*, Open University Press, Buckingham.

Abbott, L. and Pugh, G. 1998, *Training to Work in the Early Years. Developing the Climbing Frame*, Open University Press, Buckingham.

Adair, J. 1986, *Effective Teambuilding*, Gower Publishing Company, Aldershot.

Adler, A. 1958, *What Life Should Mean To You*, Capricorn Books, G.P. Putnam's Sons, New York.

Albert, L. and Einstein, E. 1986, *Strengthening Stepfamilies*, American Guidance Service, Minneapolis.

Alexander, G. 1995, 'Children's rights in the early years: From plaiting fog to knitting treacle', *The Handbook of Children's Rights: Comparative Policy and Practice*, eds B. Franklin and T. Hammarberg, Routledge, London.

Almy, M. 1975, *The Early Childhood Educator at Work*, McGraw Hill, New York.

Alvarado, C., Chin, E., Copland, J., Elliot, K., Emanuel, B., Farris, M., Genser, A. and Surr, W. 1999, *The Many Faces of Leadership: Taking the Lead*, Centre for Career Development in Early Care and Education, Wheelock.

Andrews, D., Crother, F., Hann, L. and McMaster, J. 2002, 'Teachers as leaders: Re-imaging the profession', *Practising Administrator*, vol. 24, no. 1, pp. 24–7.

Annan, K.A. 2002, 'Foreword', *The State of the World's Children 2002: Leadership*, UNICEF, New York.

Anning, A. and Edwards, A. 1999, *Promoting Children's Learning from Birth to Five*, Open University Press, Buckingham.

Armstrong, M. 1994, *How to be an Even Better Manager*, Kogan Page, London.

Australian Early Childhood Association Inc. 1991, 'Australian Early Childhood Association Code of Ethics', *Australian Journal of Early Childhood*, vol. 16, no. 1, pp. 3–6.

Barbour, N. 1992, 'Meeting the child care needs of the 1990s', *Child and Youth Care Forum*, vol. 21, no. 5, pp. 297–8.

Bella, J. and Jorde-Bloom P. 2003, *Zoom: The Impact of Leadership Training on Role Perceptions, Job Performance and Career Decisions*, Centre for Early Childhood Leadership, Wheeling, Ill.

Bellm, D. and Whitebrook, M. 1996, 'Mentoring for early childhood teachers and providers: Building upon and extending tradition', *Young Children*, vol. 52, no. 1, pp. 59–64.

Bennis, W. 1989, *On Becoming a Leader*, Hutchinson, London.

Bennis, W. and Nanus, B. 1985, *Leaders*, Harper Row, New York.

Berk, L.E. 2002, *Child Development*, 6th edn, Allyn and Bacon, Needham Heights.

Blanchard, K. and Johnson, S. 2004, *The One Minute Manager*, Harper Collins Business, New York.

Bredekamp, S. 1992, 'Composing a profession', *Young Children*, vol. 47, no. 2, pp. 52–4.

Boardman, M. 2003, 'Changing times: Changing challenges for early childhood leaders', *Australian Journal of Early Childhood*, vol. 28, no. 2, pp. 20–5.

Borgia, E.T. and Schuler, D. 1996, 'Action research in early childhood education', *ERIC Digest*, EDO-PS-96-11, ERIC Clearinghouse on Elementary and Early Childhood Education, Washington.

Bowman, B. and Kagan, S. eds 1997, *Leadership in Early Care and Education*, National Association for the Education of Young Children, Washington.

Bruce, T. and Megitt, C. 1999, *Child Care and Education*, Hodder and Stoughton, London.

Caddell, D. 2001, *Working With Parents: A Shared Understanding of the Curriculum 3–5*, Learning and Teaching, Dundee.

Caldwell, B. 2003, 'Foreword', *Early Childhood Professionals. Leading*

Today and Tomorrow, M. Ebbeck and M. Waniganayake, MacLennan & Petty Pty Ltd, Sydney.

Campbell, A. 2002, 'Research and the professional self', *Becoming an Evidenced-Based Practitioner: A Framework for Teacher-Researchers*, ed. O. McNamara, Routledge Falmer, London.

Carlisle, H.M. 1979, *Management Essentials: Concepts and Applications*, Science Research Associates Inc., Chicago.

Carnall, C. 1990, *Managing Change*, Routledge, London.

——1995, *Managing Change in Organisations*, 2nd edn, Prentice Hall, Hemel Hempstead.

Clark, K. and Clark, M. 1996, *Choosing to Lead*, 2nd edn, Centre for Creative Leadership, Greensboro.

Claxton, G. 2002, *Building Learning Power*, Henleaze House, Bristol.

——2001, *Wise Up: The Challenge of Lifelong Learning*, Network Educational Press, Stafford.

Clyde, M. and Rodd, J. 1989, 'Professional ethics: There's more to it than meets the eye', *Early Child Development and Care*, vol. 53, pp. 1–12.

Clyde, M. and Rodd, J. 1993, 'A comparison of Australian and American centre-based caregivers' perceptions of their roles', *Advances in Early Education and Day Care*, ed. S. Reifel, JAI Press, Greenwich, CN.

Coady, M. 1991, 'Ethics, laws and codes', *Australian Journal of Early Childhood*, vol. 16, no. 1, pp. 17–20.

Cohen, L., Manion, L. and Harrison, K. 2000, *Research Methods in Education*, 5th edn, Routledge Falmer, London.

Cooper, C. 2004, *Shut Up and Listen. The Truth About How We Communicate at Work*, Kogan Page, London.

Covey, S.R. 2004, *The 7 Habits of Highly Effective People: Powerful Lessons in Personal Change*, The Free Press, New York.

Cox, E. 1996, *Leading Women: Tactics for Making the Difference*, Random House, Sydney.

Crosser, S. 2005, *What Do We Know About Early Childhood Education? Research Based Practice*, Thomson Delmar Learning, New York.

Cummins, L. 2004, 'The pot of gold at the end of the rainbow: Mentoring in early childhood education', *Childhood Education*, vol. 80, no. 5, pp. 254–60.

Curran, D. 1989, *Working with Parents: A Guide to Successful Parent Groups*, American Guidance Service, Minneapolis.

Davies, B. ed. 2005, *The Essentials of School Leadership*, Paul Chapman Publishing, and Corwin Press, London.

de Bono, E. 2004a, *Edward de Bono's Thinking Course*, BBC Books, London.

——2004b, *Six Thinking Hats*, Penguin Books, London.

Desforges, C. and Abouchaar, A. 2003, 'The impact of parental involvement, parental support and family education on pupil achievement and adjustment: A review of the literature', *Research Brief No. 433*, Department for Education and Skills, London.

Desjardins, C. 1996, 'Gender based teambuilding: Strengths men and women bring to leadership roles', *Proceedings of the Annual International Conference The Olympics of Leadership: Overcoming Obstacles, Balancing Skills, Taking Risks*, National Community College Chair Academy, Phoenix.

Dickman, M.H. and Stanford-Blair, N. 2000, *Connecting Leadership to the Brain*, Corwin Press, Thousand Oaks, CA.

Draper, L. and Duffy, B. 2001, 'Working with parents', in *Contemporary Issues in the Early Years: Working Collaboratively for Children*, 3rd edn, ed. G. Pugh, Paul Chapman, London.

Drever, P. 2002, 'The psychology of coaching, *InPsych*, April, pp. 24–5.

Ebbeck, M. and Waniganayake, M. 2003, *Early Childhood Professionals: Leading Today and Tomorrow*, MacLennan + Petty Pty Ltd, Sydney.

Edgington, M. 2000, 'Principles of effective collaboration', *Early Years Educator*, vol. 1, no. 10, pp. 2–5.

Edwards, C., Gandini, L. and Forman, G. 1994, *The Hundred Languages of Children: The Reggio Emilia Approach to Early Childhood*, Ablex Publishing Corporation, Norwood.

Elliott, R. 2003, 'Sharing care and education: Parent perspectives', *Australian Journal of Early Childhood Education*, vol. 28, no. 4, pp. 14–21.

Faber, B. 1991, *Crisis in Education*, Jossey-Bass, San Francisco.

Feeney, S. and Kipnis, K. 1991, 'Professional ethics in early childhood education', *Australian Journal of Early Childhood*, vol. 16, no. 1, pp. 40–2.

Ferguson, J. 2003, *Perfect Assertion*, Random House, London.

Ferraro, J. 2000, 'Reflective practice and professional development', *ERIC Digest*, ED449120, ERIC Clearinghouse on Teaching and Teacher Education, Washington.

Fleet, A. and Clyde, M. 1993, *What's in a Day? Working in Early Childhood*, Social Science Press, Wentworth Falls.

Franklin, B. and Hammarberg, T. 1995, *The Handbook of Children's Rights: Comparative Policy and Practice*, Routledge, London.

Fraser, S., Lewis, V., Ding, S., Kellett, M. and Robinson, C. 2003, *Doing Research with Children and Young People*, Sage, London.

Freeman, N. 2004, 'Ethics and the ACEI: Beginning the conversation', *Childhood Education*, vol. 80, no. 6, pp. 332–4.

Fullan, M. 1991, *The New Meaning of Educational Change*, Teachers College Press, New York.

Gardner, H. 1983, *Frames of Mind: Theories of Multiple Intelligences*, Basic Books, New York.

Geoghegan, N., Petriwskyj, A., Bower, L. and Geoghegan, D. 2003, 'Eliciting dimensions of educational leadership in early childhood education', *Australian Research in Early Childhood Education*, vol. 10, no. 1, pp. 12–23.

Gibbs, C.J. 1990, 'Student teacher opinions on educational issues—an initial survey, 1989', *Australian Journal of Early Childhood*, vol. 15, no. 2, pp. 38–42.

Giudici, C., Rinaldi, C. and Krechevsky, M. eds 2001, *Making Learning Visible: Children as Individual and Group Leaders. Project Zero Reggio Children*, Tipolitografia La Reggiana, Municipality of Reggio Emilia.

Goleman, D. 1996, *Emotional Intelligence: Why It Can Matter More than IQ*, Bloomsbury Paperbacks, London.

Goleman, D., Boyatzis, R. and McKee, A. 2002, *Primal Leadership: Realising the Power of Emotional Intelligence*, Harvard Business School Press, Boston.

Grant, L. 1997, '50 most powerful women in Britain. Part 2: The age of optimism', *The Guardian*, 27 May, pp. 2–4.

Greany, T. and Rodd, J. 2003, *Creating a Learning to Learn School*, Network Educational Press, Stafford.

Hall, V. 1996, *Dancing on the Ceiling: A Study of Women Managers in Education*, Paul Chapman Publishing, London.

Hanft, B., Rush, D. and M'Lisa, L. 2003, 'Coaching families and colleagues: A process for collaboration in natural settings', *Infants and Young Children*, vol. 16, no. 1, pp. 33–47.

Hartle, F. and Thomas, K. 2003, *Growing Tomorrow's School Leaders: The Challenge*, National College for School Leadership, Nottingham.

Hasenfeld, Y. 1983, *Human Service Organisations*, Prentice Hall, Englewood Cliffs.

——1992, *Human Services as Complex Organisations*, Prentice Hall, Englewood Cliffs.

Hayden, J. 1996, *Management of Early Childhood Services: An Australian Perspective*, Social Science Press, Sydney.

——1999, 'Delegation: Win–win strategies for managing early childhood settings', *Australian Early Childhood Association Research in Practice Series*, vol. 6, no. 1, Canberra.

Henderson-Kelly, L. and Pamphilon, B. 2000, 'Women's models of leadership in the child care sector', *Australian Journal of Early Childhood*, vol. 25, no. 1, pp. 8–12.

Hennessy, E., Martin, S., Moss, P. and Melhuish, E. 1992, *Children and Day Care . . . Lessons From Research*, Chapman Publishing, London.

Hennig, M. and Jardim, A. 1976, *The Managerial Woman*, Pocket Books, New York.

Hersey, P. and Blanchard, K. 1988, *Organisational Behaviour*, Prentice Hall, Englewood Cliffs.

Hiatt-Michael, D. 2001, 'Preparing Teachers to Work with Parents', *ERIC Digest*, ED460123, ERIC Clearinghouse on Teaching and Teacher Education, Washington.

Hill, M.S. and Ragland, J.C. 1995, *Women as Educational Leaders: Opening Windows, Pushing Ceilings*, Corwin Press, Municipality of Reggio Emilia.

Hopkins, D. 1990, *A Teacher's Guide to Classroom Research*, Open University Press, Philadelphia.

Huang, C.A. and Lynch, J. 1995, *Mentoring: The Tao of Giving and Receiving Wisdom*, Harper, San Francisco.

Hughes, P. and MacNaughton, G. 2002, 'Preparing early childhood professionals to work with parents: The challenges and diversity and dissensus', *Australian Journal of Early Childhood*, vol. 27, no. 2, pp. 14–20.

Hujala, E. and Puroila, A. eds 1998, *Towards Understanding Leadership in Early Childhood Context: Cross Cultural Perspectives*, Oulu University Press, Oulu, Finland.

Humphries, E. and Senden, B. 2000, 'Leadership and change: A dialogue of theory and practice', *Australian Journal of Early Childhood*, vol. 25, no. 1, pp. 26–31.

Hurst, B. and Reding, G. 2002, *Teachers Mentoring Teachers: Fastback 493*, Phi Delta Kappa International, Bloomington.

Johnson, D.W. 1996, *Reaching Out: Interpersonal Effectiveness and Self-Actualisation*, 6th edn, Prentice Hall, Englewood Cliffs.

Johnson, D.W. and Johnson F.P. 2003, *Joining Together: Group Theory and Process*, international edn, Allyn & Bacon, Needham Heights.

Jorde-Bloom, P. 1982, *Avoiding Burnout: Strategies for managing time, space and people in early childhood education*, Gryphon House, Mt Rainier.

——1992, 'The child care centre director: A critical component of program quality', *Educational Horizons*, Spring, pp. 138–45.

——1995, 'Shared decision making: The centre piece of participatory management', *Young Children*, vol. 50, no. 4, pp. 55–60.

——1997, 'Leadership: Defining the elusive', in *Leadership Quest*, vol. 1, no. 1, pp. 12–15.

——2003, 'Thinking about your successor', in *The Director's Link*, Centre for Early Childhood Leadership, National Louis University, Wheeling, Ill.

Jorde-Bloom, P. and Sheerer, M. 1992, 'The effects of leadership training on child care program quality', *Early Childhood Research Quarterly*, vol. 7, pp. 579–94.

Jorde-Bloom, P., Sheerer, M. and Britz, J. 1991, 'Leadership style assessment tool', *Child Care Information Exchange*, vol. 87, pp. 2–15.

Kagan, S. 1994, 'Leadership: Rethinking it—making it happen', *Young Children*, vol. 49, no. 5, pp. 50–4.

Katz, L. 1995a, 'The nature of professions: Where is early childhood education?', in *Talks with Teachers: A Collection*, ed. L. Katz, Ablex Publishing Corporation, Norwood.

——1995b, 'Ethical issues in working with young children', in *Talks with Teachers: A Collection*, ed. L. Katz, Ablex Publishing Corporation, Norwood.

Katzenmayer, M. and Moller, G. 2001, *Awakening the Sleeping Giant: Helping Teachers Develop as Leaders*, 2nd edn, Corwin Press, Thousand Oaks, CA.

Kemmis, S. and McTaggert, R. 1988, *The Action Research Planner*, Deakin University Press, Waurn Ponds, Vic.

Keyes, C.R. 2000, 'The early childhood teacher's voice in the research community', *International Journal of Early Years Education*, vol. 8, no. 1, pp. 3–13.

Kinney, J. 1992, 'New thoughts on child care administration and leadership involving emerging information on the psychology of women', paper presented at the 1992 Conference of the National Association for the Education of Young Children, New Orleans.

Kotter, J. 1989, 'What leaders really do', *Harvard Business Review*, vol. 67, no. 3, pp. 103–11.

Lansdown, G. and Lancaster, P. 2001, 'Promoting children's welfare by respecting their rights', *Contemporary Issues in the Early Years: Working Collaboratively for Children*, 3rd edn, ed. G. Pugh, Paul Chapman, London.

Law, S. and Glover, D. 2000, *Educational Leadership and Learning. Practice, Policy and Research*, Open University Press, Buckingham.

Lewis, V., Kellett, M., Robinson, C., Fraser, S. and Ding, S. 2003, *The Reality of Research with Children and Young People*, Sage, London.

Loane, S. 1997, *Who Cares? Guilt, Hope and the Child Care Debate*, Mandarin, Sydney.

Lucas, B., Greany, T., Rodd, J. and Wicks, R. 2002, *Teaching Pupils How to Learn*, Network Educational Press, Stafford.

MacDonald, S. 2004, *Sanity Savers for Early Childhood Teachers: 200 quick fixes for everything from big messes to small budgets*, Gryphon House, Beltsville.

MacGilchrist, B., Myers, K. and Reed, J. 1997, *The Intelligent School*, Paul Chapman Publishing, London.

MacNaughton, G., Rolfe, S. and Siraj-Blatchford, I. eds 2001, *Doing Educational Research: International Perspectives on Theory and Practice*, Open University Press, Buckingham.

MacNaughton, G. and Smith, K. 2001, 'Action research, ethics and the risks of practising freedom for early childhood professionals', *Australian Journal of Early Childhood*, vol. 26, no. 4, pp. 32–8.

Martin, A. and Trueax, J. 1997, 'Transformative dimensions of mentoring: Implications for practice in the training of early childhood teachers', Conference Paper, China–US Conference on Education, July, Beijing.

Maslow, A. 1970, *Motivation and Personality*, Harper and Row, New York.

Maxwell, J.C. 1999, *The 21 Qualities of Leaders*, Thomas Nelson, London.

Mitchell, J. 1990, *Revisioning Educational Leadership: A Phenomenological Approach*, Bergin and Garvey, New York.

Morgan, G. 1997a, 'Historical views of leadership', *Leadership in Early Care and Education*, eds S. Kagan and T. Bowman, National Association for the Education of Young Children, Washington.

Morgan, G. 1997b, 'What is Leadership? Walking Around a Definition. Working Papers', The Centre for Career Development in Early Care and Education, Wheelock College, Boston.

Moss, P. 2001, 'Ethics in the nursery', *Every Child*, vol. 7, no. 3, pp. 6–7.

Moyles, J. 2003, 'The role of play in the foundation stage', Foundation Stage Conference, Cornwall Educational Development Service, Newquay, Cornwall.

Moyles, J., Musgrove, A. and Adams, S. 2002, *SPEEL—Study of Pedagogical Effectiveness in Early Learning*, Department for Education and Skills Report No. 363, London.

Moyles, J. and Yates, R. 2004, *Effective Leadership and Management Evaluation Scheme (Early Years)*, Research report for Anglia Polytechnic University, Essex County Council; The Schools Service, Southend Borough Council, European Social Fund.

Muijs, D., Aubrey, C., Harris, A. and Briggs, M. 2005, 'How do they manage? A review of the research on leadership in early childhood', *Journal of Early Childhood Research*, vol. 2, no. 2, pp. 157–69.

Mulligan, V. 1996, *Children's Play: An Introduction for Care Providers*, Addison-Wesley, Don Mills, Ontario.

National Association for the Education of Young Children 1984, *Accreditation, Criteria and Procedures of the National Academy of Early Childhood Programs*, National Association for the Education of Young Children, Washington.

——1993, *A Conceptual Framework for the Early Childhood Professional Development*, National Association for the Education of Young Children, Washington.

——1996, *After the Stand: Be a Children's Champion*, www.naeyc.org/ece/1996/06.asp.

——1999, *Building Parent–Teacher Partnerships*, www.naeyc.org/ece/1999/02/asp.

Neugebauer, B. and Neugebauer, R. eds 1998, *The Art of Leadership: Managing Early Childhood Organisations*, vol. 2, Child Care Information Exchange, Perth.

Neugebauer, R. 1985, 'Are you an effective leader?', *Child Care Information Exchange*, vol. 46, pp. 18–26.

Newman, L. 2000, 'Ethical leadership or leadership in ethics', *Australian Journal of Early Childhood*, vol. 25, no. 1, pp. 40–5.

Noone, M. 1996, *Mediation*, Cavendish, London.

Nupponen, H. 2000, 'Leadership and management: Into the 21st century', *Every Child*, vol. 6, no. 3, pp. 8–9.

Nutbrown, C. 1996, *Respectful Educators—Capable Learners: Children's rights and early education*, Paul Chapman Publishing, London.

Oberhuemer, P. 2000, 'Conceptualising the professional role in early childhood centres: Emerging profiles in four European countries', *Early Childhood Research and Practice* (Electronic), vol. 2, no. 2, pp. 1–3.

Page, J., Nienhuys, T., Kapsalakis, A. and Morda, R. 2001, 'Parents' perceptions of kindergarten programs in Victoria', *Australian Journal of Early Childhood*, vol. 26, no. 3, pp. 43–50.

Pechura, J.M. 2003, 'How principals build leadership capacity in others', *Leadership Capacity for Lasting School Improvement*, ed. L. Lambert, Association for Supervision and Curriculum Development, Alexandria, VA.

Potter, G. 2001, 'Facilitating critical reflection on practice through collaborative research', *Australian Educational Researcher*, vol. 28, no. 3, pp. 117–39.

Pugh, G. ed. 2001, *Contemporary Issues in the Early Years: Working Collaboratively for Children*, 3rd edn, Paul Chapman, London.

Rand, M.K. 2000, *Giving It Some Thought: Case Studies for Early Childhood Practice*, National Association for the Education of Young Children, Washington.

Rayner, M. 1995, 'Children's rights in Australia', in *The Handbook of Children's Rights: Comparative Policy and Practice*, eds B. Franklin and T. Hammarberg, Routledge, London.

Robbins, S. 2004, *Essentials of Organizational Behavior*, international edn, Prentice Hall P.T.R, Englewood Cliffs.

Rodd, J. 1987, 'It's not just talking: The role of interpersonal skills training for early childhood educators', *Early Child Development and Care*, vol. 29, no. 2, pp. 241–52.

——1989, 'Better communication = better relationships', *Day Care and Early Education*, vol. 17, no. 1, pp. 28–9.

——1996, 'Towards a typology of leadership for the early childhood professional of the 21st century', *Early Child Development and Care*, vol. 120, pp. 119–26.

——1997, 'Learning to develop as leaders: Perceptions of early childhood professionals about leadership roles and responsibilities', *Early Years*, vol. 18, no. 1, pp. 24–34.

——1998, *Leadership in Early Childhood: The pathway to professionalism*, 2nd edn, Allen & Unwin, Sydney.

Rodd, J. and Clyde, M. 1991, 'A code of ethics: Who needs it?', *Australian Journal of Early Childhood*, vol. 16, no. 1, pp. 24–34.

Rogers, C. 1961, *On Becoming a Person*, Houghton Mifflin, Boston.

Rolfe-Flett, A. 2002, 'Mentoring can optimise learning', *Training and Development in Australia*, vol. 29, no. 3, pp. 16–18.

Rosemary, C., Roskos, K., Owendorf, C. and Olsen, C. 1998, 'Surveying leadership in the USA early care and education. A knowledge base and typology of activities', in *Towards Understanding Leadership in Early Childhood Context: Cross Cultural Perspectives*, eds E. Hujala and A. Puroila, Oulu University Press, Oulu, Finland.

Rosier, M. and Lloyd-Smith, J. 1996, *I Love my Job, but . . . Child Care Workforce Attrition Study*, Community Services and Health & Industry Training Board, Melbourne.

Said, S. and Rolfe, J. 2001, 'Effective management of conflict in schools', *Educare News*, no. 122, pp. 22–3.

Sarros J.C. and Butchatsky, O. 1996, *Leadership: Australia's Top CEOs: Finding Out What Makes Them the Best*, Harper Business, Adelaide.

Schiller, J. 1987, 'Peer supervision: Learning more about what we do', *Australian Journal of Early Childhood*, vol. 12, no. 3, pp. 43–6.

Schiller, P.B. and Dyke, P. 1990, *Managing Quality Child Care Centres. A Comprehensive Manual for Administrators*, Teachers College Press, New York.

Schrag, L., Nelson, E. and Siminowsky, T. 1985, 'Helping employees cope with change', *Child Care Information Exchange*, September, pp. 3–6.

Schwahn, C., Spady, J. and William, G. 1998, *Total Leaders: Applying the Best Future-Focused Change Strategies to Education*, American Association of School Administrators, Virginia.

Sergiovanni, T.J. 1999, *Rethinking Leadership: A Collection of Articles, K—College*, Skylight Professional Development, Arlington Heights, Ill.

Sharp, P. 2002, *Nurturing Emotional Literacy*, David Fulton Publishers, London.

Smith, T.M. and Ingersoll, R.M. 2004, 'What are the effects of induction and mentoring on beginning teacher turnover?', *American Educational Research Journal*, vol. 41, no. 3, pp. 681–714.

Solly, K. 2003, 'What do early childhood leaders do to maintain and enhance the significance of the early years?', presentation on 22 May at the Institute of Education, University of London, London.

Southworth, G. 1994, 'School leadership and school development: Reflections from research', in Readings in Primary School Development, ed. G. Southworth, Falmer Press, London.

——2000, 'How primary schools learn', *Research Papers in Education*, vol. 15, pp. 275–91.

Spodek, B. 1987, 'Thought processes underlying preschool teachers' classroom decisions', *Early Child Development and Care*, vol. 28, pp. 197–208.

Steiner, C. 1999, *Achieving Emotional Literacy*, Bloomsbury, London.

Stonehouse, A. and Creaser, B. 1991, 'A code of ethics for the Australian early childhood profession: Background and overview', *Australian Journal of Early Childhood*, vol. 16, no. 1, pp. 7–16.

Sullivan, D. 2003, *Learning to Lead: Effective Leadership Skills for Teachers of Young Children*, Redleaf Press, St Paul, MN.

Sumison, J. 2002, 'Revisiting the challenge of staff recruitment and retention in children's services', *Australian Journal of Early Childhood*, vol. 27, no. 1, pp. 8–13.

Sylva, K. and Siraj-Blatchford, I. 2003, *Effective Provision of Pre-school Education*, Department for Education and Skills, London.

Taba, S. 1999, 'Lighting the path: Developing leadership in early education', *Early Childhood Education Journal*, vol. 26, no. 3, pp. 173–7.

Taggart, B. 2003, 'Focus on effective provision of pre-school education', *Sure Start Partners*, vol. 27, June/July, pp. 6–7.

Taylor, C. 2005, *Walking the Talk: Building a culture for success*, Random House, London.

Thomson, B. and Calder P. 1998, 'Early years educators: Skills, knowledge and understanding', in *Training to Work in the Early Years: Developing the Climbing Frame*, eds L. Abbott and G. Pugh, Open University Press, Buckingham.

Turner, S. 2003, *Tools for Success: A manager's guide*, McGraw Hill, London.

Vander Ven, K. 1988, 'Pathways to professional effectiveness for early childhood educators', in *Professionalism and the Early Childhood Practitioner*, eds B. Spodek, O. Saracho and D. Peters, Teachers College Press, New York.

——1991, 'The relationship between notions of care giving held by early childhood practitioners and stages of career development', in *Early Childhood Towards the 21st Century: A Worldwide Perspective*, ed. B. Po-King Chan, Yew Chung Education Publishing, Hong Kong.

Vickers, C. and Ashton-Jones, D. 2003, 'Putting out the "welcome mat": How open is your door?', *Classroom*, vol. 23, no. 4, pp. 22–3.

Wadsworth, Y. 1997, *Do It Yourself Social Research*, 2nd edn, Allen & Unwin, Sydney.

Walker, E.H. 1995, 'Teamwork in child care: A study of communication issues in forming a team', Masters Thesis, University of Adelaide, Adelaide.

Waniganayake, M. 2002, 'Leadership in early childhood: New directions in research', keynote presentation to Professional Development Conference, January, Melbourne.

Waniganayake, M., Morda, R. and Kapsalakis, A. 2000, 'Leadership in child care centres: Is it just another job?', *Australian Journal of Early Childhood*, vol. 25, no. 1, pp. 13–19.

Weaver, P.E. 2004, 'The culture of teaching and mentoring compliance', *Childhood Education*, vol. 80, no. 5, pp. 258–60.

West, M.A. 2004, *Effective Teamwork: Practical Lessons from Organisational Research*, 2nd edn, BPS Blackwell, Oxford.

Whalley, M. 1994, *Learning to be Strong*, Hodder & Stoughton, London.

——1999, Women as Leaders in Early Childhood Settings—A Dialogue in the 1990s, Unpublished PhD thesis, University of Wolverhampton, Wolverhampton.

——2001, 'Working as a team', in *Contemporary Issues in the Early Years. Working Collaboratively for Children*, 3rd edn, ed. G. Pugh, Paul Chapman, London.

Wonacott, M.E. 2001, 'Leadership development in career and technical education', *ERIC Digest*, No. 225, Columbus, Ohio.

Wong, C.S. and Law, K.S. 2002, 'The effects of leader and follower emotional intelligence on performance and aptitude', *Leadership Quarterly*, vol. 134, pp. 243–74.

Woodcock, M. 1979, *Team Development Manual*, Halstead Press, New York.

Woodcock, M. and Francis, D. 1981, *Organisational Development Through Teambuilding*, Gower Publishing, Adelaide.

Woodrow, C. 2001, 'Ethics in early childhood: Continuing the conversations', *Australian Journal of Early Childhood*, vol. 26, no. 3, pp. 26–31.

York-Barr, J. and Duke, K. 2004, 'What do we know about teacher leadership? Findings from two decades of scholarship', *Review of Educational Research*, vol. 74, no. 3, pp. 255–316.

저자 소개

Jillian Rodd는 영국 브리스톨에 기반을 둔 교육심리학자이다. Plymouth 대학과 멜버른 대학의 교수로 재직했고, '*Understanding Young Children's Behavior*' 의 저자이다

역자 소개

한국변형영유아교육학회 연구공동체

김은희 한양여자대학 유아교육과 교수
안혜준 한양여자대학 유아교육과 조교수
박혜정 혜천대학 유아교육과 조교수
송승민 수원대학교 아동가족복지과 조교수
황연욱 한양여자대학 유아교육과 조교수

영유아 교사의 리더십

초판 1쇄 발행 2011년 9월 10일
초판 3쇄 발행 2019년 1월 15일

편 저 | Jillian Rodd
역 자 | 안혜준 · 김은희 · 박혜정 · 송승민 · 황연욱
펴낸이 | 김기섭
편집인 | 서지현
펴낸곳 | 창지사 www.changjisa.com
153-802 서울시 금천구 가산디지털 1로 83 파트너스타워 1차 9층
전화 (02) 719-2211~3
팩스 (02) 701-9386
등 록 | 1977년 4월 28일 · 제1-421호

ISBN 978-89-426-1097-6 (93370)

값 14,000원